ein Ullstein Buch

Gert Fröbe

Auf ein Neues, sagte er...
und dabei fiel ihm das Alte ein

Geschichten aus meinem Leben

Mit 63 Abbildungen

ein Ullstein Buch

ein Ullstein Buch
Nr. 20995
im Verlag Ullstein GmbH,
Frankfurt/M – Berlin

Ungekürzte Ausgabe

Umschlagentwurf:
Hansbernd Lindemann
Umschlagfoto:
Atelier W. Sahm, München
Alle Rechte vorbehalten
Mit freundlicher Genehmigung
der Albrecht Knaus Verlag GmbH,
München und Hamburg
© Albrecht Knaus Verlag GmbH,
München und Hamburg, 1988
Printed in Germany 1988
Druck und Verarbeitung:
Ebner Ulm
ISBN 3 548 20995 5

Dezember 1988

CIP-Titelaufnahme
der Deutschen Bibliothek

Fröbe, Gert:
Auf ein Neues, sagte er ... und dabei fiel
ihm das Alte ein: Geschichten aus meinem
Leben / Gert Fröbe. – Ungekürzte Ausg. –
Frankfurt/M; Berlin: Ullstein, 1988
  (Ullstein-Buch; Nr. 20995)
  ISBN 3-548-20995-5
NE: GT

INHALTSVERZEICHNIS

> «AUF EIN NEUES, SAGTE ER ...
> UND DABEI FIEL IHM DAS ALTE EIN.»

> Aus dem Film «Berliner Ballade»
> von Günter Neumann.

STATT EINES VORWORTS – EIN GESTÄNDNIS

Dreißig Jahre lang habe ich mit meinem Programm «Durch Zufall frei» auf der Bühne gestanden. In großen, kleinen und kleinsten Orten. Überall habe ich meinen Zuschauern versichert, ich würde nie ein Buch über mein Leben schreiben. Ich bin ein Schauspieler und kein Schriftsteller. Auch wollte ich mir den Vorwurf ersparen, daß es dann hinter meinem Rücken hieße: «Das hat er ja gar nicht selber geschrieben.»

Nun aber hat das Schicksal dazwischengefunkt, und ich bin – und dies für längere Zeit, wenn nicht für immer – «durch Zufall frei». Ich kann nicht, wie ich es immer versprochen hatte, «bis zum 92. Lebensjahr auf der Bühne stehen». In den Monaten, in denen ich in einem Krankenzimmer lag, sind mir – und das geht dann wohl jedem so – viele Gedanken über den Sinn des Lebens durch den Kopf gegangen.

Wenn man so lange in einem Krankenbett liegt, wird vieles, was eben noch wichtig war, klein und unbedeutend. Wenn man schon die andere Seite im Visier hat, wird so manches weggeschwemmt. Auch mein Vorsatz, nichts Gedrucktes zu veröffentlichen, gehört dazu.

Weiß ich denn, ob ich noch einmal auftreten kann? Und wenn, werde ich sicher nicht da ansetzen können, wo ich aufgehört habe. Auch Schauspieler werden nicht nur älter, sondern auch reifer.

Ich halte nichts von Zufällen. Ich denke vielmehr so wie Albert Schweitzer, der einmal gesagt hat: «Zufall – das ist das Pseudonym, das sich der liebe Gott zulegt, wenn er nicht erkannt werden will», oder wie Arthur Schopenhauer: «Das Wort Zufall ist eine Gotteslästerung.»

Ist nicht jeder von uns in seinem Leben mit Situationen konfrontiert gewesen, die ihm im ersten Moment wie Zufälle erschienen und die sich später als Fügungen herausstellten, die unserem Leben eine neue Richtung gaben?

Auch der Titel meiner Abende «Durch Zufall frei» hat nichts mit Zufall zu tun, sondern erinnert an meine Zeit als Artist. Damals, als ich im Circus und auf Varietébühnen auftrat, sah ich oft in den Garderoben und Wohnwagen eine Artistenzeitschrift herumliegen, eine Art deutsche «Variety», in denen Artisten sich und ihre Nummer anboten, wenn sie ohne Engagement waren. Da aber die Formulierung «Bin arbeitslos und suche ein Engagement» zu bitter geklungen hätte, wählte man in den Inseraten die Umschreibung «Durch Zufall frei». Am liebsten hätten sie wahrscheinlich geschrieben, «Da Scala abgebrannt, durch Zufall frei». Das Bittere war nur, daß meistens dieselben Artisten mit diesen Inseraten in jeder neuen Ausgabe vertreten waren.

Warum habe ich nun doch Geschichten aus meinem Leben zu Papier gebracht? Wahrscheinlich, weil es in jedem Leben einiges gibt, das man gesagt oder richtiggestellt haben möchte, solange dazu Gelegenheit ist. Dies gilt besonders für einen, der mehr als fünfzig Jahre – immerhin ein halbes Jahrhundert – seine Haut öffentlich zu Markte getragen hat.

Was mir vorschwebte, war ein Buch, das man nicht von der ersten bis zur letzten Seite hintereinander lesen muß, sondern das man auch mal in die Hand nehmen kann, wenn man nur eine einzelne Geschichte lesen möchte. Ob es mir geglückt ist, müssen Sie entscheiden.

Möglicherweise sagt dieser oder jener, wenn er die Seite 285 gelesen hat: «Er hat ja immer von sich erzählt.» Nun, das war durchaus beabsichtigt.

Um auch das noch zu sagen: Ein Freund hat mir geholfen, alles niederzuschreiben. Versteckspielen hab ich mein Leben lang nicht gemocht.

Schau ich zurück, möchte ich in meinem Leben nichts missen. Auch die Nackenschläge nicht. Ich habe so gelebt, wie ich es für richtig hielt. Wenn es sehr ernst wurde, hat mir mein Humor geholfen.

Mein Humor und Ihr Beifall, geliebtes Publikum, waren es, die auch die bittersten Stunden vergoldeten. Dafür möchte ich Ihnen ganz herzlich danken.

Eurasburg, im Februar

SEID IHR ALLE DA?

Kasperle-Theaterdirektor
schon mit fünf Jahren

Zu meinem fünften Geburtstag am 25. Februar 1918 bekam ich von meinem Vater ein Kasperletheater mit Puppen geschenkt. Das war im vierten Jahr jenes Weltkriegs, der später der Erste genannt wurde, etwas Besonderes. Die Puppenschnitzer im Erzgebirge mußten längst statt Kasperlköpfe Gewehrkolben oder ähnlich schreckliche Sachen schnitzen.

Das Theatergehäuse mit drei Wänden und der Bühnenöffnung hatte Vater selbst gebaut, die Kostüme der Puppen hatte meine Mutter genäht. Schneidern ging ihr leicht von der Hand, sie war die begehrteste Hausschneiderin von Planitz, einer Bergarbeiterstadt mit 25 000 Einwohnern, die später mit Zwickau zusammengelegt wurde. Als ich Kasperletheater-«Direktor» war, ging es den Fröbes gut. Wir hatten eine ordentliche Wohnung, ordentliche Kleider, ein ordentliches Ledergeschäft, überhaupt war unser ganzes Leben ordentlich und geordnet.

Wer Kasperletheater spielt, braucht Publikum. Ich hatte immer vollen Hof, denn im Hof unseres Hauses hatte ich das Kasperletheater aufgebaut, und meine Zuschauer waren die Kinder der Nachbarschaft. Ein gutes Dutzend kam immer. Jeder brachte seinen Schemel oder eine Kiste zum Sitzen mit.

Auch fand ich es bereits damals selbstverständlich, daß jeder zahlen mußte, wenn er zuschauen wollte, wie Kasperle die Großmutter vor dem Krokodil rettete oder den dummen Teufel mit der Pritsche auf den Kopf schlug. Bei fünf Pfennigen lag der Durchschnittseintrittspreis, und wer kein Geld hatte, mußte wenigstens so tun, als ob er bezahlte, indem er mir fünfmal mit seinem Daumen in die Hand tippte.

Es gab Nachmittage, da war eine ganze Mark in der Zigarrenkiste, mit der ich das Eintrittsgeld einsammelte. Für ihr Geld bekamen die Knirpse aber auch jedesmal etwas Spannendes geboten. Ich dachte mir die Handlung selber aus und brachte sie mit Geschehnissen in Verbindung, die sich gerade in unserer Gegend ereignet hatten. Oft wußte ich nur den Anfang und hatte keine Ahnung, wie ich die Handlung zu einem guten Ende führen sollte. Allerdings gab es eine unumstößliche Regel: Kasperle mußte Sieger bleiben.

Viele Jahrzehnte später, als ich fast jede Woche ein neues Drehbuch zugeschickt bekam, wurde mir klar, wie professionell ich schon damals meine Kasperlespielerei betrieben hatte. Denn bei den meisten Drehbüchern war die Handlung ebenfalls unwichtig und albern, Hauptsache, der Kasperle blieb Sieger. Und der Böse – also ich – bekam eins auf den Hut.

Der Spaß am Kasperletheater verging mir am Tage meines größten Erfolgs. Das klingt paradox, ist aber zu erklären: Zur goldenen Hochzeit meiner Großeltern hatten meine Eltern die ganze Familie eingeladen. Eine Tat, die von meinem Vater großen finanziellen Aufwand und von meiner Mutter noch größeres häusliches Engagement verlangte. Unsere Familie war auf 64 Personen angewachsen. Zwölf Kinder hatten die Großeltern, jedes war verheiratet, das machte vierundzwanzig. Da die meisten wieder Kinder hatten, kamen leicht sechzig zusammen; der größte Teil von ihnen mußte in unserem Haus untergebracht werden.

Mein Vater war der älteste und wollte seinen jüngeren Geschwistern zeigen, was für einen tollen Knaben er gezeugt hatte. Er wußte auch schon wie! Ein paar Tage vor dem Jubelfest verkündete er mir: «Gert, jetzt kannst du der Familie mal vorführen, wie schön du mit den Kasperlepuppen spielen kannst. Was du bringst, ist mir egal, denk dir was besonders Hübsches aus!»

Ein Kasperlestück zur goldenen Hochzeit und vor Erwachse-

nen! Endlich eine Aufgabe für meinen «poetischen Genius».
Alles, was ich bisher geboten hatte, schien mir nicht gut genug
für dieses Publikum. Aktuell sollte es nach Möglichkeit sein. Ich
summte alle Lieder, die ich aufgeschnappt hatte – und mit einem
Mal wußte ich: Dies war das richtige, das würde allen gefallen.
(Das Lied war ein Gassenhauer, aber was das ist, wußte ich
damals noch nicht.) Es war zwar schwierig, den Text mit meinen
wenigen Puppen darzustellen, aber der sichere Erfolg lohnte
jede Mühe.

Der goldene Hochzeit-Nachmittag kam, die Großfamilie
Fröbe drängte in den Hof, wo ich mein Kasperletheater aufgebaut hatte. Ich begann mit einem Kopf so rot wie meine Haare
und einer vor Aufregung ganz piepsigen Stimme: «Ich werde
euch jetzt ein Drama vorspielen», zeigte mit der linken Hand die
Figur der Großmutter und erklärte: «Die Großmutter ist eine
Kuh.»

Erster Lacher. Damit hatte ich nicht gerechnet. Ich hatte das
doch nur gesagt, weil ich in meinem Puppen-Ensemble keine
Kuh hatte, die aber brauchte ich dringend für mein Drama. Als
es wieder ruhiger geworden war, nahm ich die Figur des Kroko-
dils, ließ es mit dem Gebiß klappern und sagte: «Das ist ein
Schwein!»

Riesenlacher! Beifall auf offener Bühne. Mir wurde klar, daß
Erwachsene eben doch ein verständigeres Publikum sind als
Kinder. Der Beifall beflügelte mich, ich bewegte die beiden
Figuren entsprechend dem Text des Liedes, das ich lauthals mit
heller Stimme sang.

Der Text ging so:

> *Auf der Alm da steht 'ne Kuh*
> *die macht ihr A-loch auf und zu.*
> *Hinter der Kuh steht ein Schwein,*
> *guckt der Kuh ins A-loch nein.*

Da sagt die Kuh, du dummes Schwein,
was guckst ma denn ins A-loch nein.
Sagt das Schwein, du dumme Kuh,
was machste denn dein A-loch auf und zu . . .

Weiter bin ich nicht gekommen. Erstens weil unter dem Riesengelächter kein Wort mehr zu verstehen war, vor allem aber weil mein Vater mich so heftig ins Haus zog, wie ich es noch nie erlebt hatte. Er sagte nicht viel, aber wie er es sagte, sagte alles: «Eine Unverschämtheit, mich vor der ganzen Familie so zu blamieren. Ab ins Bett!»

Ich konnte nur noch flüstern: «Aber ich hab doch nur A-loch gesagt . . .» Ich war richtig stolz, daß ich diese elegante Umschreibung gefunden hatte.

Die Fröbes klatschten begeistert und verlangten Zugaben. Und für mich war klar: «Ich geh zum Theater oder zum Circus.»

In den nächsten Wochen fanden bei Fröbes keine Kasperlevorstellungen statt. Die Enttäuschung über den «Durchfall» bei der goldenen Hochzeit saß zu tief. Als ein Circus nach Zwickau kam, erlaubten die Eltern meiner zwei Jahre älteren Schwester und mir den Besuch der Nachmittagsvorstellung. Das sollte unerwartete Folgen haben. Beim Abendbrot wurden wir gefragt, was uns denn am besten gefallen habe. Hanni schwärmte von einem kleinen Mädchen, das mit Schirm und Tütü übers Schlappseil balanciert war. Ich schwieg.

Mein Vater, der gern redete und seine Erzählungen zu dramatisieren verstand, nannte mich einen undankbaren «Muffelkopp». Dabei sprach ich nur nicht, weil etwas, das ich an diesem Nachmittag zum ersten Mal gesehen hatte, mich innerlich zu sehr bewegte. Nicht die Tiger-Nummer, nicht die Trapez-Artisten begeisterten mich, sondern die Clowns. Um es genauer zu sagen: Der dumme August. Der hatte die meisten Lacher, weil er aus einer mit Wasser gefüllten Schweinsblase, die er unter einer Achselhöhle versteckt hatte, Partner und Publikum naß-spritzte.

Dies war genau das, was ich brauchte, um meinen Kasperle-vorstellungen einen besonderen Pfiff zu geben. Gleich am nächsten Morgen kaufte ich mir beim Fleischer für sechs Pfennige eine kleine Schweinsblase, und immer, wenn Kasperl in Not geriet, spritzte er von nun an Wasser ins Publikum.

Der Erfolg war enorm. Schon plante ich, es einmal mit farbigem Wasser zu versuchen, da machten künstlerisch verständnislose Mütter der Attraktion ein Ende. Sie beschwerten sich bei meiner Mutter, ihre Jüngsten kämen neuerdings immer durchnäßt von meinen Kasperletheater-Vorstellungen nach Hause. Verständlich, daß meine Mutter Ostern herbeisehnte; da wurde ich eingeschult.

An diese beiden Reinfälle am Anfang meiner komödiantischen Versuche habe ich oft denken müssen, vor allem, wenn ich wieder mal versucht war, «meinen Affen Zucker zu geben», wie es unter Schauspielern heißt, wenn einer maßlos übertreibt.

Meine Kasperle-Erfahrung mit der Kuh und die «Erfolge» mit der Schweinsblase bewiesen, daß es nicht genügt, sich auf Teufel komm raus und ganz gleich mit welchen Mitteln Lacher zu holen. Das mag von einem, der sich vollen Herzens auch zur Klamotte bekennt, seltsam klingen, aber vielleicht versteht man mich besser, wenn ich frei heraus sage: Ich habe nichts dagegen, auch mal die Hose fallen zu lassen, aber *wann* und *wie* sie fällt, darauf kommt es an. Und Zeitpunkt wie Art möchte ich ganz allein bestimmen.

«Da bin ich!»

*Erste Rolle in einer Schüler-
aufführung*

An meine ersten Schuljahre habe ich nur schlechte Erinnerungen. Als ABC-Schütze wurde mir zum ersten Mal bewußt, daß ich anders aussah als die meisten anderen.

«Rote Haare und Sommersprossen
sind dem Teufel seine Genossen»

riefen mir die Schulkinder nach und warfen mit Steinen. Wie soll sich ein Sechsjähriger gegen solche Hänseleien wehren? Gegen rote Haare gab es kein Mittel, aber gegen die Sommersprossen versuchte ich alles und jedes, was man mir riet. Am besten half der Rat von Tante Toni, ich solle mein Gesicht mit März-Schnee waschen, aber nicht abtrocknen. Nach zwei März-Kuren gingen die Sommersprossen tatsächlich zurück.

Aber nicht nur durch mein Äußeres unterschied ich mich von den anderen Jungen, sondern auch durchs Elternhaus.

Ich war schließlich der Sohn vom Leder-Fröbe, damals Inhaber der einzigen Lederhandlung am Ort. Alle Schuster kauften bei meinem Vater. Meist auf Pump.

Wir waren zwar nicht reich, aber Planitz war eine Bergarbeiter-Stadt, und in den Augen dieser Familien waren wir Kapitalisten. Ich sage das bewußt, denn die meisten Bergarbeiter waren Kommunisten. Kein Wunder, da sie nach einer Woche Arbeit im Steinkohlenschacht in 120 Metern Tiefe mit ganzen achtzehn Mark in der Lohntüte nach Hause kamen.

Trotz dieser Hungerlöhne war bei uns in Zwickau, also vor den eigenen Kohlengruben, englische Kohle billiger zu haben als die einheimische. Die Kohlenhalden wuchsen von Tag zu Tag.

Unter solchen Voraussetzungen genügte es, wenn eine Zuckertüte zum Schulanfang etwas größer war als die der anderen, um Neid zu erwecken. Die meisten Jungen hatten gar keine. Das Erlebnis «Geld», welches für mein ganzes Leben richtungsweisend wurde, hatte ich Ende 1923. Damals rechneten wir in Deutschland nicht mehr nach einzelnen Mark, sondern gleich nach Millionen und Milliarden. Mit der Billion hatte die Inflation ihren Höhepunkt endlich überschritten.

Bis es dazu kam, war es nicht ungewöhnlich, daß am Nachmittag ein Mann von der Bank kam, einen Stempel in der Hand, und sagte: «Geben Sie mir mal Ihre Millionenscheine her!» Auf jede Banknote, die am Morgen noch einen Wert von ein paar hundert Millionen hatte, drückte er seinen Stempel. Im Handumdrehen waren das nicht mehr Millionen, sondern Milliarden.

An einem solchen Tag muß es gewesen sein, als mein Vater nach Ladenschluß mit der gesamten Tageseinnahme in die Wohnküche kam, die unmittelbar hinter dem Geschäft lag, und rief: «Gert, komm her, ich will dir mal zeigen, was Geld wirklich wert ist.» Er nahm einen Milliardenschein aus der Metallkassette, rollte ihn zu einem Fidibus zusammen, hielt ihn im Herd an die glühenden Steinkohlen und zündete sich damit eine Zigarre an. Ein genialer Anschauungsunterricht! Seit der Zeit weiß ich, was ein Pfennig wert ist und wie wenig eine Million sein kann. Für mich ist es auch heute noch unfaßbar, wie es damals Eltern schafften, ihren Kindern eine ordentliche «normale» Ausbildung zu ermöglichen.

1924 wurde dann aus einer Billion eine Rentenmark. Die Geschäfte normalisierten sich. Das Leder- und Tabakgeschäft meines Vaters ging sogar gut. An manchen Tagen hatten wir Tageseinnahmen über 1000 Rentenmark. Der Fehler meines Vaters war, daß er Einnahmen mit Gewinn gleichsetzte und obendrein meinte, es wären 1500 Mark, und davon 2000 Mark verborgte oder verschenkte, was oft auf dasselbe hinauslief.

Noch heute habe ich die Worte meiner Mutter im Ohr: «Hans, Hans, du verlierst noch Haus und Hof mit deiner

Gutmütigkeit.» Doch Vater wehrte ab: «Red nicht so dummes Zeug. Die anderen sind ärmer als wir.»

Vater ging, wie Mutter es prophezeit hatte, pleite. Keiner, denen er Ware auf Pump gegeben hatte, half ihm.

Ich verstand mit meinen zehn Jahren von all diesen Dingen nichts. Für mich kam es nur darauf an, die Aufnahmeprüfung für das Gymnasium in Zwickau zu schaffen.

Ich bestand sie. Von nun an hatte ich zwar einen viel längeren Schulweg – an die zwölf Kilometer mußte ich mit dem Fahrrad bei jedem Wetter wegstrampeln –, dafür durfte ich aber eine Schülermütze, rot mit zwei goldenen Streifen, tragen. Das war was Tolles! Ein «Statussymbol», wie man heute sagen würde. Zwölf Kilometer Schulweg waren dafür nicht zuviel. Daß ich jeden Tag an dem kleinen dunklen Geburtshaus Robert Schumanns vorbeiradelte, hat mich damals wenig beeindruckt. Der Komponist so herrlicher Musik möge es mir verzeihen.

In der Schule war mit mir nicht viel los. In Zeichnen, Musik und Mathematik hatte ich zwar immer eine Eins, in Französisch aber quälte ich mich immer am Rande des Hängenbleibens, was mir auch prompt zweimal gelang. Ja, ich habe zwei Schuljahre in den Klassen «geparkt», sie noch einmal machen müssen. Es hat meiner Entwicklung nicht geschadet. Dies als kleine Lebensweisheit für Eltern, die mit ihren Kindern ähnliche Probleme haben. Es könnten trotzdem vernünftige Menschen aus ihnen werden. Wenn ich allerdings geahnt hätte, daß Französisch für meine Laufbahn einmal so wichtig werden würde, hätte ich mich schon damals mehr auf den Hosenboden gesetzt.

Eine Anmerkung muß ich jedoch machen: Ich bin nicht zweimal sitzengeblieben, weil ich zu dämlich war, sondern mußte eine Klasse wiederholen, weil ich fast ein ganzes Jahr ans Bett gefesselt war: Gelenkrheumatismus, Herzbeutelwassersucht, Rippenfell- und doppelseitige Lungenentzündung. Alles auf einmal. Ich war in der Badewanne eingeschlafen und total unterkühlt herausgeholt worden. Mein ganzer Körper war gelähmt. Die Ärzte machten meinen Eltern wenig Hoffnung, daß ihr noch nicht mal vierzehnjähriger Sohn je wieder laufen könnte. Daß es dann doch wieder ging, und zwar erstaunlich rasch, verdanke ich einem «Naturdoktor», wie es damals viele im Erzgebirge gab. Er riet, meinen Körper mit gereinigtem Terpentinöl einzureiben und mich danach von der Nase bis zu den Zehen in Wolle einzuwickeln. Anschließend brachte mich meine Mutter ins Radiumbad Oberschlema. Nach zwölf Bädern war ich gesund.

Diese Monate, in denen ich bewegungslos dalag, haben mein Leben mehr geprägt, als es Monate auf der Schulbank hätten tun können. Zum ersten Mal betete ich aus eigenem Bedürfnis und nicht, weil «es sich so gehörte». Ich legte einen Schwur vor mir selbst ab: Wenn ich wieder gesund würde, wollte ich Pfarrer werden und aller Welt verkünden, daß es einen lieben Gott gibt. Aber bald fühlte ich, daß meine komödiantische Veranlagung viel zu stark war, als daß ernste Berufe wie Pfarrer oder Arzt für mich in Frage gekommen wären. Später habe ich gemerkt, daß man auch durch die «Kunst» seelische Gnade erfahren kann. Ein Bild habe ich seit dieser Krankenzeit immer vor mir: Christus, der seine Arme für uns ausgebreitet hält. Greif die eine Hand, und du kommst über die Religion zu ihm, fasse die andere, und du findest über die Kunst zu ihm.

So kam ich mit zweijähriger Verspätung zur Abiturprüfung. Mein Französisch war immer noch miserabel, und die Prüfungs-kommission beschloß, ich sollte in diesem Fach zu Michaeli noch einmal geprüft werden. Dazu kam es jedoch nicht, weil ich inzwischen am Staatstheater Dresden die Kulissen bemalte. Ich bin also ein Abiturient, aber ohne Abschlußprüfung. Wer dies für einen Mangel hält, dem darf ich versichern, daß ich ihn durch eine äußerst wichtige Bühnenerfahrung im letzten Schuljahr ausglich. Ich verdanke sie einer Schüleraufführung für den Erzgebirgs-Verein zu Weihnachten.

Das Stück hatte einer unserer Lehrer verfaßt, es hieß «Weihnachten im Erzgebirge», und ich spielte einen Polizisten. Eine kleine Rolle.

Weil ich so schmächtig, ein Polizist für mich aber eine Respektsperson war – und die hatte so dick zu sein wie mein Vater –, stopfte ich mir Kissen unter die Uniform, um wenigstens an Bauchumfang ihm ähnlich zu sein. Damit nicht genug. Weil alle anderen Mitspieler auftraten, ohne ihren Rollen etwas Besonderes zu geben, wollte ich um jeden Preis auffallen, und zwar gleich vom ersten Augenblick an. Ich schleppte deshalb aus unserer Turnhalle ein Sprungbrett in die Aula, stellte es hinter die Kulissen und sprang mit einem gewaltigen Satz, wie das heilige Donnerwetter, mitten auf die Bühne. Das hatte zwar mit der Rolle nichts zu tun, aber ich bekam Auftrittsapplaus. Vielleicht auch nur, weil ich obendrein einen langen Schleppsäbel umgeschnallt hatte, der sich beim Sprung selbständig machte, und ich der Länge nach auf die Schnauze flog.

Vier Wochen probten wir an dem Stück. Immer wieder hatte ich in meiner Szene von einem Vorgesetzten Befehle entgegenzunehmen, grüßte stramm und sagte «Sehr wobl!»

Vier Wochen lang sagte ich «Sehr wobl». Ich hatte keine Ahnung, was das hieß, aber ich brachte es mit solcher Überzeugung, daß sich niemand daran stieß. «Sehr wobl.» Zur Generalprobe erschien dann unser Direktor, um unser Tun zu begutachten. Als ich zum zweiten Mal «Sehr wobl» sage, ruft er dazwischen: «Sag mal, Fröbe, was rufst du da dauernd?»

«Sehr wobl! Herr Direktor.»

Der Direktor läßt sich das Textbuch geben, blättert hier, liest dort, schüttelt den Kopf und sagt: «Du Dummkopf, das heißt ‹sehr wohl›, was hier steht, ist ein Abschreibfehler, statt h ein b!» So früh erlebte ich, wie selbstverständlich ein Schauspieler den größten Blödsinn überzeugend sprechen kann, wenn er nur fest davon überzeugt ist, daß der, der ihn verzapfte, schon gewußt hat, warum er ihn niederschrieb.

Tooor!

Fußball – im Leben und
auf der Bühne

Weder Strafarbeiten noch Nachsitzen schreckten mich. Die härteste Strafe für mich war Vaters Verbot, ihn auf den Fußballplatz zu begleiten, wenn ich etwas ausgefressen hatte.

Gespielt wurde sonntags. Der Sonnabend war noch ein halber Arbeitstag. Die Spieler waren damals echte Amateure, die oft auch das Fahrgeld zum Spielort selbst bezahlen mußten.

Ich mag etwa zehn gewesen sein, als Planitz sein großes Fußballfest erlebte: Der Deutsche Meister, 1. F. C. Nürnberg, spielte gegen unsere Mannschaft. Die war recht gut, sie wurde – jedenfalls in Sachsen – immer mit an erster Stelle genannt neben dem Dresdner Fußballclub, in dem Helmut Schön, ehemaliger Bundestrainer, spielte und Richard Hoffmann, damals ein gefeierter Mittelstürmer, dessen Oberschenkel den gleichen enormen Umfang hatten wie die des «Bombers der Nation», Gert Müller.

Die ganze Woche war ich zu Hause lammfromm und in der Schule fleißig gewesen, damit ja nichts vorlag, was meinen Vater veranlassen konnte, mich nicht auf den roten Aschenplatz mitzunehmen. Es klappte. Meine kleine Hand in seine große geschoben, zogen wir beide zum Fußballfeld. Dort war es so voll, kein Apfel konnte zur Erde fallen. Alle wollten den Deutschen Meister spielen – und möglichst verlieren – sehen; vor allem aber zog ein Mann die Fußballfreunde an: der Torwart des 1. F. C. Nürnberg. Er hieß Heiner Stuhlfauth und galt neben dem Spanier Zamorra als der beste Torwart Europas. Eine imponierende Erscheinung. Gut 1,90 Meter groß, schmal, aber mit Pranken von Händen. Er konnte mit einer Hand den Ball fangen und festhalten. Seine Hände waren sein Markenzeichen.

Wer etwas vom Fußball versteht, weiß, was ein Torwart leisten muß. Ich spreche aus Erfahrung. Beim Endspiel um die

Deutsche Handball-Jugendmeisterschaft stand ich für TUB Werdau im Tor. Wir haben das Spiel verloren.

Ob an diesem Sonntag Nürnberg oder Planitz gewann, weiß ich nicht mehr, um so besser kann ich mich an das erinnern, was danach geschah. Auf dem Heimweg sagte mein Vater zu mir: «Junge, geh du mal schon nach Hause und sag Mutter, ich sei noch auf eine Stunde ins Sport-Café gegangen.»

Im Sport-Café zogen sich die Fußballspieler um. Dort feierten sie ihren Sieg oder ertränkten ihre Niederlage. Auf jeden Fall ging es immer sehr feucht zu. Von ihren Anhängern – heute heißen sie Fans – erwarteten die Spieler, daß sie ein paar Runden ausgaben.

Ob mein Vater wirklich geglaubt hatte, nach einer Stunde heimzukommen, weiß ich nicht. Er kam weder nach zwei, nach drei, nach vier Stunden. Als ich mich am Montag morgen gegen sechs auf mein Fahrrad schwingen wollte, kam er über die Straße. «Kommen» ist das falsche Wort. Vater schwankte von einer Seite zur anderen; er war blau wie eine Strandhaubitze. Warum das so hieß, weiß ich nicht, doch wir bezeichneten damit die höchste Form der Volltrunkenheit, und die hatte mein Vater erreicht. Aber voller Stolz lallte er: «Ich habe mit Heinrich Stuhlfauth einen – gehoben!» Nun, einer allein kann es nicht gewesen sein, schon eher ein ganzes Faß!

So kräftig wie an diesem Morgen war ich schon lange nicht mehr in die Pedale getreten. Ich konnte es gar nicht erwarten, meinen Klassenkameraden diese Sensation zu verkünden.

Als ich das Klassenzimmer betrat, fieberte ich zwar vor Aufregung, aber ich nahm mir doch die Zeit, die außergewöhnliche Nachricht nicht einfach herauszurufen, sondern gut vorzubereiten. «Euer Vater», erklärte ich mit geschwellter Brust, «hat vielleicht heute nacht auch einen gezwitschert, mein Vater aber hat mit Heiner Stuhlfauth ein paar gehoben!»

An diesem Tag war ich der Größte in der ganzen Schule. Und zum ersten Mal spürte ich, welche Macht allein schon der Name eines Prominenten besaß.

Viele Jahrzehnte später gab das Leben dieser Geschichte die eigentliche Pointe.

Kurz nach dem Krieg gastierte ich mit meinen Pantomimen in einem Varieté-Programm im Apollo-Theater in Nürnberg. Zum Schluß brachte ich damals immer die Pantomime auf einen Fußballtorwart, die nicht nur den Freunden des runden Leders großen Spaß machte.

Eines Abends kommt mitten in den Schlußapplaus ein Hüne zu mir auf die Bühne. Solche unerwarteten Einlagen haben Artisten nicht gern, denn sie beeinträchtigen den Applaus. Doch diesmal wurde der Beifall nicht schwächer. Er schwoll an. Ich war verwirrt, das Rampenlicht blendete, so daß ich den Herrn, der offenbar große Sympathien bei den fast zweitausend Zuschauern hatte, nicht erkennen konnte.

Er kam auf mich zu, drückte mir die Hand, das heißt, er umschloß sie mit seiner Pranke und flüsterte mir ins Ohr: «Ich bin der Heiner Stuhlfauth.» Dann hielt er eine Ansprache, in deren Verlauf er ausführte, daß die erste Mannschaft des 1. F.C.N. heute geschlossen im Parkett sitze, was ich sicher am Beifall gemerkt hätte. Es sei der einstimmige Wunsch des Vorstands, mir die Ehrennadel des Clubs zu verleihen, als kleines Zeichen der Dankbarkeit für die Werbung, die ich mit meiner Darbietung für den Fußballsport jeden Abend leistete.

Dabei steckte er mir das Abzeichen des Clubs ans Revers und erklärte mir, daß mit der Ehrenmitgliedschaft der freie Eintritt zu allen Spielen des F.C. Nürnberg auf Lebenszeit verbunden sei. Großer Beifall, dann erwartungsvolle Stille im Zuschauerraum, man fragte sich, was der eben geehrte Gert

Fröbe tun würde. Zuerst einmal ging ich ans Mikrofon und begann: «Herr Stuhlfauth, daß ausgerechnet Sie mir diese Ehrung bringen, freut mich ganz besonders...»

In der Pause, die ich nach diesem Satz einschob, spürte ich, daß das Publikum dachte: «Ach, dem fällt auch nichts weiter als die üblichen Floskeln ein.» Aber darauf hatte ich es ja angelegt, denn nun erzählte ich zum ersten Mal öffentlich von Stuhlfauths Gastspiel in Planitz und daß er damals mit meinem Vater einen draufgemacht hatte. «Nun wissen Sie, warum es mich besonders freut, die Ehrung aus seinen Händen empfangen zu haben. Mein Leben lang war ich stolz, daß mein Vater ausgerechnet mit einem so berühmten Mann wie Heiner Stuhlfauth etliche Gläser geleert hat.»

Das Haus trampelte, und Heiner Stuhlfauth umarmte mich.

PS: Vielleicht versteht man jetzt, warum ich jeder meiner fünf mir angetrauten Frauen bei der Hochzeit gesagt habe: «Weeste, ich glaube, du kriegst einen ganz netten Mann – nur bitte frage nicht, ob ich am Wochenende vielleicht zum Fußball gehe. Als Kind durfte ich nur mit, wenn die Zeugnisse gut waren – da kannst du dir vorstellen, wie selten ich gehen durfte–, aber jetzt – jetzt will ich's endlich alleine entscheiden – und allein schon die Frage – ob – macht mich ganz nervös.»

DER ROTE GEIGER VON ZWICKAU
Gymnasiast und Kapellmeister

In meiner Jugend «gehörte es sich», daß Kinder aus bürgerlichem Elternhaus ein Musikinstrument erlernten. Ob sie wollten oder nicht; der «gute Ton» verlangte es. Weil Hanni Klavier spielte, entschied mein Vater: «Der Gert lernt Geige, dann haben wir Hauskonzert.» Also bekam ich zu meinem neunten

Geburtstag eine Geige und gleich am nächsten Tag die erste Geigenstunde.

Am liebsten hätte ich aufgehört noch bevor sie zu Ende war. Mein Saitengeschabe jagte mir eine Gänsehaut nach der anderen über den Rücken. Acht Jahre später war ich dankbar, daß ich nicht aufgegeben hatte. Geige spielen war nun nicht mehr Zeitvertreib, sondern eine Möglichkeit, mein Schulgeld zu verdienen.

Vater hatte sein Geschäft verloren und arbeitete in der Stadtverwaltung. Es fehlte bei uns an allen Ecken und Enden. Eine schlimme Zeit begann. Eines Tages fehlte an der Weste meines Vaters die dicke Kette mit der massivgoldenen Sprungdeckeluhr. Er hatte sie versetzen müssen. Mutter heulte, noch lauter heulte ich, denn mir hatte er sie als Erbstück versprochen.

Vater, Mutter und ich waren uns in einem Punkt einig: Hanni durfte durch unsere finanzielle Situation keinesfalls gezwungen werden, ihr Klavierstudium aufzugeben. Ihre Lehrer versicherten immer wieder, welch großes Talent sie habe. Aus ihr ist eine anerkannte Konzertpianistin geworden.

In den Schulferien übernahm ich Aushilfsarbeiten. Als Bleigießer und als Etikettenkleber für Bierflaschen habe ich im Akkord gearbeitet. Die Wende kam, als eines Tages ein Bekannter meinen Vater fragte, ob der Gert nicht bei seinem fünfzigsten Geburtstag etwas auf der Geige spielen könne. Das war der Beginn meiner Stehgeiger-Karriere. Sie dauerte drei Jahre und brachte mir im Umkreis von dreißig Kilometern den Namen «Der rote Geiger von Zwickau» ein. Gesprochen klang das so: «Dor rode Geicher von Zwicke».

Ich spielte nicht allein, sondern mit zwei anderen Musikern als Trio. Das beste Hotel am Platze, der «Kaiserhof», engagierte uns, und in der «Zwickauer Zeitung» erschienen Inserate «Gert Fröbe und seine Solisten spielen zum Nachmittagstee und zum Tanz». Auch Plakate warben für «Gert Fröbe und seine Solisten», aber die hatten wir selbst geschrieben und an Bauzäune und Tore geklebt.

Gelegentlich spielten wir auch nur zu zweit, ein Duo aus Klavier und Geige, dann saß mein Freund Willy am Klavier. Traten wir als Trio auf, spielte Vater Schmidt Trompete und betätigte mit den Füßen die Rhythmuspauke, während sein Sohn Mathias in die Tasten griff. Ob Duo oder Trio, der Mann am Klavier war der Wichtigste, denn er konnte, wenn wir zwei mit Trompete und Geige nicht so elegant wirkten, mit seinen Kapriolen und Läufen unsere Schwachstellen überbrücken. Die Attraktion aber war ich, der Stehgeiger. Bald hatte ich die kleinen Tricks raus, wie man den Damen weiche Töne ins Ohr fiedelte. Ein Geiger, der ein bißchen was kann, ist immer der König auf dem Tanzparkett. Wenn ich auch nicht der Allerschönste war, so war ich auf alle Fälle eine bemerkenswerte Erscheinung. Der »Kanarienvogel» und der «Elfenreigen» waren meine Glanzstücke.

Geige spielen konnte ich wirklich. Ich hatte bereits bei Orchesterkonzerten in der Schule die Soli gespielt, und mit siebzehn durfte ich die Solovioline der F-Dur-Romanze von Beethoven mit großem Orchester im Mitteldeutschen Rundfunk Leipzig spielen. Das gab den Ausschlag, daß ich von der Schule die Erlaubnis erhielt, im Hotel «Kaiserhof» zu spielen. Die Lehrer wußten, wie «bescheiden» es meinen Eltern ging.

Eine Bedingung war allerdings an die Genehmigung geknüpft: Ich durfte, wenn ich das Hotel betrat, nicht die Schülermütze des Gymnasiums tragen. Deshalb erschien ich an den Tagen, an denen ich im Hotel spielte, morgens um sieben mit Schülermütze und Geigenkasten in der Klasse. Auch zum Mittagstisch bei einer Fabrikantenfamilie erschien ich mit Gymnasiasten-Mütze. Kaum war der Nachtisch verzehrt, begann ich «Maske zu machen». Ich vertauschte die Schülermütze gegen einen Trenkerhut. So nannten wir die graugeflammten Filzhüte. Sie ließen sich, Spitze nach oben, zu einer Wurst einrollen, und deshalb paßte diese Kopfbedeckung auch so gut in den Hohlraum, den jeder Geigenkasten unter dem Steg zwischen Geigenkörper und Schnecke hat. Also, Trenkerhut raus, Schülermütze rein in den Kasten und rüber ins Hotel.

Bei besonderen Anlässen, Jubiläumsfesten und Geburtstagsfeiern zog ich eine schwarze Jacke an, die meine Mutter mir eigens aus einem Rock meiner Großmutter, also etwa aus dem Jahre 1870, genäht hatte. Darin sah ich zwar bedeutend aus, aber Großmutters Rock war aus einer Art Filzstoff gefertigt. Ich habe geschwitzt wie am Hochofen, besonders wenn wir auf einem Podium spielten, auf das die Hitze der starken Deckenbeleuchtung knallte.

Die Jacke saß prima, nur – meine Mutter war zwar eine großartige Damenschneiderin, aber mit Steifleinen, wie es zur Verstärkung der Revers bei Herrenjacken benutzt wird, hatte sie nichts im Sinn. Vielleicht fehlte ihr auch das Geld, welches zu kaufen, auf alle Fälle sah ich in der Jacke immer ein bißchen nach Mädchen aus. Geschämt hab ich mich schon, vor allem meinen Mitschülern gegenüber, aber ich sagte nichts, weil meine Mutter sie genäht hatte.

Unsere Arbeitszeit ging offiziell bis zur Polizeistunde, und die war um eins. Aber so genau nahm man das in «Zwicke» nicht. Wenn eine feuchtfröhliche Gesellschaft weiterfeiern wollte, dann knallte man uns ein paar Scheine aufs Tablett, und es hieß: «Kapelle, spielt weiter!»

Manchmal waren die Gäste so benebelt, daß sie gar nicht merkten, wenn wir das elektrische Klavier anstellten. Da brauchten wir zwar nicht zu spielen, aber dableiben mußten wir. Wie spät es auch wurde – am nächsten (richtiger: am selben) Morgen um sieben hatten wir in unserer Schulbank zu sitzen. Auch wenn uns die Augen immer wieder zufielen. Nur wer schon einmal eine ganze Nacht unmittelbar neben einem aktiven Schlagzeug gesessen hat, weiß, was man da durchmachen muß. An Schlaf ist auch nach Feierabend kaum zu denken – das Bum-Bumbum-

31

Bumm dröhnt weiter in den Ohren bis in den ersten Schlaf hinein.

Wurde es besonders spät, durften wir im Hotel schlafen, in einem der Personalzimmer unterm Dach. Nach solchen Nächten erschien ich dann zum Unterricht in meiner skurrilen Stehgeigeraufmachung. Niemand aber wagte mich damit aufzuziehen, denn es war bekannt, daß ich mit den acht bis zehn Reichsmark, die ich an einem Abend verdiente, meine Eltern unterstützte. Eine Mark zweigte ich jedoch oft von dem erspielten Geld ab – die bekam der Klassenprimus, der für mich die Schulaufgaben machte. Außer der Mark bekam er mein warmes Abendessen, wenn er mir die fertigen Aufgaben abends im «Kaiserhof» übergab.

In den Tanzpausen sah ich mir dann das Wichtigste an, damit ich am nächsten Morgen wenigstens einen blassen Schimmer von meinen Hausaufgaben hatte. Nur die Aufsätze mußte ich selbstverständlich selber schreiben. Mein schlechtes Gedächtnis war allen Lehrern und Mitschülern bekannt. Als wir in der Oberprima die übliche Frage gestellt bekamen, was wir denn einmal werden wollten, und ich voller Überzeugung «Schauspieler» sagte, war schallendes Gelächter das Echo. Unser Deutschlehrer, Professor Hahn, knallte sich theatralisch mit seiner flachen Hand auf die polierte Glatze und versicherte in steifer norddeutscher Diktion: «Fröbe, ich will ja nicht an Ihrem Talent zweifeln, aber Sie werden dann wohl immer mit dem Textbuch auf die Bühne gehen müssen, bei Ihrem schlechten Gedächtnis!»

Er hatte ja recht! An einem Gedicht mit vier Strophen mußte ich damals vier Wochen lernen. Mit dem Erfolg, daß ich beim Vortragen dann prompt dreimal steckenblieb. Erst als ich später hörte, daß auch der große Emil Jannings solche Lernschwierigkeiten zu überwinden hatte, war ich einigermaßen getröstet.

In meine Anfangszeit als Stehgeiger fiel auch mein erstes Liebeserlebnis. Erlebnis ist zuviel gesagt, es war nur ein Wunschtraum, aber auch der hat mich eine Menge Schlaf gekostet. Sie – die Herrlichste von allen – wohnte ausgerechnet in der entgegengesetzten Richtung. Von Zwickau aus mußte ich fünf Kilometer links nach Planitz, zu ihr aber mußte ich vier Kilometer nach rechts. Wenn ich nach Mitternacht meine Geige eingepackt hatte, bin ich nicht gleich nach Hause geradelt, sondern erst zu ihr. Richtiger: in den Hof ihrer Eltern. Da stand ich dann und pfiff «Dein ist mein ganzes Herz», und der Mond lächelte.

Sie zeigte sich nicht einmal am Fenster! Aber sie bewies mir, daß sie meine gepfiffene Liebeserklärung gehört hatte, indem sie in ihrem Zimmer das Licht ein- und ausknipste. Das genügte mir zu meinem Glück. Ich schwang mich auf meinen Drahtesel und strampelte nach Hause. Wenn wir uns auf dem Schulweg sahen, warfen wir uns vielsagende, schmachtende Blicke wie zwei Verschwörer zu. Gesprochen haben wir kein einziges Wort. Aber mein Herz schlug bis zum Hals vor Glück und Aufregung.

DAS GLÖCKLEIN UNTERM HIMMELBETT
*Was man bei einer Bauernhochzeit
alles lernen kann*

Mit meinem Freund Willy spielte ich öfter auf Bauernhochzeiten. In der «Kleinen Besetzung» – Klavier und Geige, mehr konnten sich die Bauern nicht leisten. Dafür bogen sich die Tische vor Wurst, Schinken, Brot, Käse und Kuchen. Zu trinken gab's reichlich. Auch für uns, aber wir kippten die Schnäpse in die Blumenkästen am Fenster. Am nächsten Morgen mußten wir ohne «Fahne» in der Schule sein.

Bei einer dieser Hochzeiten verlief der Abend anders als gewohnt. Wir hatten uns auch diesmal auf eine lange Nacht eingerichtet, doch gegen zwölf gab man uns ein Zeichen: «Aufhören mit Spielen und still sein!» Das Brautpaar wurde mit Hallo, Segenswünschen und einschlägigen Ratschlägen verabschiedet, deren Sinn ich nicht begriff. Ganz sachte nur dämmerte mir einiges.

Kaum waren die beiden weg, dachte ich, jetzt kann's weitergehen, aber nein, wir durften nicht spielen. Keiner der etwa vierzig Anwesenden sagte ein Wort. Alte und junge Gäste saßen mit vom Tanz und Alkohol geröteten Gesichtern, hielten Händchen oder mit Silberpapier umwickelte Myrthensträußchen und lauschten. Gespannt warteten sie auf irgend etwas.

Ich schaute Willy, der schaute mich an – wir begriffen nichts. Mit einem Mal klangen Glockentöne durchs Haus. Boing – Boing – Boing. Erst zögernd, dann immer schneller. Boing, Boing, Boing, Boing.

Darauf hatten alle gewartet. Jetzt brach ein Jubel los. Lachen, Klatschen, Zuprosten. Ich war immer noch perplex, hatte keine Ahnung, daß nach altem Brauch unters Hochzeitsbett eine Kuhglocke gebunden war, deren sattes Bimmeln anzeigte, daß die Ehe nun auch praktiziert würde.

Das war meine erste Begegnung mit der Liebespraxis. Sehr theoretisch. Ganz begriffen hatte ich alles mit meinen siebzehn Jahren noch lange nicht. Was hatten die Glockentöne zu bedeuten, das alle so jubeln ließ? Zum Nachdenken blieb keine Zeit, denn jetzt ging die Hochzeit erst richtig los. Bis um viere haben wir zum Tanz gespielt. Erst dann leerte sich die Tanzfläche. Willy und ich schliefen. Sein Kopf lag auf den Klaviertasten, ich hatte mich, meinen Geigenkasten fest umklammert, auf eine Bank gelegt.

Als eine Magd zum Reinemachen in den Raum kam, war es acht. Um sieben hätten wir in der Schule sein müssen. Scheibenkleister! Wahrscheinlich haben wir damals ein ähnliches, aber kürzeres Wort für unsere Situation benutzt. Aber da half nichts, wir mußten in die Schule. Also Köpfe unter die Pumpe im Hof gehalten, und ab zur Penne.

Die Magd, ein dralles Landei, steckte uns noch Hochzeitskuchen zu und teilte uns mit, daß wir gleich nach der Schule wiederkommen sollten, denn natürlich ging die Hochzeit noch weiter.

Nie ist ein Schulhaus so unheimlich ruhig als wenn man zu spät kommt. Alle Türen geschlossen, die Gänge leer. Jeder Schritt hallt im Ohr wie ein Echo. Eine aggressive Ruhe. Willy und ich gingen auf Zehenspitzen – obgleich es dafür keinen Grund gab –, horchten an der Tür zu unserem Klassenzimmer. Kein Laut war zu hören. Ich schaute durchs Schlüsselloch: Die schrieben eine Arbeit. Mathe!

Tief durchgeatmet und angeklopft. «Herein!» Unverkennbar die Stimme von Baaff, unserem Klassenlehrer. Eigentlich hieß er Niemeyer. Es ist mir bis heute ein Rätsel, wie er bei unserem Einzug ins Klassenzimmer ernst bleiben konnte. Ich, der lange Lulatsch, im schwarzen Jackett mit weißem Stehkragenhemd und lila Fracktuch, neben mir der kleine, rundliche Willy im Cut seines Vaters. Ein nobles Kleidungsstück, nur mit den Ärmeln hatte Willy seine Probleme. Sie waren entschieden zu lang. Willy hatte deshalb beim Klavierspielen eine besondere Technik entwickelt. Mitten im Spiel schob er erst den einen, dann den anderen Ärmel zurück. Das blieb nach einer durchspielten Nacht wie der letzten nicht ohne Folgen: Der linke Ärmel war bis zum Ellbogen zurückgeschoben, der rechte reichte dafür bis über die Fingerspitzen. Pat und Patachon, die beiden beliebten Filmkomiker dieser Jahre, waren zwei Schönheiten gegen uns.

Weil ich der ältere und größere war, trat ich ans Pult und sagte ohne Umschweife die Wahrheit: «Herr Professor, wir bitten um Entschuldigung, wir haben verschlafen, wir haben die ganze Nacht auf einer Hochzeit gespielt.» Dazu hatten wir ja die Erlaubnis. Aber ob dies auch das Zuspätkommen entschuldigen würde, war die Frage.

Der Baaff schaute uns beide lange stumm an. Heute glaube ich zu wissen, daß Mitgefühl in seinem Blick lag. Nach einer Weile sagte er nur «Setzt euch!» und an die anderen gerichtet: «Packen Sie Ihre Hefte ein, wir schreiben morgen eine andere Arbeit, denn selbstverständlich haben Sie die Störung benutzt und die Resultate untereinander ausgetauscht...»

Kaum sitze ich, stellt er eine Frage, ich melde mich und weiß die Antwort. Der Baaff nickt, zeigt auf mich und sagt: «Meine Herren, sehen Sie, der Junge hat die ganze Nacht gearbeitet und weiß trotzdem etwas! Fröbe, Sie können nach Hause gehen. Ich werde Sie bei den Kollegen entschuldigen.»

So war er, der Baaff. Wir alle haben ihn geliebt.

EIN GENIE IM SCHÜTZENHAUS

Meine Schwester Hanni
als «rettender» Weihnachtsengel

Meine Schwester Hanni hatte mit ihrem Klavierspiel so gute Fortschritte gemacht, daß sie bereits in einem Konzert in Dresden als Solopianistin aufgetreten war. Sie bekam ausgezeichnete Kritiken und ein Stipendium.

Selbstverständlich sind Vater, Mutter und ich zu dem Konzert nach Dresden gefahren. Mutter hatte Tränen in den Augen, als ihre Hanni ganz allein auf der Opernbühne am Flügel saß. Sie sah wunderschön aus in ihrem dunklen Samtkleid, das meine Mutter ihr eigens für diesen Auftritt geschneidert hatte. Das mußte sogar ich zugeben, was einem jüngeren Bruder gar nicht so leicht fällt. Ihre langen roten Haare hatte sie stundenlang gebürstet, jetzt fielen sie ihr goldglänzend auf die Schultern. Im Scheinwerferlicht sah sie wie ein Filmstar aus.

Für die Musik, die ich in Cafés und auf Hochzeiten spielte, hatte sie nur ein Lächeln. Musik begann für sie von Tschaikowski aufwärts. Ausgerechnet diese Verfechterin der klassischen Musik sollte ihrem Bruder einmal aus der Patsche helfen. Doch das muß ich der Reihe nach erzählen.

Oberhohendorf ist ein kleiner Ort bei Zwickau. Wenn man

Kulitsch und Rottmannsdorf dazurechnete, kamen glatt 2000 Einwohner zusammen. Jedenfalls Anfang 1930. Damals bekamen «Gert Fröbe und seine Solisten» das lukrative Angebot, vom ersten Weihnachtsfeiertag bis Neujahr jeden Tag im Schützenhaus Tanzmusik zu machen. Jeden Tag acht Mark, macht in acht Tagen 64 Mark. Ein warmer Regen. Die Weihnachtsgans war damit überfinanziert. Wir arbeiteten in Dreierbesetzung: Vater Schmidt Trompete und Rhythmuspauke, sein Sohn Mathias Klavier. Er war ein großartiger Pianist und gleichzeitig zweiter Organist an der Marienkirche in Zwickau. Sie ist inzwischen zum Dom avanciert.

Ich spielte bei dieser Feiertags-Veranstaltung eine besondere Geige. Eine Jazz-Geige. Die hatte ich in einem Versteigerungshaus billig erstanden. Für Violinkenner war es nichts Aufregendes. Eigentlich nur ein Griffbrett mit Steg, aus dem sich ein trichterförmiges Horn herauswand. Aus dieser Membrane kam der Ton, aber nicht wie bei einer richtigen Geige über den Resonanzboden. Ein Jazz-Ton. Halb klang es wie Trompete, halb wie Geige. Der Ton tat weh.

Aber für die Dorfjugend von Oberhohendorf war das eine Sensation, die wir auf unseren Eigenbau-Plakaten groß angekündigt hatten:

GERT FRÖBE
ERSTMALS MIT
SEINER JAZZGEIGE

Das Echo bei den Jugendlichen war enorm. Die Jazz-Geige und ich waren das Dorfgespräch: «Du, der hat 'ne Jazz-Geiche!» – «Oh, sowas hab ich noch nie geheert, da müssemer hin.»

Erster Feiertag um vier Uhr geht es los. Ab halb vier ist bereits kein Platz mehr zu bekommen. Um vier ist das Schützenhaus gerammelt voll. Burschen und Mädchen – alle fein in Schale. Den Jünglingen sieht man die Entschlossenheit an, sich bei dem Tanzvergnügen eine Feiertagsbraut anzulachen. Es riecht nach

Maiglöckchen, Schweiß und Kuhstall. Ich gebe den Takt, 3–4, mit den Fußspitzen, und dann dumtara dumtara – «Feuert los!» Das war unser Eröffnungsmarsch, wenn wir in «großer Besetzung» zu dritt spielten. Leicht zu tanzen, und ein Stimmungsmacher erster Klasse.

War dann die Stimmung angeheizt, zwängte ich mich mit meiner Geige unter die Paare auf der Tanzfläche, strich sanfte Töne ins Ohr irgendeiner Dorfschönen, und wenn mich der Hafer stach, sang ich, durch das Megaphon flüsternd, Schlager wie:

> *Ich kenn zwei süße Schwestern, die hab ich gestern*
> *nach Haus gebracht.*
> *Da hat die eine, die süße Kleine*
> *so nett gelacht.*
> *Und hat beim Küssen die lieben Äuglein*
> *genau wie du so zugemacht.*
> *So daß ich meine, du seist die eine,*
> *die süße Kleine von gestern nacht.*

Für Oberhohendorf war das Hollywood. Und wenn ich ehrlich bin, für mich auch.

Der erste Feiertag war gelaufen. Auf der Heimfahrt sagte doch Mathias Schmidt, mein Pianist, zu mir, «Du, morgen kann ich erst ab halb sieben, ich muß am Nachmittag Orgel spielen!» Ich fiel aus allen Wolken. Aber da war nichts zu machen, ich wußte, daß er zweiter Organist in der Marienkirche war, und verständlicherweise wollte der erste Organist wenigstens einen Feiertag bei seiner Familie sein, da mußte Mathias eben die Register der Orgel ziehen. Am zweiten Feiertag kamen zum Gottesdienst ohnehin nur ein paar verirrte Schäfchen, die meinten, man müsse sich mal wieder in der Kirche sehen lassen.

Mein Pianist fiel also für mindestens drei Stunden aus, aber ich konnte doch nicht nur mit dem alten Schmidt und seiner Pauke samt Trompete Tanzmusik machen! Wo aber auf die Schnelle einen Klavierspieler herbekommen? Wenn ein Klavierspieler auch nur ein bißchen was kann, wenn er wenigstens einigermaßen den Takt zu halten versteht, ist er zu Weihnachten beschäftigt. Jedes kleine Kaffeehaus leistet sich zu Weihnachten zu Kaffee und Kuchen ein bißchen Klaviermusik. Das war nun mal so im Erzgebirge. Musik gehörte zum Weihnachtsfest wie der sich drehende Tannenbaum mit Goldlamé-Engeln und die Pyramide, die sich durch die Wärme der Kerzen dreht.

Alle Versuche, einen anderen Pianisten aufzutreiben, scheiterten. Blieb nur noch eines: Absagen. Das schöne Geld sausen lassen.

Halt, eine könnte einspringen! «Hanni, du mußt mir helfen!» Ich erklärte ihr, worum es ging. Hanni fiel aus allen Wolken: «Ausgeschlossen!»

Sie lehnte nicht aus Hochnäsigkeit ab, sondern weil sie wußte, daß Tanznoten ganz anders aufgeteilt sind als die für Konzertstücke. Wer Notenblätter für Konzertmusik zu lesen versteht, kann Tanzmusiknoten noch lange nicht lesen. Das einzige, was Hanni an Unterhaltungsmusik bisher gespielt hatte, war die «Petersburger Schlittenfahrt». Vierhändig mit Vater, während ich die Geigenbegleitung lieferte.

Ich versprach meinem Schwesterherz, mich hinter sie zu stellen und ihr zu zeigen, auf welcher Notenzeile sie weiterzuspielen hatte. Ein verwegenes Versprechen. Schließlich sagte sie seufzend ja.

Wir fuhren mit dem Omnibus ins Schützenhaus, der Wirt begrüßte uns nett, denn der gestrige Abend war gut gelaufen. Er guckte zwar etwas mißtrauisch, als ich ihm erklärte «Sie müssen entschuldigen, unser Klavierspieler von gestern kommt erst in zwei Stunden, der muß in der Marienkirche die Orgel spielen, weil er da das ganze Jahr über engagiert ist. Ich hab dafür einen hervorragenden Ersatz, meine Schwester, eine perfekte Konzertpianistin.» Ich weiß nicht, was ihn mehr verschreckte, der Hinweis auf meine Schwester oder das Wort «Konzertpianistin», auf jeden Fall ließ er uns von nun an nicht mehr aus den Augen.

Um vier begannen wir mit «Feuert Los!». Ein Marsch ist kein Problem für einen Pianisten, Hauptsache, er bleibt im Rhythmus. Der Anfang war also gemacht. Weil es so gut ging, spielten wir den Marsch gleich noch einmal. Der Wirt blickte verwundert.

Nach einer längeren Pause – Zeit gewinnen! Zeit gewinnen! – folgte ein Tango «Blutrote Rosen». Aber das wußten nur wir drei Musiker. Was wir spielten, war selbst für Oberhohendorfer Ansprüche nicht mehr als Tango zu erkennen. Ich geigte wie der Teufel, tippte mit dem Bogen zwischendurch auf die folgende Notenzeile.

Hanni schlug mit dem Mut der Verzweiflung in die Tasten, Vater Schmidt bekam vor Angst einen Lachkrampf und brachte keinen Ton aus der Trompete. Hanni kaschierte den Ausfall der Trompete und spielte ein zartes kleines Konzertstück. Das hätte ihr in jeder seriösen Musikveranstaltung Beifall gebracht, aber nicht in Oberhohendorf. Die Dorfjugend murrte: «Danach kann doch keener danzen.» Hanni beschwerte sich über das verstimmte Klavier. Der Wirt schaute kritisch. Eine Katastrophe bahnte sich an, doch zunächst einmal retteten uns die Kühe.

Jawohl, die Kühe. Die mußten um sechs Uhr gemolken werden. Auch an Feiertagen. Deshalb war gegen sechs eine halbe Stunde Melkpause. Die Jünglinge im Sonntagsstaat gingen in die Ställe und füllten die Milcheimer, während die Mädchen kichernd und erwartungsvoll in Gruppen zusammensaßen. Sie wußten, daß sie den Kühen den Vortritt lassen mußten.

Viel zum Tanzen waren sie bis dahin sowieso noch nicht gekommen. Aber ab halb sieben sollte es richtig losgehen. Doch mein Pianist war immer noch nicht da. Hanni, den Tränen nahe, mußte wieder ans Klavier.

Wir spielten «An der schönen blauen Donau», im Eins-zweidrei-Takt, oder wie wir Musiker sagen «Küche – Kammer – Küche», weil ich dachte, Walzerrhythmus kriegt auch eine Konzertpianistin hin. Irrtum. Um Zeit zu gewinnen, riskierte ich noch ein Konzertstück: «Souvenirs» von Drdla. Meine Schwester begann auch gleich mit ein paar schönen Sequenzen.

Im Schützenhaus zu Oberhohendorf ist Musik jedoch nicht zum Hören, sondern zum Tanzen da. Also kamen die Dorfkavaliere gleich bei den ersten Takten auf die Tanzfläche, faßten ihr Mädchen fest um die strammen Hüften und wollten sie durch den Saal schwenken. Das aber ging nicht, weil dieses Konzertstück keinen Rhythmus hatte. Die am Tisch sitzengeblieben waren, machten jetzt «Pst!», um zu zeigen, daß sie natürlich wußten, daß man nach solcher Musik nicht tanzen kann. Auf der Tanzfläche gab es Verwirrung total. Wir brachen ab. Die Tänzer riskierten noch ein paar Drehungen ohne Musik.

Die Paare auf der Tanzfläche fühlten sich blamiert. Die Herren führten ihre Süße an den Tisch zurück und maulten: «Es war doch Tanzmusik versprochen.» Um keine Diskussionen mit den enttäuschten Gästen aufkommen zu lassen, spielten wir rasch noch mal «Feuert los!», denn der Marsch war noch am besten gegangen. Aber die Unruhe wuchs.

Doch die Tänzer fühlten sich verschaukelt. Zuwenig Tanzmusik, und dann schon wieder denselben Marsch! Sie murrten. Als wir zum dritten Mal den Refrain von «Feuert los!» anfingen, kam der Wirt quer über den Saal, schnappte sich ohne ein Wort das Schlagzeug und schmiß es auf die Tanzfläche. Großes Hallo und Beifall bei den Tänzern, während wir drei wie begossene Pudel herumstanden. Der Wirt hatte wenige, aber deutliche Worte für uns.

Unser Abgang war eher eine Flucht. Instrumente und Notenblätter gegriffen, und ab durch die Mitte. Die Mäntel geschnappt, und rasch auf die Straße.

Draußen war so richtiges erzgebirgisches Sauwetter. In Schneeregen und Kälte mußten wir eine halbe Stunde auf den

Bus warten. Frohe Weihnachten! Endlich kamen zwei Lichter aus der Dunkelheit auf uns zu. Der Bus aus Bärenwalde. In diesem Moment fiel mir ein: Wir haben ja gar kein Geld für die Rückfahrt! Denn die acht Mark von gestern hatte ich schon zu Hause abgeliefert und nur für die Hinfahrt ein paar Pfennige eingesteckt. Heute sollten wir doch wieder acht Mark bekommen. Die aber hatten wir bei unserem eiligen Abgang in den Schornstein schreiben müssen...

Ich schob zuerst meine Schwester, dann Vater Schmidt mit der Pauke in den Bus, dann kam ich, durchgefroren mit klammen Fingern, und erzählte dem Fahrer, der auch zugleich der Schaffner war, daß wir kein Geld hätten, aber meine Schwester würde in Zwickau bei der Endstation mit den Instrumenten so lange warten, bis ich von zu Hause Geld geholt hätte.

Der Fahrer sah uns drei Eisheilige prüfend an, schloß die Tür und fuhr los. Nach einer Weile fragte er: «Wo wohnt ihr denn?»

«In der Marktstraße.»

Der Mann machte mit seinem Bus eine Extra-Schleife und setzte uns direkt vor der Haustür ab. Ohne einen Pfennig zu kassieren.

Das war aber auch die einzige Freude, die wir an diesem traurigen Weihnachtsfest hatten. Statt 64 Mark waren es nur acht geworden, und das nur, weil die Konzertpianistin der Familie leider Gottes zu genial für Tanzmusik war.

Hanni hat noch viele Kompositionen am Flügel gespielt, aber nie wieder «Feuert los!». Ich aber traute meinen Ohren nicht, als ich in London diese Melodie hörte. Auf einem Fußballplatz, während meiner Dreharbeiten für «Goldfinger». Die Musikkapelle der Royal Guards spielte sie – es war (und ist) die Anfeuerungsmelodie für den Fußballclub Arsenal. Blitzartig waren meine Gedanken wieder in Oberhohendorf.

Zu Rüdesheim in der Drosselgasse

Ein Sohn auf den Spuren
seines Vaters

Von Willy, meinem Pianisten, war schon beim Glockengeläut während der Bauernhochzeit die Rede. Wir zwei waren auch ohne Musik viel beisammen. Als Primaner nutzten wir die großen Ferien für eine Radtour von Zwickau die Mainlinie entlang bis zum Rhein, vom Rhein zum Bodensee und vom Bodensee wieder nach Hause, ein Dreieck im Süden Deutschlands. Eine solche Tour war damals ein größeres Abenteuer als heute ein Urlaubsflug nach Mallorca.

Mehr als diese Route hatten wir nicht festgelegt. Allerdings ein Ziel hatte ich: Ich wollte unbedingt nach Rüdesheim in die Drosselgasse. Mein Vater sang das Lied von dieser Gasse besonders gern. Meist etwas unpassend zum achten Bier. Die Familie wußte auch, daß mit Rüdesheim und der Drosselgasse für ihn große, nie genau geklärte Erinnerungen verknüpft waren. Wenn ich heute die verlegenen Blicke meiner Mutter bei der Erwähnung der Drosselgasse richtig deute, dann hatten diese Erinnerungen nicht nur mit Vaters Begeisterung fürs Kegeln zu tun. Aber den Anlaß hatte das Kegeln gegeben.

Seine Mannschaft war Deutscher Meister im Zehnermannschaftskegeln geworden. Der Entscheidungskampf hatte an einem Freitag beim Deutschen Keglerfest in Frankfurt stattgefunden. Nach ihrem Sieg waren die zehn Deutschen Meister aus Planitz und Zwickau von der Bildfläche verschwunden. Niemand wußte, wo sie abgeblieben waren. Erst nach Tagen kam eine Nachricht aus Rüdesheim. Dort mußten sie offenbar einen neuen Rekord im Trinken aufgestellt haben. Kegeln und Trinken gehörten damals zusammen wie Donner und Blitz. Seit diesem Abstecher von Vaters Kegelclub in die Drosselgasse hatte bei mir der Name Rüdesheim einen lockenden Klang.

Drei Tage lang radelten Willy und ich von Planitz nach Rüdesheim. Dort kamen wir am späten Nachmittag an und beschlossen, irgendwo in der Umgebung bei einem Bauern in der Scheune zu übernachten, wie wir das meist auf dieser Fahrt getan hatten. Doch zuerst einmal legten wir unsere Räder an die Kette und leisteten uns ein Viertel Wein.

Die Weinstube hieß «Zum Kratzeisen». Sie lag nicht direkt in der Drosselgasse, sondern etwas abseits, und sie sah auch von außen billiger aus als jene mit den berühmten Namen. Der Putz bröckelte von der Fassade des Fachwerkbaus, und die Fensterläden hingen schief. Aber ein schöner Wirtshausgarten mit langen Tischen und Bänken gehörte dazu, und billig war es außerdem. Der Wirtshaussaal, in dem um diese Zeit nur wenig Gäste saßen, hatte ein Musikpodium. Doch niemand spielte, nur die Instrumente lagen parat.

Wie ich so herumging und mir die Beine vertrat, die durch stundenlanges Strampeln steif geworden waren, und auch meinen Allerwertesten mal wieder bewegte, kam ich an einem Tisch vorbei, an dem die Musiker beim Abendessen saßen. Wir kamen ins Gespräch, und, da ich lange keine Geige am Kinn gehabt hatte, fragte ich, «Können wir denn ein paar Takte spielen, während ihr eßt?»

«Wenn uns dabei der Appetit nicht vergeht!» sagte einer, und sofort waren wir auf dem Podest, Willy prüfte das Klavier mit ein paar Läufen, ich die Geige ans Kinn, und schon legten wir los.

Dem Wirt muß es gefallen haben, er kam eigens aus der Küche und fragte: «Sagt mal, seid ihr frei?»

Mit allem hatten wir gerechnet, nur nicht mit dieser Frage.

Willy fing sich als erster: «Wir sind in Ferien ...»

Ich setzte nach: «Eigentlich arbeiten wir im ‹Kaiserhof› in Zwickau.» Kein Wort, daß wir noch zur Schule gingen.

«Schade», sagte der Wirt, «aber wenn ihr mal frei seid, schickt ein Telegramm. Ich nehme euch sofort!» Das war ein tolles

Angebot, doch ein paar Tage später waren wir schon am Bodensee und dachten kaum noch an Rüdesheim und das «Kratzeisen». Das änderte sich jedoch, als wir wieder zu Hause waren. Um uns war nun die Aura weitgereister Globetrotter, und unser Heimatort kam uns eng und spießig vor.

Bald aber holte uns der Schulbetrieb und die Auftritte im «Kaiserhof» oder in Gartenlokalen wieder in den Alltagstrott.

Ein Jahr später wurden die «Großen Ferien» auf drei Monate verlängert, weil unsere Schule renoviert werden mußte. Drei Monate – was fängt man mit siebzehn mit dieser herrlich langen Zeit an?

Die beste Idee, was zu tun sei, kam mir an einem total verregneten Sonntag, an dem wir in einem Gartenlokal zum Tanz spielen sollten. Dazu kam es nicht, weil keine Tänzer da waren. Wie sooft erhielten wir auch diesmal statt Geld Berge von Obstkuchen, auf denen der Wirt sitzengeblieben war.

Als wir mit vollem Bauch, aber leeren Taschen nach Hause zogen, sagte ich zu Willy nur zwei Worte: «Rüdesheim – Kratzeisen.» Montag früh telegrafierten wir dem Wirt in Rüdesheim. Die Antwort kam postwendend «Erwarte euch umgehend!»

«Umgehend, das hieß: Bahnfahrt. Aber uns fehlte das Geld für die Fahrkarten. Also verstauten wir Geige, Noten, Leibwäsche samt Auftrittsanzügen auf unsere Räder. Nach drei Strampeltagen stellten wir unsere Stahlrösser im «Kratzeisen» unter und trafen mit dem Wirt ein Abkommen, wie es in vielen Lokalen am Rhein auch heute noch üblich ist: Wir bekamen «Freie Station», das heißt Essen, Trinken und Wohnen kostete nichts, aber Geld zahlte der Wirt nicht. Das mußten wir selbst von Tisch zu Tisch einsammeln. Fünf oder zehn Pfennige waren damals als Dank an die Kapelle üblich.

Einmal jedoch – nie werd ich's vergessen – hat mir ein angesäuselter älterer Gast einen Zwanzigmarkschein in den Teller gelegt. Ich war so perplex, daß ich «Das ist zuviel» stammelte. Doch der Mann winkte ab. «Stimmt schon, ich war auch einmal so ein armes Schwein wie ihr!»

Wir hatten vom ersten Tag an Erfolg, bald kamen sogar Gäste nur unseretwegen. Das Lokal war immer gut besucht, und das wollte was heißen, denn im Lokal selbst gab es an die 130 Plätze und im Garten noch mal so an die 300. Platz zum Tanzen wurde nicht benötigt. In solchen Weinstuben wurde und wird nur getrunken, gesungen und geschunkelt. Eine Lustbarkeit, die mich schon damals zur Verzweiflung brachte. Wenn man noch nicht betrunken ist, wird man es bei der Schaukelei bestimmt.

Wir kamen weder zum Schunkeln noch zum Trinken, wir spielten und spielten. Es hat sich ausgezahlt. Nach drei Monaten hatten wir mit Fünfern und Groschen 18 000 Mark kassiert. Willy und ich kamen jeder mit 9000 Mark nach Hause. Der Tagesschnitt lag bei 200 Mark. Montags war es immer weniger – es war der Dienstbotenausgangstag –, dafür lagen sonnabends und sonntags bis zu 500 Mark auf dem Teller.

Es war eine wunderschöne Zeit. Doch daran war weder der Wein noch der Gesang schuld, sondern des Wirtes holdes Töchterlein. Es war wie im deutschen Heimatfilm der fünfziger Jahre. Wir spielten auf der einen Seite des Saales, sie füllte auf der gegenüberliegenden ein Glas Wein nach dem anderen aus verschiedenen Zapfhähnen. Sie sah aus wie eine Bilderbuch-Spanierin, pechschwarzes Haar mit Mittelscheitel, streng frisiert. Ihre Augen glühten, ihre Bluse war wohl gefüllt. Meine zärtlichsten Lieder spielte ich nur für sie, und ich merkte, daß sie es wußte und genoß. Aber es blieb bei der musikalischen Verehrung. Ich war noch so verdammt schüchtern mit meinen achtzehn Jahren.

Dabei schliefen wir Wand an Wand! In dem alten Fachwerkhaus hatten Willy und ich je ein Zimmer bekommen, und meines lag direkt neben dem ihren. So dünn die Wand war, sie trennte uns. Wenn ich spät nach Mitternacht ins Bett kroch, klopfte ich lediglich leise an die Lehmwand.

Klopf, Klopf, Klopf...

Dann kam von der anderen Wandseite ganz leise wie ein Echo: Poch – Poch – Poch.

Darauf ich wieder: klopf, klopf, klopf...

Sie antwortete Poch – Poch.

Da war ich glücklich und schlief ein.

Drei Monate ging das so, und mehr war nicht. Eine herrliche Zeit.

Sie war wirklich meine erste große Liebe. Am Abschieds-abend stand der Wirt, ihr Vater, selber hinter den Zapfhähnen. Sie blieb unsichtbar, wollte den letzten Abend nicht miterleben. Ich verstand es so gut.

Obgleich sie nicht da war, hab ich an diesem Abend nur für sie – für uns – gespielt. Die Gäste müssen mich für verrückt gehalten haben. Statt «Trink, trink, Brüderlein, trink...» und «Warum ist es am Rhein so schön...», geigte ich «Reich mir zum Abschied noch einmal die Hände...» und «Frag nicht, warum ich gehe...» und all diese Lebewohl-Schnulzen. Ihr Vater wird geahnt haben, welch harmlos-schöner Kontakt zwischen seiner Tochter und mir entstanden war. Er ließ mich spielen, wie mir ums Herz war.

Ich weiß heute noch, daß mir beim Spielen auch mal die Tränen in die Augen schossen, dann hab ich mich ein bißchen rumgedreht. Ich war ja Stehgeiger, und der kann sich auch mal wegdrehen. So endete meine erste große unerfüllte Liebe.

Es vergehen viele, viele Jahre, der kleine Stehgeiger von damals hat inzwischen ein Auto unterm Hintern und fährt von Köln nach München. Da führt die Autobahn am Rhein entlang, und schon kommt das Schild «Ausfahrt Rüdesheim».

Ohne zu überlegen, biege ich ab. Richtung Rüdesheim.

Ob es das «Kratzeisen» noch gibt?

Ob es «Sie» noch gibt?

Je näher Rüdesheim kommt, desto langsamer fahre ich.

Ja, und dann hab ich angehalten und mir gesagt: Nee, all das Schöne und Zarte von damals, das kannst du jetzt nur kaputtmachen, wenn du großkotzig mit «Hoppla, hier bin ich, wollte mal vorbeischauen» unangemeldet auftauchst.

Und da hab ich meine Blechkiste gewendet und bin wieder zur Autobahn zurückgefahren. Ganz langsam, denn es war der zweite Abschied, diesmal für immer.

Ich bin froh, daß ich unverrichteter Dinge umkehrte, und kann allen, die vielleicht einmal in eine ähnliche Situation kommen, nur raten: Bedenkt, daß kein unverhofftes Wiedersehen mit einer Jugendliebe so schön sein kann wie die Erinnerung.

ES WAR DIE NACHTIGALL ...
Meine erste Liebesnacht

Im Leben eines jeden Menschen gibt es Erlebnisse, von denen er möchte, daß sie nur ihm allein gehören.

Die folgende Geschichte ist eine solche Episode. Ich möchte ihr einen Satz voranstellen, der in abgewandelter Form im Vorspann vieler Filme steht:

Alle Personen haben wirklich gelebt. Sie hießen nur anders.
Alles hat sich so zugetragen.
Nur das Schöne war noch schöner und das Traurige noch
    trauriger.
Ähnlichkeiten in der Entwicklung bei anderen Jünglingen
    sind kein Zufall, sondern naturbedingt.

Genug der Vorrede, dies ist die Geschichte meiner ersten Liebesnacht.

Ich war neunzehn, fast zwanzig, ging noch immer zur Schule, und meine kleine Kapelle war inzwischen auf fünf Mann angewachsen. Fachmännisch ausgedrückt, waren wir ein Salonorchester. Nur Streicher und Klavier, kein Blech.

An einem winterlichen Sonntag spielten wir wieder einmal

zum Nachmittagskaffee im «Kaiserhof». Unser Programm reichte von Operettenmelodien über Schlager bis zu «Salonstükken».

Die Tanzfläche war mit kleinen Tischen zugestellt, Kaffee und Kuchen wurden serviert, und wir geigten und klimperten dazu. Die meisten Tische waren besetzt.

Die ersten Abendgäste kamen bereits, es muß gegen sechs gewesen sein, als durch die große Drehtür eine ungewöhnlich schicke Frau mit zwei Jungen kam. Beide hatten die Mützen unseres Gymnasiums in der Hand. Sie trug ein schwarzes Kleid und einen schwarzen Räderhut, wie er damals Mode war. Offenbar die Mama. Sie setzten sich so, daß sie unsere Kapelle im Blick hatten. Der Ober bemühte sich besonders um sie.

Nach zwei, drei Stücken war es halb sieben, Zeit für die Abendbrotpause. Als wir gerade vom Podium gehen wollten, kam einer der beiden Schüler zu mir. «Du, Fröbe, kommst du mal an unseren Tisch, meine Mammi möchte was mit dir besprechen.»

Es kam schon mal vor, daß wir an einen Tisch gebeten wurden. Meist waren es Musikwünsche. Auch ganz seltsame, wie «Spielt doch mal den Trauermarsch von Kobien». Willy und ich schauten uns verständnislos an. Dann ging Willy ein Licht auf, und er schlug die ersten Takte des Trauermarschs von Chopin an ...

Diesmal kam die Aufforderung, an den Tisch zu kommen, im ungünstigsten Moment, denn unser Klassenprimus wartete schon in der Garderobe, um mir die fertigen Schularbeiten für den nächsten Morgen zu geben und sie mir wenigstens oberflächlich zu erklären. Mehr Zeit blieb nicht. An diesem Abend machte ich besonders schnell, um zu der eleganten Dame an den Tisch zu kommen. Sie gefiel mir, obgleich sie aus der Sicht meiner neunzehn Jahre schon alt war. (In Wahrheit war sie sechsunddreißig!) Nach ein paar freundlichen Sätzen über mein Geigenspiel – ihre dunkle Stimme faszinierte mich mehr als das, was sie sagte – kam sie zur Sache: «Meine Jungs möchten gern Geigenunterricht haben. Und zwar von Ihnen.»

Das war das erste Angebot dieser Art. Immerhin waren wir fast 800 Schüler am Gymnasium. Die Chance, für Nachhilfe- oder Geigenunterricht ausgewählt zu werden, war also 1 : 799. Allerdings hatte ich in der Schule bereits eine künstlerische Sonderstellung. Nicht nur wegen «Gert Fröbe und seinen Solisten», sondern auch weil Bilder und Zeichnungen von mir in den Gängen des Gymnasiums ausgestellt worden waren. Später gehörte ich zu den drei Schülern, die zur Förderung ihrer zeichnerischen Begabung Stipendien von je 150 Reichsmark erhielten.

Wenn ich heute gefragt werde, wo ich denn die Zeit für Schule, Malen, Musik und Fußball hergenommen habe, gibt es nur eine Antwort: Ich weiß es nicht!

Angebote, Zeichenunterricht zu geben, hatte ich schon gehabt, das heutige für Geigenstunden war neu. Und die Eltern meiner beiden Schüler waren so gestellt, daß sie ihren Kindern so ungefähr jeden Wunsch erfüllen konnten.

Ich bedankte mich für das Vertrauen, aber wie sollte ich die Zeit für den Unterricht in meinem Stundenplan unterbringen? Die Dame wußte dafür eine patente Lösung: «Herr Fröbe, Sie kommen nach der Schule mit meinen Söhnen zum Mittagessen zu uns, danach geben Sie den Unterricht!» So wurde es dann auch gemacht: Um halb eins war die Schule aus, ich ging mit den Söhnen zum Essen, gab ihnen danach Unterricht, dann die Schülermütze im Geigenkasten verstaut und ab gings in den «Kaiserhof», der keine dreihundert Meter entfernt war. Halb vier mußte ich dort sein. Um vier begann das Nachmittagskonzert.

Auch über das Honorar für eine Unterrichtsstunde waren wir uns rasch einig geworden. Allerdings hatte ich der Dame erklären müssen, daß anfangs eine Stunde nicht länger als zwanzig Minuten dauern kann, weil erst einmal die Hand für den richtigen Griff trainiert und geformt werden muß. Das verursacht ziemliche Muskelschmerzen. Ähnliches gilt für die Haltung des Bogens, und was der körperlichen Voraussetzungen mehr sind.

Vielleicht sollte ich an dieser Stelle eine Frage beantworten, die mir oft gestellt wurde: Warum sind Sie denn nicht Konzertgeiger geworden? Ganz einfach: Um als Konzertgeiger Karriere zu machen, braucht man längere Finger, als ich sie habe.

Für die ersten und einzigen Geigenstunden, die ich in meinem Leben gegeben habe, hatte ich eine Mark fünfzig verlangt und drei Mark bekommen. Später erhöhte die Mutter von sich aus das Stundengeld sogar auf sechs. Das war enorm viel für mich. Im «Kaiserhof» bekam ich täglich acht Mark. Für einen Geigenlehrer war es wiederum wenig. Ich habe zwanzig Mark für eine Meisterstunde bezahlt, bei Konzertmeister Dämmrich vom Stadtorchester Zwickau, aber eine solche Stunde konnte ich mir nur alle vierzehn Tage leisten.

Ich hab mir viel Mühe mit den beiden Jungen gegeben. Mama war immer dabei. Es interessierte sie, und ich merkte auch, daß sie eine Menge von Musik verstand. Ihren Mann sah ich nie. Er war ständig auf Geschäftsreisen im Ausland. Hieß es.

Ich gab nun schon seit fast zwei Monaten Unterricht, kam gelegentlich auch nur zum Essen, zu dem andere Mitschüler ebenfalls oft eingeladen wurden. Manchmal brachte ich eigene Bilder mit, die ihr offenbar gefielen. Am häufigsten malte ich Kohleschacht-Motive aus der Umgebung von Zwickau und Selbstporträts als Clown.

Wenn ich diese frühen Selbstporträts als Clown betrachte, denke ich: Es ist, als ob ich damals schon geahnt hätte, wo das Ziel meiner Sehnsucht liegt. Der Clown ist für mich die Erfüllung des mimisch-akrobatisch komödiantischen Ausdrucks. Ich gestehe, daß ich lange mit dem Gedanken gespielt habe, meinen Lebensabend als Clown in der Manege zu beschließen.

Eines Tages im Februar, als ich zum Geigenunterricht kam, empfing mich die Dame des Hauses in ihrem Wohnraum, den ich vorher noch nie betreten hatte. Sie erschien mir an diesem

Tag besonders schön. Vielleicht lag es am Frühlingslicht, das gebrochen durch die Wolken-Stores ins Zimmer fiel, vielleicht auch an dem geschmackvollen Luxus in diesem Raum.

Kein Zweifel, daß sie bemerkt hatte, wie mich alles beeindruckte. Möglicherweise hatte sie es sogar darauf angelegt, denn erst nach einer kleinen Pause sagte sie: «Es ist mir so unangenehm, Rolf und Hans haben vergessen, Ihnen zu sagen, daß sie heute zu einem Familiengeburtstag eingeladen sind. Selbstverständlich wird Ihnen die Stunde bezahlt. Aber vielleicht hätten Sie Lust, mich zu begleiten?» Und dabei setzte sie sich an den weiß-goldenen Flügel und schlug ein paar Akkorde an.

Ich nahm die Geige aus dem Kasten, setzte einen Dämpfer auf, durch den die Töne weicher kommen, und stieg in die Melodie ein, die sie angeschlagen hatte.

Sie spielte Rachmaninow, und ich stand dicht hinter ihr und spielte eine Oktave höher zärtliche Variationen. Das trägt, das gibt den Gefühlen Flügel...

Es kam, wie es kommen mußte: Der große Zauber der Musik wirkte auch an diesem Februarnachmittag. Sie brach plötzlich ihr Spiel ab, ein letzter Violinenton schwebte solo durch den Raum, sie drehte den Hocker zu mir um und schlang ihre Arme um mich. Sie sagte nichts, ich sagte nichts. Aber ich stand, und sie saß! Um mit Dante zu reden: An diesem Nachmittag musizierten wir nicht weiter.

«Komm doch heute nach deiner ‹Kaiserhof›-Musik!», flüsterte sie und gab mir den Garten- und den Hausschlüssel. An diesem Abend werden sich die Tanzgäste gewundert haben, wie schnell die Kapelle fiedelte, und wie pünktlich zur Polizeistunde sie ihre Instrumente einpackte.

Die Villa lag in einem kleinen Park. Die Gartenpforte stand offen. Die beiden Neufundländer schlugen an, beruhigten sich aber bald. Entweder hatte sie sie zurückgerufen, oder sie hatten in mir jemanden gewittert, der nicht zum ersten Mal hierherkam. So leise ich auch auftrat – der weiße Kies knirschte. Und oben in der Mansarde schliefen das Dienstpersonal und die beiden Söhne. Es war unheimlich wie in einem Krimi.

Charlotte erwartete mich in der Haustür. In einem eleganten Hausmantel. Was folgte, war wunderbar. Alle sieben Himmel öffneten sich mir. Charlotte muß gewußt haben, daß es für mich das erste Mal war. Ganz zärtlich fing sie meine Unbeholfenheit auf.

Als ich meine Gedanken wieder ein wenig ordnen konnte, dachte ich mir: «In zwölf Tagen wirst du zwanzig! Das ist dein schönstes Geburtstagsgeschenk.» Allmählich nahm ich auch die Einrichtung ihres Schlafzimmers wahr. Kissen und Daunendecken noch und noch. Das Bett mit Seide bespannt. Aber keine Heizung! In Sachsen hatte man damals, auch wenn man noch so reich war, keine Heizung in den Schlafzimmern. Dafür viele Daunendecken. Ihre waren in dieser Nacht immer an einem Ende zu kurz.

Keiner von uns hat in dieser Nacht ein Auge zugemacht. Auch gesprochen haben wir kaum. Wir lagen uns stumm in den Armen: Ich war so beglückt und dankbar, daß es endlich geschehen war und daß es so schön gewesen war. Mitten in diese Après-Träume hinein – es mag so gegen halb vier gewesen sein – hupte es draußen, schnarrend und krächzend, wie es die frühen elektrischen Autohupen nicht besser konnten. Dreimal röhrte es. Sie fuhr hoch. «Mein Mann!» Sie kannte sein Signal. Es galt den Dienstboten, die daraufhin aufstehen mußten. Sofort. Und ich bei ihr im Bett! Auf einem Hocker lagen mein Geigenkasten und die Schulbücher. Irgendwo auch meine Kleidungsstücke.

Ich war völlig hilflos. Ängstlich. Erstaunlich, daß wenigstens sie einen klaren Kopf behielt. Sie raffte meine Sachen, drängte mich ins Nebenzimmer. Dort schlief Rosemarie, die siebenjährige Tochter. Natürlich in einem Kinderbett, weiß, mit vier Messingknöpfen an den Enden. Sie deutete mir an, daß ich unter das Bett kriechen sollte. Nackt. Was blieb mir anderes übrig, ich tat es.

Nebenan aus dem Bad hörte ich ihr Gurgeln. Sie eilte in ihr Zimmer zurück, schloß die Tür, sprang ins Bett. Es war wie der perfekte Schluß des zweiten Akts in einem französischen Verwechslungsschwank.

Das Kinderzimmer war spartanisch eingerichtet. Mir war kalt, und hart war es außerdem. Kein Parkett, blanke Fichtenschwielen, nur vorm Bett ein kleiner Fleckerlteppich. Dazu die Angst, die Tür könnte aufgehen, und der Gatte würde hereinkommen, um nach seiner Tochter zu sehen.

Die zwei Stunden von vier bis sechs kamen mir vor wie eine Ewigkeit. Endlich, kurz vor sechs, kam sie ins Zimmer.

Sie weckte Rosemarie, doch die hatte wie alle Schulkinder ein genaues Gefühl, wann es Zeit war aufzuwachen, und begann verschlafen zu heulen. Doch Mama beruhigte sie, ging mit ihr raus und schloß die Tür von außen ab. So konnte zwar keiner rein, aber ich auch nicht raus. Nur ins Bett konnte ich jetzt wenigstens und mich zudecken. Meine Knie lagen auf dem unteren Bettrand, für meine Einmetersechsundachtzig war ein Kinderbett nun wahrlich zu klein.

In den nächsten Stunden kam das Haus in Bewegung. Meine Angst, entdeckt zu werden, wuchs. Ich erlebte alles akustisch mit. Rolf und Hans polterten die Treppe herunter und verschwanden in Richtung Schule. Das Hausmädchen deckte trällernd den Frühstückstisch, der Gärtner rief die Hunde und fütterte sie.

Ich hörte, wie die Eheleute frühstückten. Sie lachten, er erzählte und fand und fand kein Ende, während ich verkrampft im Kinderbett lag und kaum zu atmen wagte.

Endlich, so Viertel nach zehn, verabschiedete er sich. Sein Wagen fuhr vor. Die Autotür schlug zu, der Achtzylinder röhrte davon. Dann hörte ich ihre Stimme. Hell und bestimmt. Mädchen und Gärtner bekamen Besorgungen aufgetragen, für die sie aus dem Haus mußten. Ruhe kehrte ein. Nur ihre Schritte waren noch zu hören. Dann Schließgeräusche an der Tür zu «meinem» Zimmer. Das wenige, was wir sprachen, sagten wir flüsternd.

«Bis nachher, zum Geigenunterricht!»

Abschiedsküsse zwischen Tür und Angel, und weg war ich mit Schulbüchern und Geigenkasten unterm Arm.

Unmöglich für mich, sofort in die Schule zu laufen. Zu spät kam ich in jedem Fall, und schließlich durchlebte ich eine einmalige, unwiederbringliche Situation: Ich war ein Jüngling mit «Erfahrung».

In mir brauste und brodelte es. Ich lief zum Schwanenteich und eilte im Sturmschritt das Ufer entlang. Mir erging es, wie es offenbar Beethoven ergangen sein mußte – jedenfalls empfand ich mich so, wie jener Beethoven auf dem Bild, das bei uns zu Hause hing: «Beethoven am stürmischen Meer». Wellen mit Schaumkronen, davor Beethoven mit zerwühltem Haarschopf.

«Bei diesem Anblick hat er die Neunte komponiert», hatte mir mein Vater erzählt. Ich hab's geglaubt, und nun war mir so. Ich hätte ein Dutzend Symphonien komponieren können. Aber ich mußte ja in die Schule. Ich war sicher, daß jeder, der mir entgegenkam, sehen würde, was ich heute nacht erlebt hatte.

Erst als die Sturmflut der Gefühle in mir etwas abgeklungen war, bin ich in die Schule gegangen und habe mein Zuspätkommen mit einer fadenscheinigen Ausrede entschuldigt.

Mittags rief ich dann zu Hause an und log, ich hätte mal wieder die Nacht im Hotel geschlafen. Dann bin ich zu «ihr» zum Essen und Geigenunterricht gegangen.

Ich konnte kaum einen Löffel runterbringen. Immerzu dachte ich, irgend jemand mußte doch heute nacht etwas bemerkt haben. Ich achtete auf jede Kleinigkeit, jedes Wort, jeden Blick. Obgleich ich großen Hunger hatte, war mir die Kehle wie zugeschnürt. Sie dagegen war ganz überlegen: «Aber Herr Fröbe, warum essen Sie denn nicht? Haben Sie nicht gut geschlafen? Fehlt Ihnen etwas?» Es machte ihr Spaß, mich in Verlegenheit zu bringen.

Das änderte sich in den nächsten Wochen. Sie drängte von Mal zu Mal auf ein Wiedersehen. Sie glaubte mehr an meine malerische als an meine musikalische Begabung und richtete mir ein Malatelier ein. Sie war es, die mich vom Geigenspielen weg und zum Malen hin führte.

Ihr verdankte ich auch meine erste öffentliche Bilderausstellung. Die Einladung an die Honoratioren von Zwickau begann mit den Worten:

«Man spricht nicht gern von Kunst, wenn einer mit siebzehn Jahren zu malen beginnt und mit zwanzig ausstellt.

Doch hier muß man eine Ausnahme machen: Gert Fröbe heißt der Kunstbeflissene, bei dessen Bildern es sich schon um Kunst handelt.»

Man merkt bei diesen großen Worten, mit wieviel Liebe sie von ihr formuliert worden waren.

Was Charlotte mit mir und ich mit ihr erlebte, war die alte, diesmal nur umgedrehte Pygmalion-Situation. Mehr und mehr wurde ich ihr Geschöpf, und dies wiederum band sie immer stärker an mich. Sie liebte ihr eigenes Produkt. Es ging uns beiden nicht anders als den meisten Paaren in solcher Situation. Wir dachten nicht an die Zukunft, auch glaubten wir uns so gut getarnt, daß niemand unser Geheimnis entdecken könnte.

Natürlich wurde es entdeckt. Eines Nachmittags klingelte es bei uns im Laden. Ich schaute durch den Spion und sah Charlottes Mutter. Ich ahnte, was nun kommen würde, und verschwand in meinem Zimmer. Von dort hörte ich jedes Wort.

Ihre Mutter stellte sich meiner Mutter vor und sagte ganz sachlich: «Ich möchte Ihnen sagen, daß Ihr Sohn mit meiner Tochter, na ja, daß sie ein Verhältnis haben. Es geht einem Skandal entgegen, wenn diese Verbindung nicht sofort beendet wird.»

Meine Mutter fiel aus allen Wolken. Sie hatte doch keine

Ahnung. Wenn ich nachts nicht nach Hause kam, war für sie klar, daß ich im Hotel schlief. Nach diesem Besuch überstürzten sich die Ereignisse. Eine Zeitlang sah ich Charlotte nur noch offiziell. Doch die Dinge waren im Fluß, die Klatschmühlen mahlten.

Eines Morgens mitten im Unterricht kommt der Pumpel, unser Hausmeister, in die Klasse und bestellt: «Der Schüler Fröbe soll zum Herrn Direktor kommen.»

Vor unserem Rektor hatten wir unheimlichen Schiß. Eine imponierende Erscheinung. Er war im Weltkrieg General gewesen, und wenn irgendwelche vaterländischen Feiern waren, marschierte er im Cut, mit gestreifter Hose, Stahlhelm auf dem Kopf, mit Ordensschnalle und Schleppsäbel an der Spitze des Umzuges durch Zwickau.

Für ihn stand außer Frage, daß Deutschland den Krieg nur durch Verrat verloren hatte. Vor diesem Kriegshelden stand ich nun im Rektorat. Auch ohne Cut, Stahlhelm und Schleppsäbel wirkte er beeindruckend. Er strich seinen Bart, sagte kein Wort, ging nur um mich herum und betrachtete mich, als hätte er mich noch nie gesehen. Die Hände auf dem Rücken verschränkt.

Das Ganze war seine psychologische Methode, die Schüler nervös zu machen, aber das verfing nicht bei mir, denn ich wußte etwas von ihm, was in der Gesellschaft nur geflüstert wurde, Charlotte hatte es mir belustigt erzählt.

Unser majestätischer Rektor war unter einer Brücke der Zwickauer Mulde mit seinem Dienstmädchen beim Liebesspiel erwischt worden. Er wußte natürlich nicht, daß ich das wußte, aber vielleicht spürte er, daß mein Respekt ihm gegenüber etwas reduziert war.

Nach dem dritten Rundgang stieß er hervor. «Ein Skandal! Es ist ein Skandal!» Dann mit Donnerstimme: «Es ist mir zu Ohren gekommen, daß Sie mit einer Dame der ersten Gesellschaft ein intimes Verhältnis haben. Ich fordere Sie auf, diese Beziehung sofort einzustellen. Andernfalls muß ich Sie von der Schule verweisen!» Das war natürlich aus seinem Munde nicht ohne Komik, aber ich gab mich zerknirscht und gelobte Besserung. Schließlich stand das Abitur unmittelbar bevor und ... ja, das Folgende gehört ebenfalls zu dieser Lebensperiode, wie ich überhaupt der Ansicht bin, es gibt im Leben nie klare Abschnitte mit Anfang und Ende, sondern immer geht eines ins andere über. So auch damals.

Keine zwei Wochen vor diesem Rektoratsgespräch hatte unsere Klasse eine der Webereien um Zwickau besichtigt. Wir Gymnasiasten sollten einen Eindruck bekommen, welche Erzeugnisse das Vogtland in der ganzen Welt berühmt gemacht hatten.

Wie wir so durch die Reihen gingen, in denen ein Webstuhl neben dem anderen stand, blieb mein Blick bei einem der Mädchen hängen, die wie ein Dutzend andere einen Webstuhl bediente. Das Weberschiffchen sauste hin und her, unsere Blicke auch. Wie das so ist unter jungen Leuten: Ein Blickwechsel genügt, und der Funken springt über, wenn zwei die gleiche Wellenlänge haben. Sie wußte nicht, wer ich war, ich fragte sie hastig nach ihrem Namen und erfuhr, daß sie Martha hieß und in Annaberg lebte. Mehr Zeit blieb uns nicht, denn schon kam unser Lehrer und winkte zum Weitergehen.

Noch am selben Abend fuhr ich mit meinem Fahrrad die 35 Kilometer nach Annaberg, das, höher als Zwickau, im Erzgebirge liegt. Von nun an fuhr ich in jeder freien Minute dorthin. Bei jedem Wetter.

Es war handfeste, sinnliche Liebe in ihrer schönsten Form. Wir waren beide gleich jung, es gab auch kein gesellschaftliches Gefälle. Wir paßten einfach besser zusammen.

So war der Befehl des Rektors, meine Beziehungen zu einer «Dame der ersten Gesellschaft» zu beenden, eigentlich nur der letzte Anstoß, die Geigenstunden mit Rolf und Hans abzusagen...

Kurz darauf verließ ich Zwickau und ging nach Dresden ans Staatstheater. Charlotte schickte mir eine Porträtaufnahme. Auf deren Rückseite stand: «Es gibt nichts Vergangenes, das man zurücksehnen dürfte. Es gibt nur ein ewig Neues, das sich aus den erweiterten Elementen des Vergangenen gestaltet.»

PS: Jahre nach dem Kriege war ich mit Theo Lingen, Helmut Zacharias, der nun statt meiner und viel besser die Geigensoli spielte, und Iska Geri, der fabelhaften Groteskkabarettistin, auf Tournee. Ein Gastspiel in Braunschweig stand auf dem Reiseplan. Am Auftrittsabend fuhr unser kleiner Bus vor das Parkhotel, wo für uns Zimmer reserviert waren.

Beim Aussteigen sah ich vis à vis vom Hoteleingang eine Dame stehen. Klein, unscheinbar, sehr einfach gekleidet. Mehr aus einem Impuls als aus Überlegung ging ich auf sie zu. Je näher ich ihr kam, desto sicherer wurde ich, daß es Charlotte war.

Sie war es wirklich.

Wir haben nach der Vorstellung lange zusammengesessen. Die Familie hatte Schweres durchgemacht. Beide Söhne waren gefallen, die Tochter, in deren Kinderbett ich einst gelegen, war nach Amerika gegangen. Charlottes Besitz war nach 1945 enteignet worden, und sie war mit ihrem Mann bei Nacht und Nebel über die Grüne Grenze gegangen. Jetzt lebten beide mehr schlecht als recht in einem kleinen Ort in der näheren Umgebung.

Ihr Mann wußte, daß sie an diesem Abend nach Braunschweig gefahren war, in der Hoffnung, mich zu treffen.

VOM GEIGENBOGEN ZUM MALERPINSEL
Annäherung an das Theater

Wäre meine Lebensgeschichte ein Märchen, ginge sie ungefähr so weiter:

Nach der ersten Ausstellung meiner Bilder in Zwickau, die Charlotte für mich arrangiert hatte, bekam ich, der zwanzigjährige «Künstler», von einem vermögenden Herrn einen Brief: «Ihre Arbeiten gefallen mir, ich halte Sie für begabt. Ich zahle Ihnen die Ausbildung an der Kunstakademie in Dresden. Vorausgesetzt, Sie werden dort aufgenommen!» Genauso märchenhaft ging es in der Tat in meinem Leben zu. Dazu muß man wissen, daß damals Dresden und seine Kunstakademie nicht nur für einen jungen Mann aus Planitz ein Mittelpunkt des künstlerischen Lebens in Deutschland, nein, in Europa war. Für Maler und bildende Künstler rangierte Dresden gleich nach Paris und Berlin.

Allerdings hatte es für einen wie mich noch etwas mit Paris gemeinsam – es war fast genauso unerreichbar. Ich hatte nicht einmal das Geld für eine Fahrkarte Dritter Klasse.

Trotzdem: Mit diesem Brief in der Tasche wollte und mußte ich nach Dresden. Also tat ich etwas, was heute selbstverständlich, damals aber recht ungewöhnlich war: Ich packte meine Radierungen, Zeichnungen, Aquarelle und ein paar Ölskizzen in einen großen Pappkarton und stellte mich an der staubigen Landstraße auf, in der Hoffnung, daß doch mal eines der damals noch relativ seltenen Autos vorbeikäme und mich mitnähme.

Ich hatte Glück. Nach einer Viertelstunde Warten hielt eines. Ich hatte aber auch Pech. Es war ein Lastwagen mit Hartgummireifen! Wer nie mit einem solchen Wagen gefahren ist, kann nicht beurteilen, was für ein durchdringendes Fahrgefühl das ist. Die fünf Stunden Fahrt für die 120 Kilometer habe ich noch lange an einer ganz bestimmten Körperstelle gespürt.

Es war gegen halb sechs, als mich der Fahrer am Postplatz absetzte. Von der Kunstakademie wußte ich nur, daß sie auf der berühmten Brühlschen Terrasse am Elbufer lag. Ein Passant erklärte mir den Weg dorthin: «Also – da missen Se da driem de Drebbe nauf – und ohm ist die Brielsche Derasse – un da missen Se immer gradaus, bis Se an ein großes Haus komm un das is de Gunstagademie.»

Ich bedankte mich und ging «de Dreppe nauf». Das imponierende Gebäude der Akademie lag im nachmittäglichen Sonnenlicht. Imponierend, aber menschenleer. Nur ein kleiner verhutzelter Portier saß in seiner Pförtnerloge und las über seine Nickelbrille hinweg die «Dresdner Neuesten Nachrichten».

Ich sagte mein Sprüchlein auf, daß ich mich beziehungsweise meine Arbeiten prüfen lassen wolle. Der Mann hörte sich alles geduldig an und sagte: «Nu, lieber Freind – heid is doch Sonnamd, da is niemand mehr da – das ganze Haus is leer. Die Ginstler wollen ooch mal Ruhe ham – da missen Se am Mondach wiederkomm. Schade – aber so isses . . .» Ich muß einen ziemlich verzweifelten Eindruck gemacht haben, was ja kein Wunder war, nach fünf Stunden Hartgummireifenfahrt und einem leeren Magen.

Der Portier erbarmte sich, als er hörte, ich sei eigens aus «Zwicke» gekommen, und telefonierte im Haus herum. Schließlich hatte er jemanden am anderen Ende der Leitung, der bereit war, mich zu empfangen. Ein gewisser Professor Kreiss. Der allerdings war, wie mir der Portier ausdrücklich versicherte: «kee Maler, bloß Arschidegt».

Professor Kreiss empfing mich in einem großen Atelierraum hinter einem gewaltigen Schreibtisch: «Bitte, packen Sie Ihre Arbeiten aus, ich habe wenig Zeit.» Ich schnürte den Pappkarton auf und stellte meine Arbeiten an die Wand. Er kam hinter seinem Schreibtisch hervor, leicht gebückt schaute er sich die Sachen an. Eine ganze Weile. Ohne ein Wort zu sagen. Plötzlich fragte er: «Bei wem haben Sie studiert?»

«Ich habe noch nicht ... und möcht aber gern ... ich hab so von mir aus ...» Vor Aufregung versagte mir die Stimme.

Entweder verstand der Architekturprofessor doch etwas von Malerei, oder er hatte wenig Vertrauen zu seinen Malkollegen. Jedenfalls sagte er: «Also wissen Sie, wenn ich Ihnen einen Rat geben darf – ich habe so das Gefühl, das Wesentliche ist eigentlich vorhanden, an Ihrer Stelle würde ich gar nicht studieren. Sie sollten sich eine Stelle suchen bei einem Malermeister, wo Sie sich erst einmal richtig ausstreichen können.» An dieser Stelle machte er kunstgerechte Malbewegungen, als würde er selbst mit einem großen Pinsel die Decke des Ateliers streichen wollen. Dann meinte er noch: «An der Akademie kann man nämlich auch ‹verbildet› werden.»

Ich muß ein ziemlich traurig verdutztes Gesicht gemacht haben, denn er schaute mich groß an, und unvermittelt fragte er: «Oder, warten Sie einmal, wollen Sie vielleicht zum Theater?» Das war natürlich das Stichwort! Er meinte mit dieser Frage selbstverständlich nicht als Schauspieler, sondern als Maler. Ich sagte freudig und schnell «ja», denn ich war überzeugt, daß es für mich – wenn ich erst einmal beim Theater sein würde – kein Problem wäre, meinem Ziel, Schauspieler zu werden, ein großes Stück näher zu kommen.

Vergessen war das Angebot meines Zwickauer Gönners, mir das Kunststudium zu finanzieren. Nicht die Akademie, die Bühne hatte gesiegt.

Professor Kreiss telefonierte mit einem Herrn, den er offenbar gut kannte, erzählte ihm von mir, und nach einem «Gut, machen wir es so», legte er auf und verabschiedete mich mit den Worten:

«Packen Sie Ihre Arbeiten zusammen und gehen Sie rüber ins Schauspielhaus. Da melden Sie sich bei Professor Mahnke, das ist der Ausstattungschef der Sächsischen Staatstheater. Das Weitere wird sich dann schon finden.»

Ich eilte durch den Zwinger, ohne auch nur einen halben Blick für dessen Schönheiten zu haben. Immerzu wiederholte ich den Namen «Professor Mahnke». Zum ersten Mal in meinem Leben betrat ich ein Theater durch den Bühneneingang. Es war einer jener großen, lebensweg-weisenden Momente, die man erst im nachhinein richtig zu würdigen lernt. Ein Herr im weißen Kittel schickte mich hinter die Bühne. Doch statt Professor Mahnke sah ich nur schwerbewaffnete Ritter mit Hellebarden und klirrenden Rüstungen durcheinanderlaufen. Es war gerade Umbesetzungsprobe. Auf meine Frage zeigte einer der Ritter mit seinem Stahlarm in eine Ecke. Dort stand ein kleiner Zivilist, der dank seiner Drahtbrille aussah wie Franzl Schubert. Er gab sehr bestimmt Anweisungen an die Bühnenmaler. Der Franzl Schubert war Professor Mahnke.

Für mich hatte er keine Zeit. «Bitte, lassen Sie Ihre Arbeiten da, ich werde sie mir heute abend ansehen», sagte er, «und kommen Sie doch morgen früh um zehn in mein Büro.»

Es war immer noch wie im Märchen! Ein offensichtlich berühmter Professor war bereit, innerhalb weniger Stunden an einem Wochenende sich die Arbeiten eines Unbekannten anzusehen! Und das, obwohl er nicht ahnen konnte, daß der eigens dafür per Anhalter aus Zwickau gekommen war und noch genau 2 Mark 40 in der Tasche hatte. Ob das für eine Übernachtung reichte? Er verabschiedete mich mit einer Kopfbewegung, fragte aber noch: «Was haben Sie heute abend vor? Wollen Sie ins Theater gehen?»

Ich konnte nur heftig nicken: «O ja, sehr gern!» Er gab mir eine Anweisung für die Abendkasse, und eine Stunde später saß ich zum erstenmal in einem richtigen großen Theater. Mit zerknittertem Anzug, aber voller Erwartungsfieber.

Bis dahin kannte ich nur das Zwickauer Stadttheater, und da wir damals keine Vergleichsmöglichkeiten hatten, wie sie heute das Fernsehen in die entlegenste Hütte liefert, war ich bis zu dieser Stunde überzeugt, daß das, was Zwickau bot, die Spitze der Schauspielkunst sei.

An diesem Abend in Dresden begriff – nein, ahnte – ich zum ersten Mal, was Theater, was Schauspielkunst sein konnte. Auf dem Spielplan stand das Stück «Die andere Seite» des Engländers R. C. Sheriff, und an zwei Mitwirkende erinnere ich mich noch genau: an Paul Hoffmann, den späteren Chef des Wiener Burgtheaters – und an Erich Ponto, meinen späteren Lehrer.

Erst als ich nach der Vorstellung auf dem Platz vor dem Theater stand, und die Lichter im Haus ausgingen, so daß nur noch die schönen Barockleuchten den Vorplatz erhellten, kehrte ich in die Wirklichkeit zurück, oder anders gesagt: Ich merkte, daß ich kannibalisch hungrig und müde war.

Ich fand, ich könnte mir am Ende eines solchen Glückstages etwas Besonderes leisten, und kaufte mir für 30 Pfennige an einer Wurstbude eine Thüringer Bratwurst mit Semmel. Geschlafen habe ich dann in der «Öffentlichen Volkswohlfahrt». Ebenfalls für 30 Pfennige. Das war damals bei fast sechs Millionen Arbeitslosen eine im wortwörtlichen Sinne notwendige Einrichtung, die für mittellose Menschen ein Dach überm Kopf oder eine warme Suppe für ein paar Groschen bereithielt. In den nächsten Jahren habe ich oft dort meinen Hunger gestillt, wenn das Geld mal wieder rascher zu Ende ging als der Monat.

Am Sonntag morgen war ich schon um sechs auf. Statt Frühstück drehte ich ab halb sieben meine Runden um den prachtvollen Semper-Bau der Oper und ums Schauspielhaus, in dem heute die Weichen für mein weiteres Leben gestellt werden sollten.

Je öfter ich an den Schaukästen mit den Szenenfotos der berühmten Ensemblemitglieder vorbeikam, desto kleiner wurde meine Hoffnung, je dazugehören zu dürfen.

Kurz vor zehn sah ich Professor Mahnke über den Platz vor dem Theater kommen. Er gab mir lediglich durch eine Geste zu verstehen, daß ich ihm in sein Atelier folgen sollte.

Da war mir klar: Aus. Zurück nach Planitz.

Im Atelier schwieg er weiter, nahm den Pappkarton mit

meinen Bildern, klopfte darauf, und endlich, endlich beendete er das quälende Schweigen: «Ich habe mir gestern abend Ihre Arbeiten angesehen. Wenn Sie wollen, können Sie sofort hierbleiben.» Das war zuviel für mich. Alles in dem großen Raum drehte sich. Ich hielt mich an meinem Pappkarton fest, als sei er eine Eiche. Mahnkes nächster Satz holte mich allerdings rasch wieder auf den Boden der Realität: «Natürlich kann ich Ihnen nur einen Lehrvertrag geben. Sie bekommen im ersten Jahr 20 Mark im Monat, im zweiten Jahr 30 Mark und im dritten Jahr 40 Mark. Davon können Sie natürlich nicht leben, aber vielleicht können Ihre Eltern Sie ein bißchen unterstützen?» Ich verneinte, versicherte aber gleichzeitig, daß ich es schon irgendwie schaffen würde, denn ich war entschlossen, diesen Zipfel Zukunft, der mir hier geboten wurde, nicht loszulassen. «In einer Woche bin ich wieder da.»

Mit dem nächsten Satz bewies der Professor, daß auch er in seinen Anfängen vor ähnlichen Problemen gestanden hatte: «Sie müssen sich eine Freundin anschaffen, deren Vater Bäcker ist – und möglichst noch eine, deren Vater muß Metzger sein –, dann kommen Sie ganz gut durch!»

Ein guter Rat, doch ich fand eine noch bessere Lösung: Statt zweier Freundinnen lernte ich nur ein Mädchen kennen. Das aber war besonders lieb und – ihr Vater war Gastwirt.

Nie wieder in den nächsten drei Jahren bin ich so schnell die Wendeltreppe des Schauspielhauses hinuntergefegt wie an diesem Sonntag morgen. Ich hatte noch 1 Mark 80 in der Tasche. 30 Pfennige mußten übrigbleiben, um mit der Straßenbahn an die Peripherie von Dresden fahren zu können, und für die restliche 1 Mark 50 kaufte ich mir in der nächsten Konditorei eine Tasse Kaffee und Pflaumenkuchen mit Schlagsahne bis zum Gehtnichtmehr.

Die Hoffnung, einen Wagen in Richtung Zwickau zu bekommen, war gering. Schließlich war Sonntag und kein Berufsverkehr. Ich machte mich auf eine lange Wartezeit gefaßt, aber das störte mich nicht. Schließlich hatte ich einen Dreijahresvertrag für das Staatstheater in Dresden in der Tasche.

Aber so ist es eben im Leben, entweder es geht alles schief oder alles klappt. Und wenn die Glücksfee sich entschlossen hat, einem jungen Mann zu helfen, dann begnügt sie sich schon gar nicht mit halben Sachen. Keine zwanzig Minuten stand ich am Straßenrand, da kam ein Auto aus Dresden in meiner Richtung. Nicht etwa ein Lastwagen mit Hartgummireifen oder ein klappriger Hanomag, ein sogenanntes Kommißbrot, nein, ein weißer Zwölf-Zylinder-Horch mit langem eleganten Kühler.

Und dieses Traumgefährt hielt an. Meine erste Vermutung war: Der hält nicht wegen dir. Aber weit und breit war niemand anderer zu sehen.

Der Chauffeur in blauer Livree winkte mich heran, ich trat mit meinem Pappkarton unterm Arm an den Wagen. Im Fond saß ein vornehmer Herr mit gepflegtem weißen Bart. Er forderte mich zum Einsteigen auf, nachdem geklärt war, daß er und ich wenigstens bis Chemnitz den gleichen Weg hatten. Der Chauffeur startete, und der vornehme Herr fragte mich: «Sagen Sie mal, junger Freund, Sie strahlen ja so, was ist denn mit Ihnen los?»

«O ja, ich hab gerade einen Dreijahresvertrag für das Staatstheater bekommen.»

«Fürs Staatstheater? Dunnerlüttchen! Was wollen Sie denn werden? Sänger oder Schauspieler?»

«Nein, Bühnenmaler», erklärte ich voller Stolz und fügte hinzu: «Herr Professor Mahnke wird mich ausbilden.»

«Mahnke? Adolf Mahnke? Wissen Sie, daß das ein ganz großer Künstler ist? Bei dem werden Sie viel lernen.»

Ich freute mich so über die Anerkennung, die mein zukünftiger Lehrer auch bei Außenstehenden genoß, als beträfe sie mich persönlich. Viel mehr haben wir während der zweistündigen Fahrt nicht gesprochen. Kurz vor dem Aussteigen in Chemnitz merkte ich, daß er irgend etwas in seinem Anzug suchte. Wie ich mich verabschiede, will er mir einen Fünfzigmarkschein in die Hand drücken. Das war mir so peinlich, daß ich fast grob reagierte. «Um Gottes willen, nein, nein, das nehme ich nicht. Es war so nett von Ihnen, daß Sie mich mitgenommen haben – vielen Dank.» Und schon war ich verschwunden.

Der Horch fuhr weiter, es dauerte keine fünf Minuten, da hielt ein kleiner Opel-Frosch, der mich bis zum Haus meiner Eltern in Planitz fuhr. «Anhalter» mit Anschluß – kommt auch heute nicht so oft vor.

Eine Woche später war ich wie verabredet wieder in Dresden. Ich war so optimistisch, daß ich ein Zimmer mietete, das 21 Mark kostete. Eine Mark mehr, als ich verdiente.

Nach den ersten vier Wochen sagte Professor Mahnke zu mir: «Übrigens, Fröbe, Sie müssen sich dem Generalintendanten vorstellen, der möchte alle Mitarbeiter auch mal persönlich kennenlernen.»

Der Generalintendant kam für einen Lehrling – was anderes war ich ja nicht – gleich nach dem Lieben Gott. Ich kannte seinen Namen und seine Titel, nämlich Geheimrat Professor Adolph, und wußte, daß seine Büros im königlichen Schloß waren. Mehr nicht.

Mahnke legte mir noch nahe, ich solle mich besonders gut waschen. Kein ungewöhnlicher Rat, denn wir jungen Bühnenmaler waren leicht an unseren bunten Händen zu erkennen. Sie sind unvermeidlich, da wir Lehrlinge oft Plafonds und alte Vorhänge abwaschen müssen, bevor sie neu bemalt werden. Deren Anilinfarben färben sich tief in die Haut ein und sind nur schwer zu entfernen. Ich brauchte vier Stunden und zwei Stück Seife, um dem Generalintendanten sauber die Hand geben zu können, falls er mich dessen für würdig hielt.

Ich zog für diesen feierlichen Anlaß ein funkelnagelneues Hemd an. Kein Fabrikhemd, sondern Maßanfertigung! Martha aus Annaberg, die ich am Webstuhl kennengelernt hatte, war nämlich Weißnäherin geworden.

So hießen damals die jungen Frauen, die in Heimarbeit für die Textilindustrie arbeiteten. Heute machen das ja alles die Computer; am liebsten in Hongkong oder Korea.

Martha hatte mir das Hemd zum Abschied geschenkt, als ich nach Dresden gegangen war. Sie ahnte damals bereits, daß wir uns nicht so schnell wiedersehen würden. Später habe ich auf der Bühne und vor der Kamera unzählige teure Maßhemden getragen – allein für den «Goldfinger» sind dreißig Oberhemden für mich genäht worden –, aber keines habe ich so gern getragen wie dieses weiße Oberhemd aus Annaberg.

Geschrubbt, mit weißem Hemd, Künstlerfliege und blauem Anzug zog ich zum Generalintendanten. Ich betrat ein erstes Vorzimmer, ein zweites, drittes, viertes. Jedes schöner als das vorige, diese Steigerung galt auch für die Sekretärinnen. Schließlich durfte ich durch ein holzgetäfeltes Portal in einen Saal mit glänzendem Parkett eintreten. Ich war im Allerheiligsten. Und wer sitzt hinter einem anmutigen Rokoko-Schreibtisch? Der elegante Herr aus dem Horch-Zwölfzylinder.

Er lächelte mich an, und ich lächelte verlegen zurück. Nach ein paar allgemeinen Sätzen sagte er: «Ich hab mich bei Mahnke über Sie erkundigt. Nachdem ich Ihre finanzielle Situation kenne, weiß ich erst richtig zu schätzen, daß Sie meinen Geldschein nicht angenommen haben. Wenn es mal gar nicht weitergeht, dann kommen Sie zu mir.»

Auf dem Heimweg hab ich mir geschworen, nie von diesem großzügigen Angebot Gebrauch zu machen. Ich habe den Schwur gehalten. Wenn es mir auch manchmal verdammt schwergefallen ist.

Die Liebe und die Butterbrote

Verschiedene Wege, mit 20 Mark im
Monat nicht zu verhungern

Was macht ein junger Mann in einer fremden Großstadt, der 20 Mark verdient und 21 Mark für sein Zimmer zahlen muß?

Die Frage ist heute so aktuell wie damals: Er sucht sich einen Nebenjob, Nebeneinnahmen. In meinem Fall hätte es doch nahegelegen, die Geige unters Kinn zu klemmen wie in Zwickau und irgendwo zum Tanz zu spielen. Ich tat es nicht. Warum eigentlich nicht?

Wahrscheinlich war ich dem Theater und der Malerei damals schon so verfallen, daß dadurch jede andere musische Befähigung verdrängt wurde. In diesen Jahren in Dresden war ich malbesessen. Das hatte sicher mit der Atmosphäre dieses «Elbflorenz» zu tun und mit meinen Arbeiten für das Theater.

Das ist ja das Aufregende beim Beruf des Bühnenmalers, daß er ständig in der Lage sein muß, von einem Stil in den anderen zu wechseln. Eine Dekoration für ein Shakespeare-Lustspiel verlangt andere Farben und Formen als die für ein Stück von Molière. Das entwickelt eine Fähigkeit des Einfühlens in verschiedene Stile und die Malweise großer Künstler. Ich habe mir diese Fähigkeit damals relativ schnell beigebracht. Das war einfach unerläßlich, denn wie oft hieß es: «Fröbe, hier ist das Modell der Dekoration, malen Sie mal ein paar Bilder, die wir an die Wände hängen können.» Da hab ich dann für Bauernstuben einen alten Bauern mit langer Pfeife gemalt und für eine Riviera-Dekoration einen «echten» Dufy.

Diese Arbeiten durfte ich zu Hause machen, und weil mir das rasch von der Hand ging, hab ich an solchen Heimarbeitstagen Aquarelle mit Erzgebirgsmotiven im eigenen Stil gemalt. Nie größer als eine Postkarte! Denn die Bilder hab ich dann für 30 oder 50 Pfennige von Tisch zu Tisch in der «Bärenschenke» verkauft. Das war ein preiswertes Eßlokal, so ähnlich wie die Aschinger-Lokale in Berlin, in denen man für 40 Pfennige eine große Terrine Erbsensuppe bekam und dazu so viel Brötchen wegmampfen konnte, bis man endlich satt oder wenigstens der Magen voll war. Wenn man sich unbeobachtet glaubte, füllte man sich die Taschen mit Semmeln fürs Frühstück.

Als ich von diesem Nebenverdienst einmal in einem Fernsehinterview erzählte, rief ein Zuschauer nach der Sendung an: «Herr Fröbe, ich war damals der Wirt der Dresdener ‹Bärenschenke›. Heute bin ich 93 Jahre alt, aber ich kann mich an Sie genau erinnern, weil Sie so eine nette Art mit den Gästen hatten und so dürr waren.»

Dieser Anruf hat mich gerührt. Solche Worte nach fünf Jahrzehnten zu hören, geht unter die Haut. Jedenfalls mir. Außerdem erinnerte mich der Anruf daran, daß es gar nicht so leicht ist, genau im richtigen Moment mit den richtigen Worten die Gäste anzusprechen ...

Der Verkauf meiner Aquarelle war aber nur eine von mehreren Möglichkeiten, die Finanzen aufzubessern. Die spärlichen Einnahmen reichten ohnehin meist nur fürs Abendessen.

Ein anderer Glücksfall half mir, meinen Magenfahrplan besser zu gestalten. Ich habe es schon angedeutet: Ich fand ein Mädel, das meinem Herzen und meinem Magen gleichermaßen wohltat. Ich verliebte mich bis über beide Ohren in Gretel, noch bevor ich wußte, daß ihr Vater eine Gastwirtschaft mit Billardsaal besaß. Bei ihm, der einmal Deutscher Billardmeister gewesen war, habe ich das Spiel gelernt. In meinem Billard-Zimmer stehen die Queues meiner Freunde Peter Alexander und Peter Frankenfeld, der den seinen für immer aus der Hand legen mußte. Unvergeßlich, wie bei Peters Beerdigung ein Vetter von ihm mit einer durchgeschnittenen Billardkugel auf Peter Alexander und mich zukam und stumm jedem von uns eine Hälfte in die Hand drückte. Das Spiel ist aus, besser konnte man es nicht ausdrücken. Peter Frankenfelds halbe Billardkugel liegt auf meinem Schreibtisch.

Die ganzen drei Dresdener Jahre war ich mit Gretel zusammen. Als ich sie kennenlernte, war sie achtzehn und hatte gerade eine Lehre im Bankfach begonnen. Sie ging morgens aus dem Haus und kam erst am Abend wieder. Das war für mich sehr wichtig, denn sie nahm immer Stullen – «Bemmen» heißt das auf sächsisch – mit. Kantinen oder Essensgutscheine waren damals noch unbekannt.

Ihr tägliches Stullenpaket verdoppelte sich sprunghaft, seit wir uns kannten. Auch wurden von diesem Tag an die Bemmen doppelt mit Wurst oder Schinken belegt. Der Grund hieß Gert. Jeden Morgen auf ihrem Weg zur Bank kam sie beim Theatermalsaal vorbei und klingelte dreimal. Das war das Zeichen für mich, die vier Treppen hinunterzuwetzen. Ich gab ihr einen Kuß, sie mir das Stullenpaket, und mit einem «Bis heute abend» war unser morgendliches Rendezvous beendet.

Zwischen Gretel und mir entstand eine feste, fast möchte ich sagen, selbstverständliche Liebe, obgleich wir nichts unternahmen als ein paar Küsse und ein bißchen schüchternes Petting, was damals ganz einfach «Schmusen» hieß. Aber wir sahen uns fast jeden Abend, gingen tanzen, spazieren und vor allen Dingen ins Theater. Denn zusätzlich zu meinem knappen Gehalt bekam ich jede Woche zwei Freikarten für die Oper und zwei Freikarten fürs Schauspielhaus. Es waren nicht die besten, meist im oberen Rang – im Olymp, wie wir sagten. Von dieser hohen Warte habe ich «Aida» mindestens 48mal gesehen und gehört. Immer in allerbester Besetzung, die Oper in Dresden war weit über die deutschen Grenzen berühmt. Alle Richard Strauss-Opern beispielsweise wurden in Dresden uraufgeführt, aber auch die Inszenierungen im Schauspielhaus machten von sich reden.

Eines Abends, als ich Gretel wieder einmal zu einem Theaterbesuch abholen wollte, fing mich ihre Mutter ab und bat mich in die «Gute Stube». Sie hatte ganz offensichtlich etwas auf dem Herzen. Sie druckste rum und fand den rechten Anfang nicht. «Also, Herr Fröbe, wir freuen uns ja nun sehr, daß Sie sich so nett um unsere Gretel kümmern... Auch mein Mann mag Sie...» Pause «...aber als Mutter, also da macht man sich natürlich auch Sorgen...» Mir wurde siedendheiß, dabei brauchte ich in diesem Falle nun wirklich kein schlechtes Gewissen zu haben – zwischen Gretel und mir war nichts passiert, was einer Mutter hätte Sorgen machen können.

Weil ich stumm und verständnislos blieb, gab sie sich schließlich einen inneren Ruck und sprach aus, was ihr Sorgen bereitete: «Also – die Gretel, die ißt in letzter Zeit so viel!»

Ich begriff immer noch nicht, warum sich eine Mutter deshalb Sorgen machte. Ich wußte nicht, weshalb Frauen Heißhunger bekommen können... Erst als die besorgte Mama deutlicher wurde, ging mir ein Licht auf. «Die Gretel ißt ja nicht zu Hause so viel, sondern heimlich! Im Büro! Ich seh doch, wie viele Stullen sie jeden Tag mitnimmt! Und ich meine, Sie würden es uns doch sagen, wenn da irgendwas passiert ist, was ein Grund für diesen großen Hunger wäre. Sie wissen schon, was ich meine...» Nun war's raus, und ich konnte reinen Herzens die um vorzeitigen Nachwuchs besorgte Mama beruhigen. Nur auf ihre Frage, wieso dann die Gretel nicht rundum dicker werde, bei dieser gesteigerten Eßlust, wußte ich auch keine Antwort.

PS: Gretel hat später ihrer Mutter das Geheimnis der doppelten Stullenpakete gelüftet. Aber da war sie bereits mit einem anderen verheiratet und hatte zwei Kinder. Ganz programmgemäß.

ERSTE BEGEGNUNG MIT DER GROSSEN WELT

*Die Tänzerin Palucca, ein Otto Dix-
Modell und viel Mehl*

Theaterfreikarten sind für einen permanent hungrigen jungen Mann, der knapp bei Kasse ist, eine zweischneidige Sache. Einerseits sieht er Aufführungen, die er sich nicht hätte leisten können, andererseits verlängern diese Theaterbesuche die Abende bis kurz vor Mitternacht. Und das bedeutet: Je später es wird, um so mehr knurrt der Magen. Bei mir kam eine zusätzliche Schwierigkeit dazu. Mein Heimweg führte durch die Prager Straße mit ihren verlockenden Auslagen in eleganten Geschäften. Eines war besonders gefährlich – ein Automaten-Restaurant. Eine Neuheit damals. Es gab weder Verkäuferinnen oder Verkäufer, sondern hinter kleinen Glasfenstern lagen belegte Semmeln, Wurst, Obst. Eine ganze Wand nahmen diese gläsernen Kästen ein. Man brauchte nur eine Mark einzuwerfen, schon sprang die Glasscheibe hoch, und man holte sich heraus, was das Herz oder der Magen begehrte. Fabelhaft. Für eine Mark konnte man sich satt essen.

Meist aber hatte ich nicht einmal eine Mark in der Tasche, dafür jedoch einen Hunger, für den «Kohldampf» noch eine Untertreibung war. Als ich nach einem Theaterbesuch mit forschem Schritt an diesem Ort der kulinarischen Versuchung stramm vorbeigehen wollte, den Blick auf die andere Straßenseite gerichtet, bremste ein Acht-Zylinder neben mir am Straßenrand. Ein Herr und eine quirlige kleine Dame stiegen aus und eilten in das Automaten-Restaurant. Sie hatte einen weißen Ledersack dabei, und der elegante Herr klimperte mit einer Hand voller Markstücke. So an die zwanzig dürften es schon gewesen sein. Der Autotyp, die Kleidung der beiden und das viele Geld paßten so gar nicht in diese Umgebung. Da war meine Neugier nun doch größer als mein Hunger. Ich folgte den beiden in das Restaurant. Der Herr stand an der Automatenwand und warf in einen Schlitz nach dem anderen die ganze Reihe entlang Mark für Mark, während seine Begleiterin die Fächer ausräumte und die Semmeln, Würste und Weintrauben in ihren Ledersack warf. Das alles ging unter Lachen und Flaxen vonstatten. Wie die beiden die Fächer ausräumten, das hatte sowohl etwas von dem gierigen Zwang der Glücksspieler als auch von der Professionalität von Bankräubern. Damals kannte ich weder das eine noch das andere, aber später in Las Vegas und bei Filmaufnahmen von Bankräubern habe ich mich an das seltsame Paar erinnert, das ebenso rasch und ebenso lachend aus dem Lokal verschwand, wie es gekommen war.

In der Nacht träumte ich mit knurrendem Magen, die kleine Frau schütte den Inhalt ihres Beutels über mich aus. Es war so viel, daß die Last der belegten Brote, Würste und Bananen mir die Luft nahm und ich aufwachte. Sofort hatte ich wieder Hunger.

Ich erzähle das nicht, um mich damit interessant zu machen, wie ich mich in meinen Anfangsjahren durchbeißen mußte oder richtiger: selten genug etwas zu beißen hatte. Nein, diese Begegnung erzähle ich, weil sie eine Fortsetzung fand, und zwar schon wenige Tage später.

An meiner Künstlerfliege und dem breitkrempigen schwarzen Hut war ich leicht als einer von der Künstlergilde zu erkennen. Es war nicht Angeberei, wenn ich mich so betont als Maler herausputzte. Ich hatte eine gewisse Berechtigung. Gerade einundzwanzig geworden, war mir für einige Bilder bei einer Kunstausstellung in der Akademie auf der Brühlschen Terrasse der «Sächsische Staatspreis» verliehen worden. Das brachte zwar finanziell nicht viel, aber die Zeitungen schrieben über den jungen Künstler, und später hat das Hotel «Johanneshof», mit dem teuersten Speiserestaurant Dresdens, eines der Bilder gekauft.

Bei den Verhandlungen über den Kaufpreis hatte ich eine Sternstunde. Ich verblüffte den Hotelbesitzer mit dem Satz «Ich will kein Geld», um ihn mit dem Nachsatz, «Ich will das Honorar abessen!» vollends zu verwirren. Aber er akzeptierte, und ich konnte ein Jahr lang auf der Speisekarte das Tagesgericht bestellen. So habe ich mit Messer und Gabel mein Bild verzehrt.

Diese Abmachung bestand noch nicht, als ich das seltsame Paar im Automaten-Restaurant sah. Ein paar Tage nach dieser Begegnung ging ich mit Künstlerhut und Fliege am Nachmittag wieder einmal durch die Prager Straße. Vor einem der eleganten Schaufenster stand eine aparte junge Dame. Blasser Teint, glattes brünettes Haar mit kleiner roter Baskenmütze. Am auffallendsten aber waren ihre kräftigen, fast wulstigen Lippen.

Mein erster Gedanke: Die kenn ich! Mein zweiter Gedanke: Nicht sie persönlich kenne ich, aber ein Bild, ein Gemälde von ihr. Und dann machte es klick, und ich wußte, woher ich dieses Fräulein kannte: Otto Dix hatte sie gemalt! Sie mußte sein «Junges Mädchen» sein, alles stimmte, bis auf die Augen. Auf dem Bild hatte sie Dix mit geschlossenen Augen dargestellt! Ich faßte mir ein Herz und sprach sie an: «Verzeihen Sie, es ist sonst nicht meine Art, Damen einfach auf der Straße ... aber ich möchte nur wissen, haben Sie Otto Dix für sein Bild ‹Junges Mädchen› Modell gesessen?» Sie nickte bestätigend, Fliege und Künstlerhut unterstrichen, daß auch ich zur malenden Zunft gehörte, und wir kamen ins Gespräch. Ich erfuhr, daß sie Tänzerin war und Vogelsang hieß.

Wie wir so redeten, kam aus einem der Geschäfte jene kleine quirlige Dame, die ich im Automaten-Restaurant gesehen hatte. Mit federnden Schritten ging sie auf das Fräulein Vogelsang zu und fragte: «Worüber redet ihr denn?»

«Der junge Mann ist Maler, er hat mich gefragt, ob mich der Otto gemalt hat.»

Da war ich baff. Ich hätte nie den Mut gehabt, von einem so großen Maler einfach per «Otto» zu sprechen. Aber damit nicht genug. Die nächste Überraschung folgte sogleich: Das Dix-

Modell stellte mich der kleinen Dame vor und nannte deren Namen: Gret Palucca. Die Palucca war in der Tanzszene mindestens so berühmt wie Otto Dix als Maler. Neben Mary Wigman und Harald Kreutzberg zählte sie zu den prominentesten Vertreterinnen des modernen Ausdruckstanzes.

Da stand ich nun, der junge unbekannte Bühnenmaler, neben einer der großen Tänzerinnen unserer Zeit und einer anderen, die von Otto Dix einfach als «Otto» sprach. Ich gestehe, daß ich so etwas wie Minderwertigkeitskomplexe bekam. Dieser Umgang schien mir doch eine Nummer zu groß. Aber gerade als ich mich verabschieden wollte, hielt der Acht-Zylinder von neulich nacht am Straßenrand, und derselbe Herr, der mit den vielen Markstücken geklimpert hatte, stieg quietschvergnügt aus. Die drei duzten sich, und ich, ich wurde ihm als Maler und Schüler von Professor Adolf Mahnke vorgestellt.

Er war sofort Herr der Situation und schlug vor: «Hier ist's so ungemütlich. Gehen wir doch auf einen Kaffee in die ‹Barbarina›.» Die Damen waren sofort einverstanden.

An der «Barbarina» war ich ein paar hundertmal vorbeigegangen. Doch schon der Eingang zu diesem vornehmen Kellerlokal machte mir klar: Da kannst du nicht reingehen, da reicht dein Geld wahrscheinlich nicht mal für den Eintritt und die Garderobe. So verlockend es war, ein solches Nobelrestaurant im Schlepptau von Prominenten kennenzulernen, so riskant war es auch, denn mir war nicht klar, ob dieser Vorschlag eine Aufforderung oder eine Einladung war. Meine Neugier siegte. Als ein befrackter Kellner Kaffee, Tee und Cognac serviert hatte und den Rechnungsbon unter den Untersetzer des Acht-Zylinder-Herrn schob, besserte sich meine Laune schlagartig.

Bis zu diesem Moment war ich nur Zuhörer gewesen. Das Gespräch war an mir vorbeigelaufen. Jetzt, erleichtert, wollte ich auch etwas zur Konversation beitragen, und ich fragte den Herrn, was er denn so beruflich mache.

«Och», sagte der, «Sie werden lachen, wir sind sozusagen

Kollegen, ich male auch!» Ich schluckte, der Tag hatte es in sich. Ich war auf einen weiteren Prominenten gefaßt. Sein Auftreten und die zuvorkommende Art der Bedienung sprachen dafür, daß er wohl ein sehr bekannter Künstler sein mußte. Die beiden Damen hatten so ein vergnügtes Blitzen in den Augen, sicher amüsierten sie sich, daß ich ihren Begleiter nicht kannte. Aber nun hatte ich mit der Fragerei begonnen und konnte nicht einfach aufhören.

«Wie oder was malen Sie denn? Impressionistisch, naturalistisch – was ist Ihr Stil?»

Er schaute mich amüsiert an und sagte voller Bedeutung: «Ich male ganz natürlich.» – Pause – «Ich ma(h)le Mehl.» Die beiden Damen prusteten ganz unvornehm, und ich muß so blöd wie selten dreingeschaut haben. Er fügte hinzu: «Mein Name ist Bienert.» Da war mir alles klar, und jeder, der Dresden von damals kennt, weiß warum: An jedem Straßenbahnwagen stand oben groß «Bienert-Mehl».

Der Herr war der Mühlenbesitzer Bienert, der so viel Mehl mahlte, daß ganz Sachsen damit Brot, Semmeln und Kuchen buk. Nun gab es keinen Zweifel mehr, daß ich eingeladen war.

Fräulein Vogelsang und Herrn Bienert habe ich nicht wieder gesehen, aber Gret Palucca und ich sind im Alter Freunde geworden. Sie lebt – inzwischen fast neunzig – als Frau Professor in der DDR. Wir haben uns in Hamburg und in meinem Haus in Bayern getroffen, und bei einem dieser Besuche habe ich ihr erzählt, wieso ich das Modell von Otto Dix auf der Prager Straße erkannt hatte.

Ich hatte das Bild nie vorher gesehen, sondern lediglich einen kleinen farbigen Druck in einem dieser Cigarettenbilder-Alben, die 1933 vom Cigaretten-Bilderdienst Reemtsma herausgegeben wurden.

Über Gret Palucca habe ich später einen anderen großen Tänzer kennengelernt: Harald Kreutzberg, der damals in der Schweiz

lebte. Wir wollten sogar einmal gemeinsam Christian Morgenstern auf die Bühne bringen. Er sollte die Gedichte tanzen und
ich sie mimisch interpretieren. So begeistert waren wir von der
Idee, daß er, der sehr gut zeichnen konnte, schon das Plakat
entworfen hatte. Es wurde nichts daraus, aber angefangen hat
alles eines Nachts in Dresden in einem Automaten-Restaurant.

MIT EINEM SCHLAG BERÜHMT
Mein Debüt als Feuerwerker

Ein Bühnenmaler muß eine ganz normale handwerkliche
Ausbildung vorweisen können: eine Lehrzeit von drei Jahren und als Abschluß die Gesellenprüfung.

Meine Lehrzeit ging zu Ende, und Professor Mahnke hatte
bereits ein Gesellenstück für mich bestimmt: Ich sollte nach
seinen Entwürfen den Hauptvorhang für die Uraufführung
einer Oper von Mark Lothar malen. Sie hieß «Münchhausen»
und war die letzte Inszenierung in dieser Spielzeit.

Einen Hauptvorhang zu malen, war eine langwierige und
recht schwierige Arbeit, denn so ein Vorhang ist 18 Meter breit
und 12 Meter hoch. Ein Riesentuch. Damit es bemalt werden
kann, wird es in einem Malsaal aufgespannt, der fast so groß ist
wie ein halber Tennisplatz.

Da stand ich nun als angehender Geselle vor der weißen
Leinwand, und vor mir lag der Entwurf vom Professor. Diese
Vorlage muß zuerst einmal in Quadrate eingeteilt und anschließend diese Einteilung auf die Riesenleinwand übertragen werden. Die kleinen Quadrate des Entwurfs wiederholen sich dann
auf der großen Leinwand. Nun zeichnet man das, was auf dem
Entwurf im Quadrat A ist, in das entsprechende Quadrat auf
dem Hauptvorhang. Dazu benutzt man einen meterlangen Zei-
chenstab aus Bambusrohr. Vorn ist er gespalten, damit man ein

großes Stück Holzkohle einklemmen kann. Mit der Zeit entsteht ein Riesenbild – schwarz auf weißem Grund.

Als nächstes rührt man sich die benötigten Farben in großen Kübeln an, die auf einer fahrbaren Palette stehen. Mit Pinseln, die bis zu zwei Metern lang sein können, trägt man die Farben in die Flächen der Zeichnung. Pinsel ist nicht ganz das richtige Wort, eher sind es Bürsten. Man braucht schon Kraft in Händen und Armen, um diese Stangen richtig zu führen. Gemalt wird mit Leimfarbe. Das bedeutet, man kann nicht in einem Stück durcharbeiten, sondern muß immer mal ein paar Minuten warten, bis die Farbe trocken ist. Leimfarbe wird vier bis fünf Grad heller, wenn sie trocknet.

Wie vertreibt sich ein Bühnenmaler diese Wartezeit? Er sieht den hohen Raum, er spielt mit den zwei Meter langen Pinsel-Bürsten, und ganz wie von selbst beginnt er aus lauter Langeweile zu balancieren. Er versucht es erst auf dem Fuß, dann mit der Handfläche, dann mit den Fingerspitzen, dann auf dem Kopf, auf der Stirn, und zuerst fällt natürlich alles um. Wenn er Pech hat, in einen Farbeimer. Aber die Lehrzeit dauert ja drei Jahre, und in diesen drei Jahren lernt er schließlich doch noch balancieren.

Ich jedenfalls habe es im großen Malsaal des Dresdener Staatstheaters gelernt, und nicht eine Sekunde habe ich das Gefühl gehabt, dadurch die teuren Hallen zu entweihen. Nach dem Krieg bin ich mit diesen Balance-Kunststücken getingelt, und später hab ich in Paris im Circe d'Hiver in Wohltätigkeitsveranstaltungen und in München im Circus Krone bei der «Goldenen Zehn» Tüten, Zeitungen und sogar sieben Stühle auf der Kinnspitze balanciert.

Mit einem Zeitungsblatt zu balancieren, ist so ungefähr das Schwierigste, was es gibt. Aber auch sieben ganz normale Stühle im Gleichgewicht zu halten, ist keine Kleinigkeit. Ich sag's offen: Ich bin stolz, daß ich das kann, und ich ärgere mich grün und blau, wenn ich hinterher lesen oder hören muß, das sei doch alles nur ein Trick. Offenbar traut man uns Schauspielern überhaupt nichts zu.

Nach acht Tagen hatte ich mein Gesellenstück fertig, und ich durfte zum ersten Mal am Regietisch neben dem Professor Platz nehmen. Der begutachtete das Bühnenbild und gab Anweisungen für Änderungen. «Hier oben noch etwas dunkler» – ich notierte: dunkler machen – «auch das Ornament» – ich notierte: auch das Ornament – «das Weiß müssen wir noch etwas brechen» – ich notierte: das Weiß brechen, und so ging es weiter.

Inzwischen waren auch die Orchester- und Sängerproben gut vorangekommen. Große Namen standen auf der Besetzungsliste: Dirigent war Professor Dr. Karl Böhm, es sangen Maria Cebotari, der Tenor Tino Patiera, Franz Völker, Kurt Böhme und weitere Spitzenkräfte.

Während ich das Weiß brach und das Ornament dunkler machte, hörte ich von den Bühnenarbeitern, daß es bei dieser Oper ein Problem gab: Wenn Münchhausen auf die Kanonenkugel springt, mit der er durchs Weltall fliegt, sollte ein lauter Kanonenschuß zu hören sein. Der Regisseur wünschte sich für diesen Knall eine echte Explosion, und auch der Komponist fand das fabelhaft. Am liebsten hätten die beiden hinter der Bühne eine richtige Kanone aufgestellt. Aber die Feuerwehr und die Polizei waren dagegen. Na ja, es ist ja vielleicht auch ein bißchen gefährlich. Schließlich soll es schon Theaterbrände gegeben haben.

Also wird es so gemacht wie immer: Oben unter dem Dach liegen Eisenplatten, und mit einem Knopfdruck läßt man sie in den Schacht fallen. Krach – Bumm. Wenn das Getöse nicht laut genug ist, wird es vom Orchester mit Trommeln und Kesselpauken verstärkt. Das klingt zwar nach allem Möglichen, nur nicht nach einer echten Detonation.

So war es auch diesmal. Als es auch gegen Ende der Probenzeit nicht besser, nämlich richtig knallig, geworden war, bekam der Regisseur prompt den fälligen Tobsuchtsanfall: «Versteht denn keiner im ganzen Hause, was ich an dieser Stelle haben will? Seit Wochen rede ich davon: Ich – will – eine – richtige – Explosion!» Alle schwiegen. Das wunderte mich, ich dachte so bei mir: Was will der? Eine Explosion? Das kann doch nicht so schwierig sein. Schließlich hatte ich im Gymnasium einen Klassenkameraden, dessen Vater Pyrotechniker gewesen war und der uns mit einschlägigen «Rezepten» versorgt hatte. Wenn er nach einem Handballspiel ein Feuerwerk veranstaltete, dann krachte der «Kanonenschlag» als Abschluß so unverschämt laut, daß das Echo aus dem Erzgebirge zurückkam. Dazu die schwarzen Wolken. Zwickau in Flammen – das waren Naturschauspiele.

Diese pyrotechnischen Kenntnisse hielt ich für ausreichend, um Professor Mahnke vorzuschlagen: «Lassen Sie mich doch den Kanonenknall machen!»

«Ja, können Sie denn das?»

«Ich denke schon.»

Der Professor wunderte sich zwar über mein Selbstvertrauen, sprach aber mit dem Regisseur Josef Gielen, und dem war natürlich alles und jedes recht, wenn er nur zu seiner richtigen Explosion kam. Seine einzige Sorge war offenbar, daß ich den Einsatz verpassen würde, denn er hatte nur eine Frage an mich: «Können Sie denn eine Partitur lesen?» Als ich dies bejahte, hatte er es furchtbar eilig, mich wegzuschicken: «Los, gehen Sie! Morgen ist die Generalprobe mit Kostüm und Maske. Ich möchte endlich etwas hören! Los, machen Sie!»

Mein Angebot war nicht ganz aus der Luft gegriffen, denn ich kannte mich mit den Einrichtungen unseres Theaters recht gut aus. Es war eines der modernsten zu jener Zeit. Es besaß fünf versenkbare Bühnen. Auf den ersten beiden Bühnen wurde das erste Bühnenbild aufgebaut, und wenn der erste Akt vorbei und der Vorhang gefallen war, ging dieses Bild in die Tiefe, und die nächsten Bühnen wurden vorgefahren – auf denen war das nächste Bild schon fertig. In der Zwischenzeit wird unten abgebaut und das folgende Bild aufgestellt. Es konnte also relativ schnell weitergespielt werden. Für die damalige Zeit war das besser als die üblichen Drehbühnen.

In die Unterbühne ließ ich mir vom Inspizienten eine Lichtleitung legen, mit zwei Lampen. Eine gelb: leuchtete sie, hieß das «Achtung». Die andere rot: leuchtete sie, mußte es knallen. Vorsichtshalber führte ich mit dem Inspizienten eine spezielle Knall-Probe durch – mit einem Drittel der vorgesehenen Pulvermenge. Es war etwas mickrig, aber zur Generalprobe mit der richtigen Menge mußte es hinhauen.

Der Morgen der Generalprobe. Lange vor deren Beginn saß ich an meinem Platz in der Unterbühne. Aus Langeweile schaute ich mich zum ersten Mal in dieser Unterwelt der Hebel, Kabel und Gestänge um. Da sah ich erst richtig, wieviel Staub sich in einer Spielzeit so ansammelt. Fingerdick lag er auf den Gestängen und Geräten. Höchste Zeit, daß die Saison zu Ende ging, denn in der spielfreien Zeit wird jedes Theater gründlich entstaubt.

Vor mir die Büchse mit dem Schwarzpulver und der Zündschnur, saß ich im weißen Kittel und hörte über mir im Orchesterraum dreiundneunzig sächsische Philharmoniker ihre Instrumente stimmen. Um neun Uhr kam Generalmusikdirektor Karl Böhm, wie immer etwas grantig, die Musiker begrüßten ihn mit Klopfen. Er seinerseits verteilte mit Küßchen für die Damen und Händeschütteln für die Herren seine Streicheleinheiten unter die Mitwirkenden. Von mir ahnte er nichts... Als Professor Böhm ans Pult ging, die Partitur aufschlug und den Taktstock hob, ließ ein großes, ja erhabenes Gefühl mein Herz schneller schlagen. In diesen Sekunden habe ich nicht das Theater ganz allgemein geliebt, sondern speziell dieses. Ich bin glücklich, daß es Mitte der achtziger Jahre so perfekt und originalgetreu wiederaufgebaut wurde.

Die Sänger schmetterten ihre Arien, der Chor setzte ein – da! Mein Lichtzeichen! Der große Augenblick ist gekommen, ich zünde – ein furchtbarer Knall–, ich dachte, mein Trommelfell sei geplatzt.

Aus der Ferne, aus Qualm und Staub hörte ich Geschrei und dann meinen Namen: «Frööööbe!»

«Ja, ich komme!»

Ich stürmte die Wendeltreppe hinauf und erstarrte. Da oben sah es aus, als sei der Ätna ausgebrochen. Dieser herrliche Zuschauerraum in Rot und Gold – nur noch Grau in Grau. Es qualmte und qualmte.

Zwischen Rauchwolken sah ich gerade noch, wie die Philharmoniker mit ihren kostbaren Instrumenten fluchtartig den Orchesterraum verließen. Die Sänger rannten, so schnell es ihre Kostüme erlaubten.

Am anderen Tag stand in der Zeitung:

«Die Uraufführung der Oper Münchhausen von Mark Lothar muß wegen technischer Schwierigkeiten um drei Tage verschoben werden.»

Was war geschehen?

Ich hatte es besonders gut gemeint und wohl zu reichlich Schwarzpulver genommen. Das war auch ganz in Ordnung gewesen, jedenfalls was den Knall betraf. Womit ich nicht gerechnet hatte, war der Staub, der sich im Verlauf eines Jahres überall angesammelt hatte und der nun durch meine Knall-Druckwelle aufgewirbelt und in den Raum geschleudert worden war. Alles mußte gereinigt werden, die Kostüme, die Kulissen – jeder Sessel im Zuschauerraum wurde einzeln abgesaugt.

Ich aber, ich war im wahrsten Sinn des Wortes mit einem Schlag berühmt – oder richtiger: berüchtigt, denn bald wußten alle, wer das Schlamassel eingebrockt hatte. «Na, der vom Malsaal, der Lange, der Dürre, der Rothaarige, Fröbinger heißt er oder so ähnlich!»

Mephisto war kein Sachse

Verbeugung vor Erich Ponto

In meiner Dresdener Lehrlingszeit hatte ich neben dem Lohn und den Groschen aus dem Verkauf selbstgemalter Ansichtskarten gelegentlich noch eine Nebeneinnahme, die ich unserem Generalintendanten, Geheimrat Professor Adolph aus dem weißen Zwölf-Zylinder, verdankte.

Immer wenn ein wichtiges Mitglied des Ensembles, zum Beispiel ein Kammersänger, einen runden Geburtstag hatte, bestellte er bei mir ein Bild als Geburtstagsgeschenk. Er ersparte sich damit viel Kopfzerbrechen nach einem passenden Geschenk, und mir verhalf er zu ein paar zusätzlichen Mark im Portemonnaie. Leider gab es viel zuwenig runde Geburtstage prominenter Mitglieder.

Eines Tages ließ er mich rufen, um mir zu eröffnen: «Sie haben den ‹Sächsischen Staatspreis› bekommen, und nun sollen Sie auch einen richtigen echten Staatstheater-Auftrag erhalten, an dem Sie ordentlich verdienen. Zeichnen Sie für das Programmheft Erich Ponto als Grumio in ‹Der Widerspenstigen Zähmung›, und für mich malen Sie meinen Freund in Öl anhand der Skizzen fürs Programm. Als Honorar für beides zahle ich Ihnen, na, sagen wir – 3000,– Mark.»

Ich dachte, Weihnachten, Ostern und Pfingsten fielen auf einen Tag.

Noch am selben Abend besuchte ich Erich Ponto in der Garderobe und stellte mich mit meinem Auftrag vor. Gut eine Woche lang ging ich nun jeden Abend zu ihm in die Garderobe und zeichnete Details. Erich Ponto beim Maskemachen, Skizzen seiner Hände, Studien über Kopfhaltung und Haaransatz – alles Vorarbeiten, die zu den Schularbeiten eines Porträtisten gehörten.

Die ersten Male beachtete er mich kaum. Doch eines Abends,

ich war bis zur großen Pause in seiner Garderobe geblieben, sah er sich meine Entwürfe sehr genau, sehr kritisch an. Jetzt war schon zu erkennen, wie hier aus vielen Einzelheiten ein Bild – sein Bild – entstand. Unvermittelt sagte er mit seiner sonoren, wohlklingenden Stimme: «Kommen Sie doch am Sonntag zum Essen, Sonntag mittag – ich möchte Ihnen gern mal meine Bilder zeigen.» Und fast verlegen fügte er hinzu: «Ich hab nämlich früher auch gemalt.»

Nicht die Stunden, die Minuten habe ich bis zu diesem Sonntag mittag gezählt. Ich sagte mir, wenn Ponto als Schauspieler mir zeigen will, was er gemalt hat, dann könnte ich als Maler ihn doch bitten, meine schauspielerische Begabung zu prüfen.

Ich wußte auch schon, was ich vorsprechen würde. Den Mephisto, denn den hatte er gerade in dieser Spielzeit in Dresden gespielt.

Der heißersehnte Sonntag kam, ich machte mich zu Pontos auf. Seine Frau hatte gut und reichlich gekocht. Nach dem Kompott ging er mit mir in sein Arbeitszimmer und zeigte mir seine Bilder. Schöne, ausgewogene Landschaftsaquarelle in zarten Tönen.

Jetzt oder nie, sagte ich mir und überfiel ihn mit der völlig unlogischen Feststellung: «Herr Ponto, Sie sind Schauspieler und haben gemalt, und ich bin Maler und würde so gerne Schauspieler werden. Darf ich Ihnen etwas vorsprechen?»

Ziemlich entgeistert sah er mich an. Aber er fragte, was ich erhofft hatte: «Können Sie mir denn etwas vorsprechen?»

Später hat er mir gestanden, daß er richtig erschrocken war, wie blitzschnell ich in Positur sprang und tief Luft holte. Kaum hatte er es sich in einem Sessel bequem gemacht, da legte ich auch schon mit einem so unglaublichen Pathos los, daß die Nippesfiguren klirrten:

Ich bin der Geist, der stets verneint!
Und das mit Recht; denn alles, was entsteht,
Ist wert, daß es zu Grunde geht . . .

Weiter kam ich nicht. Ponto rief: «Hören Sie auf, hören Sie auf! Sie sind ein Komiker! Mephisto ist doch kein Sachse!»

Ich war erledigt, am Boden zerstört. Man hatte uns doch hoch und heilig in Zwickau am Gymnasium versprochen, wir würden ein einwandfreies Hochdeutsch lernen. Alles, was ich mir von dieser Talentprobe versprochen hatte, war mit Pontos Bemerkung wie eine Seifenblase zerplatzt.

Ich verabschiedete mich mit so viel Haltung, wie ich gerade noch aufbringen konnte.

Und was hörte ich da von Erich Ponto? So nebenbei, wie es eben nur er konnte, sagte er: «Wenn Sie wollen, können wir nächste Woche mit dem Unterricht beginnen!» Und er meinte nicht mit Mal- nein, mit Schauspielunterricht.

Als erste Rolle studierte er mit mir den «Zettel», jenen Handwerker aus dem «Sommernachtstraum», dem ein Eselskopf aufgezaubert wird. Ich bekam von Stunde zu Stunde mehr Respekt vor diesem kleinen, zarten, großen Schauspieler. Meines Wissens hatte er in seinem ganzen Leben nur zwei Schüler: Victor de Kowa und mich.

Frau Ponto vermied es, ihren Mann zu stören, wenn er Unterricht gab, doch einmal mußte sie von ihm eine Auskunft haben und schaute herein. Ponto zeigte auf mich und erklärte: «Ein junger Valentin!» Ich traute meinen Ohren nicht. Ich kannte nur einen Schauspieler, der so ähnlich hieß, nämlich Rudolpho Valentino. Das war ein amerikanischer Filmschauspieler, ein Star. Aha, dachte ich, der Ponto hat einfach das O weggelassen und ein bißchen undeutlich gesprochen, denn von einem Valentin hatte man bei uns in Planitz noch nie gehört. Woher auch? Radio hatten nur die wenigsten, und was Fernsehen einmal sein würde, ahnten höchstens ein paar Techniker.

Dieser Rudolpho Valentino war mit seinen Plüschaugen der Schwarm aller Frauen. Was immer er spielte, die Frauen rannten ins Kino. Ein echter Star, der erste der «Latin lovers», die später ihren festen Platz in den Hollywood-Besetzungskarteien hatten, Tyrone Power, Dean Martin, Clark Gable gehörten dazu. Mit einem solchen Frauenliebling hatte mich Erich Ponto verglichen. Fabelhaft! Schließlich konnte er das besser beurteilen als die dummen Gänse, die mich wegen meiner roten Haare und meiner Sommersprossen noch immer hänselten. Unfaßbar, wie leichtgläubig man mit einundzwanzig sein kann, wenn es darum geht, sich einzureden, man sei auch nicht ganz ohne...

Es dauerte dann noch gute zwölf Jahre, bis ich feststellen konnte, daß Pontos Vergleich für mich viel schmeichelhafter war als der mit dem Hollywood-Schönling.

Doch nach ein paar Wochen Unterricht eröffnete er mir, daß er in der nächsten Spielzeit zu Heinz Hilpert ans «Deutsche Theater» in Berlin wechsle und deshalb unseren Unterricht nicht fortsetzen könne. Da löste ich kurzentschlossen meinen Vertrag als angehender Bühnenbildner in Dresden und ging ebenfalls nach Berlin.

PS: Drei Jahre später, als ich am Schauspielhaus in Frankfurt engagiert war, habe ich Erich Ponto noch einmal gesehen. Aus der Zeitung erfuhr ich, er gastiere im Schauspielhaus in Mainz als Adam im «Zerbrochenen Krug». Da ich an diesem Abend spielfrei war, fuhr ich nach Mainz, um meinen Lehrer in dieser großen Rolle zu sehen. Als ich in der Pause zu ihm in die Garderobe trat, begrüßte er mich mit: «Sieh da, mein sächsischer Mephisto!»

Er bat mich, ihn nach der Vorstellung zum Bahnhof zu begleiten. Eine große Auszeichnung für mich. Gegen Mitternacht hab ich mich klopfenden Herzens und mit glühenden Ohren von ihm verabschiedet, um auf dem gegenüberliegenden Bahnsteig in den Zug nach Frankfurt zu steigen.

Der Zug fuhr und fuhr, doch Frankfurt kam und kam nicht. Dafür hörte ich nach einer Stunde:

«Heidelberg – Heidelberg.»

Da war ich doch tatsächlich vor lauter Aufregung in den falschen Zug gestiegen.

Das hat mich überhaupt nicht gestört, im Gegenteil, ich war zufrieden, denn ich sagte mir: Das hat Erich Ponto verdient, daß ich mir seinetwegen die Nacht um die Ohren schlagen muß. – Denn der nächste Zug nach Frankfurt ging erst um fünf Uhr zwanzig!

BERLINER IMPRESSIONEN

Wie Curd Jürgens in den Speiseaufzug kam –
Verfrühte Schauspielprüfung

Als ich unter Ingmar Bergman im «Schlangenei» spielte, hat er mir in schöner Offenheit erzählt, wie begeistert er und seine Freunde waren, als sie 1936 in Berlin die Olympischen Spiele besuchten. Alles war auf «weltoffen» herausgeputzt, Berlin präsentierte sich von seiner heitersten Seite. Kaum Uniformen, dafür hingen wieder internationale Zeitungen an den Kiosken. Statt Marschmusik Hot Jazz. Auch wenn alles nur Tarnung für ein paar Wochen war – sie war so perfekt, daß nicht nur der Student Bergman sich davon faszinieren ließ.

Ich war in diesen Monaten in Berlin, aber ich habe von all dem nichts gemerkt. Was war ich denn? Ein junger Mann aus der Provinz, der Schauspieler werden wollte. Davon gab es zwischen Wannsee und Pankow mehr als genug.

Mein Zimmer in Berlin war noch bescheidener als das in Dresden. All dies störte mich wenig, solange Erich Ponto mein Schauspiellehrer war. Doch auch er stieß auf Probleme in Berlin. Er hatte nicht damit gerechnet, daß Heinz Hilpert ihn in so vielen Rollen beschäftigen würde. So erklärte er mir schon nach einigen Wochen, daß er den Unterricht beenden müsse, weil er fast jeden Abend auf der Bühne stand.

Ponto gab mir zum Abschied einen Rat, der mich damals sehr verblüfft hat; heute weiß ich, wie richtig er war, ist und immer sein wird. Ponto sagte ganz unpathetisch: «Denken Sie immer daran – Schauspielerei kann man eigentlich nicht lernen. Entweder man hat das gewisse Etwas – oder man hat es nicht!»

Außerdem empfahl er mich einem Schauspieler, der als Lehrer einen ausgezeichneten Ruf hatte. Der weißblonde Paul Günther hatte seiner Frau zuliebe auf seine Karriere verzichtet. Sie war Jüdin. Zurückgezogen lebten die beiden in einem Reihenhaus in Klein-Machnow am Rande Berlins.

Fast eine Stunde dauerte die Anfahrt mit der S-Bahn, aber seine Schüler hätten noch längere Strecken in Kauf genommen.

Es war eine Auszeichnung, vom Kettenraucher Günther – aber nur selbstgedrehte aus Prinzip – unterrichtet zu werden. Malte Jäger war sein Schüler, Rolf Möbius und einer, der mich um Haupteslänge überragte und ein richtig schönes Mannsbild war: Curd Jürgens. Damals hing ihm eine hellblonde Schmachtlocke lasziv ins Gesicht – die Frauen himmelten ihn an.

Er hat mich zu jener Zeit wegen seines Aussehens und seiner Größe ganz schön verunsichert. Nur zu ihm und zu Paul Hubschmid mußte ich hinaufgucken. Bei Curd Jürgens hab ich gedacht: Welche Chance hat einer wie ich als Schauspieler, wenn es so was wie den gibt. Mit zweiundzwanzig sind Äußerlichkeiten noch so unsagbar wichtig.

Curd wohnte ebenfalls in einer möblierten Bude, nicht schön, aber sturmfrei, wie er immer betonte. Er hatte eine feste Braut: Lulu Basler, eine Operettensängerin vom Metropoltheater. Eine tolle Frau. Bei ihr stimmte alles. Sogar das Bankkonto, denn Papa hatte ein großes Sägewerk im Allgäu. Aber nicht davon kam das Geld, sondern von einer seiner Erfindungen. Nachdem er jahrelang jede Mark verforscht hatte, so daß die Familie schließlich in der Friedrichsstraße in einem Zimmer wohnen mußte – die Kinder sollen angeblich sogar auf Stühlen geschlafen haben, weil keine Betten mehr da waren –, da gelang ihm die Erfindung einer neuartigen Preßholzplatte, die wetterfest war und den damals forcierten Barackenbau überhaupt erst ermöglichte. Lulus Papa wurde über Nacht zum Millionär.

Das muß so 1935 gewesen sein. Als ich nach Berlin kam, besaßen Lulus Eltern bereits zwei Villen in der Winklerstraße in Grunewald. Ich war eher in einer dieser Villen als Curd. Aber nicht als Liebhaber, sondern als Maler. Das wiederum hatte ich ihm zu verdanken. Als für ein Faschingsfest eine der Villen dekoriert und ausgemalt werden sollte, hatte er Lulu auf meine Vergangenheit als Bühnenmaler aufmerksam gemacht. Lulu nannte meinen Namen zu Hause. Die Eltern ließen mich kommen, waren zufrieden mit meinen Skizzen und ließen mich gewähren.

Von oben unterm Dach bis in den Keller hab ich mich ausgetobt. Geld spielte ja seit dem Erfindungs-Volltreffer keine Rolle. Irgendwann wollte ich mich bei Curd für die Vermittlung erkenntlich zeigen, ich wußte nur noch nicht wie. Die Gelegenheit kam früher als erwartet.

Lulu war nicht nur hübsch und reich, sondern auch höchst praktisch. Sie überlegte: Mein Curd haust in einem winzigen möblierten Zimmer, während in unseren beiden Grunewald-Villen einige Räume kaum benutzt werden. Es würde doch vieles vereinfachen, wenn Maman – ihre Mutter wurde von allen französisch Maman genannt – eines der freien Zimmer an Curd vermietete.

Das war gar keine so abwegige Idee, denn Maman führte ein offenes Haus für Künstler und Schriftsteller jeder Couleur. Im Souterrain, also im Keller, wohnte beispielsweise der Vater einer Schauspielerin, die ich heute noch so verehre wie damals: Brigitte Horney.

Eines Mittags – seine Lulu hatte ihm den günstigsten Zeitpunkt genannt – klingelte Curd an der Haustür, knipste seinen vollen Charme an – und den hatte er ja nun wahrlich – und sagte einen herzzerreißend rührenden Spruch auf. Er sei ein junger Schauspieler, der ein ruhiges Zimmer sucht, um sich ganz auf seine künstlerische Ausbildung zu konzentrieren.

Es kam, wie es kommen mußte: Maman konnte Curds Charme nicht widerstehen, und er bekam nicht nur ein hübsches Zimmer, sondern erhielt außerdem einen Platz am gemeinsamen Mittagstisch. Herz, was willst du mehr!

Eine Schwierigkeit allerdings gab es. Curds Zimmer lag im zweiten Stock, Maman schlief im ersten, Lulu im Erdgeschoß. Wenn also Curd zu Lulu oder Lulu zu Curd wollte, mußten sie Mamans Reich im ersten Stock durchqueren. Kein Problem: Zieht man eben die Schuhe aus und geht auf Zehenspitzen. Aber in diesem Falle half das nichts, denn das Haus war alt, die große breite Holztreppe, die sich herrschaftlich nach oben schwang, hatte eine Macke: sie knarrte. Nicht an bestimmten Stellen, sondern mal hier, mal dort, je nach Witterung. Es handelte sich um eine wetterempfindliche Treppe. Auf solche hölzernen Eigenheiten können Verliebte natürlich keine Rücksicht nehmen, sie nahmen gelegentliches Knarren in Kauf.

Nach ein paar Wochen klagte Maman bei einem der gemeinsamen Mittagessen: «Ich weiß nicht, das Haus ist in letzter Zeit so unruhig geworden. Die Treppe knarrt nachts. Also gestern nacht hab ich richtig Angst bekommen.» Lulu und Curd schauten sich an und versuchten Maman zu beruhigen, keiner von ihnen habe etwas gehört... Aber Curd war die Sache doch nicht geheuer, und er fragte mich, was ich an seiner Stelle tun würde. Da ich das Haus von meiner Faschingsmalerei her kannte, wußte ich, daß es dort einen sehr großen Wirtschaftsaufzug gab, mit dem aus der Küche im Souterrain die Speisen in alle Etagen gehievt werden konnten. Ich riet ihm, doch zu versuchen, ob er nicht mit dem Aufzug vom zweiten Stock ins Parterre kommen könne, damit wäre das Treppenproblem gelöst. Curd hat sich tatsächlich diesen Aufzug angesehen, die

Gegengewichte seinem Körpergewicht angepaßt und sich mit all seiner Länge in diese Kiste reingezwängt. Lulu hat ihn dann auf ein Zeichen mit der Leine zu sich runtergeholt. Am Morgen verschwand er auf demselben Weg nach oben, da mußte sie ein bißchen kräftiger ziehen, aber was macht eine junge Frau nicht alles aus Liebe.

Eines Nachts jedoch, als Lulu ihren Curd so gegen zwei, halbdrei zu sich abseilte, wurde im ersten Stock die Schiebetür der Aufzugöffnung hochgeschoben, und vor dem zusammenge-kauerten, halbnackten Curd stand Maman im Nachthemd mit Wicklern im Haar. Keine Chance für eine einigermaßen glaub-würdige Ausrede.

Maman war nicht etwa moralisch entrüstet, nein, sie war nur sauer, weil man sie hinters Licht geführt hatte. «Also Kinder, das nehm ich euch übel. Das hättet ihr mir sagen müssen. Ich hab ja nichts dagegen, aber mich so zu hintergehen, nein, das ist zuviel!»

Die beiden mußten auf Mamans Befehl ganz schnell heiraten. Curd meinte, es gäbe nur einen, der sein Trauzeuge sein könne, nämlich der, der die Idee mit dem Aufzug gehabt hatte. Deshalb steht im Standesamtregister von Grunewald bei der Eheschlie-ßung Jürgens, Curd mit Basler, Lulu als Trauzeuge mein werter Name.

Da die Ausbildung als Schauspieler zwei Jahre dauerte, wußte ich, daß es vor 1938 keine Chance gab, an eine Bühne engagiert zu werden. Mit anderen Worten: Noch zwanzig Monate würde der «Kleine Hey», die Sprachlehre für Schauspielschüler, meine Leib- und Magenlektüre sein.

Es lagen nicht nur zwanzig Monate dazwischen, sondern auch eine Abschlußprüfung. Erst wenn die bestanden war, durfte man sich um ein Engagement bewerben. Vorbedingung für diese Prüfung: Die Schüler hatten sieben Rollen zu studieren.

Drei ganz und vier zum Teil. Das bedeutete: Drei Rollen

mußte man mit allen Nebensätzen auswendig können. Selbst einen Satz wie «Schon gut, gehen Sie!» oder «Herr Graf, die Pferde sind gesattelt» hatte man parat zu haben. Bei den anderen vier Rollen genügte es, die großen Monologe auf Stichwort vortragen zu können. Nach vier Monaten Schauspielunterricht bei Erich Ponto und Paul Günther hatte ich 21 Rollen mit vollem Text im Kopf.

Das erzähle ich nicht aus Eitelkeit, sondern weil sich – wieder einmal – daraus einer jener «Zufälle» entwickelte, die bis heute mein Leben gelenkt haben.

Weil ich so viele Rollen kannte, schickte mich Paul Günther öfter als andere zu den Abschlußprüfungen, um den Prüflingen die Stichworte zu geben. Als Ende 1936 eine Abschlußprüfung anstand, wurde einer von Günthers Schülern in der Rolle des Orgon aus Molières «Tartuffe» geprüft. Ich sollte ihm und einer Schauspielschülerin, die die Delfine in Hermann Bahrs «Konzept» studiert hatte, die Stichworte geben. Daran war bei mir jedoch nicht zu denken. Schließlich hatte ich sowohl den Tartuffe als auch den Dr. Jura ganz studiert. Ich gab keine Stichworte, ich spielte die Rollen voll durch.

Lothar Müthel, der Vorsitzende der Prüfungskommission, kam zum Schluß auf die kleine Bühne, verkündete den beiden Prüflingen, daß sie bestanden hatten, und zu mir sagte er: «Und Sie haben Ihre Abschlußprüfung auch gleich mitgemacht!» Ich war so perplex, daß ich nur sagen konnte: «Aber ich hab doch erst vier Monate Unterricht.»

«Stimmt, aber Sie waren fast drei Jahre in Dresden am Theater – das wird mitgerechnet.»

Lothar Müthel habe ich vier Jahre später wiedergesehen. In Wien. Ich spielte am «Deutschen Volkstheater», und er war Intendant des Burgtheaters. Als er eine Vorstellung an unserem Theater besuchte, erinnerte er sich an meine vorzeitige Prüfung. «Und jetzt hab ich wieder was für Sie – einen Vertrag für das Burgtheater.» Ein Traum wurde wahr. Ich sollte, ich durfte an der Burg spielen. Die Tinte meiner Unterschrift auf dem Vertrag war noch feucht, da kam meine Einberufung zur Infanterie. Aber ich bin ein vertraglich engagierter Burgschauspieler. Nur gespielt hab ich nie auf dieser berühmten Bühne.

Zurück ins Jahr 1936. Da stand ich mit einem vorzeitigen Abschlußdiplom als frischgebackener Schauspieler bei einem kleinen Bier und sechs bis acht kostenlosen Brötchen bei Aschinger und überlegte, was ich als nächsten Schritt tun sollte.

Am Stehtisch hatte ein Gast die «BZ» liegengelassen, ich blätterte sie durch, und so erfuhr ich «durch Zufall», daß Otto Falckenberg, der berühmte Leiter der Münchner Kammerspiele, in Berlin war. Ich kratzte mein Kleingeld zusammen und rief die größten Hotels an, bis ich wußte, daß er im «Hotel am Zoo» wohnte. Da hab ich ihm in der Halle aufgelauert und in seinem Zimmer vorgesprochen.

Er hatte eine Engelsgeduld mit mir, anders als damals Ponto, der mich nach der sechsten Mephisto-Zeile unterbrochen hatte. Er stand als Silhouette gegen das Fenster und hörte sich alles an, ohne mich anzusehen. Als ich fertig war, kam er auf mich zu, reichte mir mit großer Geste beide Hände und bot mir ein Engagement an «seine» Kammerspiele an. Allerdings fügte er diesem Angebot hinzu: «Ich habe zwar 43 Schauspieler im Ensemble, aber ich werd schon was Interessantes für Sie finden.» Das klang mir denn doch zu sehr nach Warteliste und zweiter Besetzung, ich aber wollte doch spielen, spielen, spielen. Ich bedankte mich bei Falckenberg und lehnte ab. Irgendwie spürte ich bei aller Unerfahrenheit, daß dieser Sprung wahrscheinlich zu groß war.

Acht Tage später kam Dr. Stark, Intendant der Städtischen Bühnen Wuppertal, nach Berlin. Ihm sprach ich vor, er engagierte mich. Für das fürstliche Gehalt von 200 Reichsmark im Monat. Dafür mußte ich alles spielen – vom albernsten Operettenbuffo bis zu den Klassikern. Herrlich! Genau das wollte ich.

Die 200 Mark Monatsgage hatte sich nicht der Intendant ausgedacht, das war eine Anweisung der Reichstheaterkammer. Im ersten Jahr 200 Mark, im zweiten Jahr 250 Mark. Die ersten zwei Jahre gehören sozusagen zur Ausbildung.

Außer mir hatte der Intendant noch zwei andere junge Schauspieler zu den gleichen Bedingungen für diese Spielzeit engagiert. Als sie zu Ende ging, hatte niemand aus dem Ensemble so oft auf der Bühne gestanden wie ich. In 18 von 21 Inszenierungen war ich dabei. Alle 14 Tage eine neue Rolle. Ich spielte in Klassikern und in Operetten, komische und ernste Rollen, es war mir egal, wie groß sie waren, wenn ich nur auf der Bühne stand.

Mein Leben bestand nur noch aus Proben – Spielen – Schlafen. Am liebsten hätte ich gleich im Theater übernachtet.

Das Leben war schön.

«ICH BRING IHN DIR – LEBENDIG ODER TOT!»
Erste Spielzeit in Wuppertal

Jeder junge Schauspieler rennt bei seinem ersten Engagement Tag für Tag zum Schwarzen Brett, um zu sehen, ob er für eine der nächsten Inszenierungen vorgesehen ist. Eines Tages war es soweit. Dreimal bin ich vorbeigegangen, um mich zu überzeugen, daß es kein Irrtum war. Nein, auf dem Probenzettel stand tatsächlich:

Neu-Inszenierung
Friedrich Hebbels Drama
«Gyges und sein Ring»

Dazu die fünf Rollen mit den Namen der dafür vorgesehenen Schauspieler. Darunter meiner. Also hatte der Intendant doch Wort gehalten und mir eine ordentliche Rolle anvertraut. Schade nur, daß es ein Versdrama war. Die lagen mir nicht. Damals schon wollte ich lieber komödiantische Rollen spielen. Sei's drum, eine kleine Rolle in einem Hebbeldrama war mir wichtiger als eine große in einer Operette.

Im Büro ließ ich mir das Textbuch geben, setzte mich sofort in eine Ecke und begann zu lesen. Meine Rolle war Karna, ein Sklave. Ich blätterte zehn Seiten, zwanzig – kein Karna! Da, in der Mitte tauchte er auf! Hat sogar eine Szene mit Rhodope, der Gattin von König Kandaules, die ihm befiehlt: «Bring Gyges mir!» Karna, also ich, wirft sich ihr zu Füßen und schwört: «Ich bring ihn dir – lebendig oder tot!»

Na, dachte ich mir, das scheint ja was zu werden, jetzt muß doch eine große Szene mit Gyges und mir kommen.

Ich lese Seite um Seite – keine Szene zwischen Karna und Gyges, schlimmer noch: dieser Karna kommt überhaupt nicht mehr vor! Ich blättere zurück, denn ich muß offenbar was überschlagen haben. Nein, diese sieben Worte, «Ich bring ihn dir – lebendig oder tot!» sind meine ganze Rolle. Ich, der ich 21 Rollen voll studiert hatte, darunter den Mephisto, ich durfte mich den Wuppertalern mit dem Satz «Ich bring ihn dir – lebendig oder tot!» vorstellen.

Oh, war ich sauer! Aber zu ändern war daran nichts. Denn der Intendant inszenierte das Stück selbst. Die meisten Proben erlebte ich als Zuschauer, für den einen Satz genügte eine halbe Stunde. Endlich Kostümprobe. Jeder bekommt das angepaßt, was dem Inszenierungsstil und seiner Rolle entspricht. Ich war sicher, daß man mir aus dem Fundus eines der zeitlosen Dienergewänder verpassen würde, und wartete geduldig. Doch ich hatte die Rechnung ohne den Regisseur gemacht. Der erklärte mir, daß dieser Karna ein Neger sei und unmöglich mehr tragen könnte als ein winziges Leopardenfell um die Hüfte.

«Außerdem bekommen Sie eine schwarze Kraushaar-Perücke – ja und dann müssen Sie sich von Kopf bis Zehen schwarzbraun schminken.»

Ich merkte immer noch nicht, daß das Ganze ein gigantischer Spaß war, den sich der Intendant und die Kollegen mit dem Neuling machten. Der erste, aber nicht der letzte! Ein Maskenbildner-Lehrling wurde eigens abgestellt, um mich für die Generalprobe anzumalen. Ihm hatte man eingeschärft, wie außerordentlich wichtig es sei, daß keine weiße Stelle an meinem Körper zu sehen sei. Wir beide nahmen unsere Aufgabe ganz ernst. Alles wurde braun geschminkt. Sogar die Haut zwischen den Zehen färbte ich ein, die Augenlider, hinter den Ohren, alles. Vom eigenen Geld kaufte ich mir einen schwarzen Slip.

Als bei der Generalprobe mein Auftritt kam, blieb die Bühne leer – der Regisseur tobte, aber es half nichts, der Maskenbildner und ich waren mit dem Schminken noch nicht fertig. Am Premierentag stand dann am Schwarzen Brett, daß sich Herr Fröbe eine halbe Stunde früher als die anderen im Schminkraum einzufinden habe. Ich war pünktlich. Nach einer Dreiviertelstunde war ich sogar unter den Fingernägeln schwarz. Und das alles für sieben Worte. Als ich mein «Ich bring ihn dir – lebendig oder tot!» herausgeschmettert hatte, klopften mir Kollegen hinter der Bühne «anerkennend» auf die Schulter. Da dämmerte mir allmählich, was hier mit mir gespielt wurde.

Als alle Beteiligten längst zur Premierenfeier versammelt waren, stand ich immer noch unter der Dampfbrause. Die lieben Kollegen hatten eine besonders schwer abzuwaschende Schminke für mich ausgesucht...

Zwei Jahre später spielte ich in Wien am Deutschen Volkstheater und las eines Tages auf dem Spielplan des «Theater an der Josefstadt»: «Gyges und sein Ring». Paul Hubschmid war Gyges, den Karna spielte ein bekannter Wiener Kollege. An meinem ersten spielfreien Abend war ich dort. Nur eine einzige Szene interessierte mich. Die zwischen Karna und der Königin. Ich wollte endlich wissen, wie an dem berühmten «Theater an der Josefstadt» ein Neger gespielt wird. Die Szene kam, Karna erschien. Oh, war ich enttäuscht. Dieser Karna trug lediglich ein billiges braunes Trikot und sein Gesicht war so schlecht geschminkt, daß man den hellen Halsansatz sah. Die Enttäuschung wandelte sich in Stolz. Was hatte ich doch den Wuppertalern für einen großartigen Karna geboten.

Eines allerdings war mir klar: Der Wiener Kollege ist bestimmt nicht zu spät zur Premierenfeier gekommen.

«MAX, SE KOMM!»
Was einem Anfänger alles
passieren kann

Aus unerklärlichen Gründen gehört es zum Ehrgeiz jedes Provinztheaters, die drei Teile des «Wallenstein», die an großen Bühnen an zwei oder gar drei Abenden aufgeführt werden, an einem einzigen Abend zu spielen. Um das zu schaffen, wird auf Teufel komm raus zusammengestrichen. Da fliegen ganze Seiten raus, sogar ganze Bilder werden weggelassen, anders ist die Handlung zeitlich nicht unterzubringen.

Das zweite Problem ist die Unzahl an Rollen. Kein kleines Stadttheater hat genügend Mitglieder im Ensemble, um alle Rollen besetzen zu können. Also werden einige gestrichen, und von den Nebenrollen, die unbedingt notwendig sind, müssen Anfänger eben mehrere spielen.

Beim Wuppertaler «Wallenstein» mußte ich fünf oder sechs verschiedene Rollen übernehmen. An Wallenstein-Abenden kam ich nie zur Ruhe. Auf die Bühne, runter zum Maskenbildner, Kostüm wechseln, wieder rauf, warten, bis das Stichwort kommt, raus in neuer Maske auf die Bühne, Text gesprochen, wieder runter zum Maskenbildner – immer wieder.

An zwei Rollen erinnere ich mich noch: In «Wallensteins Lager» hab ich «Wohlauf Kameraden, aufs Pferd, aufs Pferd...» gesungen und im dritten Teil, «Wallensteins Tod», war ich der Rittmeister Neumann. Das ist jener, der die Meldung zu überbringen hat:

> *Die Pappenheimer sind abgesessen,*
> *sie rücken an zu Fuß; sie sind entschlossen,*
> *den Degen in der Hand, das Haus zu stürmen,*
> *den Grafen wollen sie befrei'n.*

«Meldungen zu überbringen» gehört mit zum Schwersten, was es am Theater gibt. Allein schon der Auftritt! Du mußt herausschießen, wie von einer Kanone abgefeuert. Da gibt es keinen Anlauf. Gleich das erste Wort muß sitzen wie ein Fanfarenstoß. Eine Entwicklung, wie sie große Monologe bieten, gibt es da nicht.

Meldungen vortragen ist vergleichbar mit der Leistung eines Leichtathleten, der aus dem Stand zwei Meter zwanzig springen soll. Das wissen natürlich die alten Schauspieler, deshalb sorgen sie dafür, daß diese undankbare Aufgabe jungen Kollegen übertragen wird.

Zum Beispiel mir! In der Wallenstein-Aufführung, in der ich als fünfte oder sechste Rolle den Rittmeister Neumann spielte, hatte das Bühnenbild in der Mitte eine große Freitreppe mit einer Tür ganz oben. Die mußte ich aufstoßen, daraufhin drehten sich die am Fuß der Treppe stehenden Spieler zu mir um, und ich schmetterte ihnen meine Meldung entgegen: «Die Pappenheimer sind abgesessen...»

Das war genau geprobt, ich stand hinter der Tür, Hand am Säbel und wartete aufs Stichwort. Es war wie ein Countdown: die sechste Zeile, die fünfte, die vierte, die dritte, die zweite, die erste – Stichwort – die Tür mit den Füßen aufgetreten, den Säbel aus der Scheide und gerufen:

«Die Pappenheimer sind abgesessen, sie rücken an zu Fuß...»

Das alles ging die ersten vier Abende gut, bis zu jener Aufführung, bei der die Kollegen sich vorgenommen hatten, mich aus der Fassung zu bringen. Es machte ihnen eine diebische Freude, wenn ich mich aufregte und vor Nervosität wie auf Eiern lief.

Ich stand also und wartete wie jeden Abend auf mein Stichwort. Sechste Zeile, fünfte – also noch vier! Nein, der Schauspieler, der den Wallenstein spielt, läßt einfach vier Zeilen aus. Das merkt keiner im Publikum, aber ich. Ich warte aufs Stichwort – es kommt nicht. Auf der Bühne wird es seltsam ruhig. Der Inspizient stürzt auf mich zu: «Raus, Mensch, raus!» Ich schüttelte den Kopf: «Nein, es ist noch nicht soweit!» Doch da schubst er mich bereits durch die Tür. Ich stehe oben auf der Freitreppe, unten drehen sich Wallenstein und seine Offiziere zu mir um, stehen also mit dem Rücken zum Publikum, und ich müßte jetzt rufen: «Die Pappenheimer sind abgesessen», aber ich kann nicht, denn ich sehe in die Gesichter meiner Kollegen, und jeder von ihnen hat sich eine andere Teufelei ausgedacht. Der eine holt einen Bart aus dem Kostüm, ein anderer schielt mich an, es wird gegrinst, gefeixt, mit den Augen gezwinkert. Irgendwo steht Max Piccolomini, um den es bei dieser Meldung geht, und schaut mich an, als sähe er mich zum ersten Mal. Völlig hilflos steh ich mit gezogenem Säbel oben auf der Freitreppe, und statt der schönen Schiller-Verse sage ich etwas völlig Blödsinniges, Klägliches. Noch dazu im miesesten Sächsisch. Drei Worte nur: *Max, se komm!*»

Verängstigt schaue ich in die Gesichter meiner Partner und merke, ihnen ist das Lachen vergangen. Mit diesen Auswirkungen ihres Ulks haben sie nicht gerechnet. Gleich würde im Zuschauerraum Unruhe aufkommen, Zwischenrufe, vielleicht sogar Pfiffe. Mir wird klar, dies mußte das Ende meiner Schauspielerkarriere sein. Da rettet mich Schiller! Nicht mit seinen Worten, sondern mit dem Schlachtenlärm und der Knallerei, die unmittelbar nach meinem Auftritt laut Schillers Regieanweisung einzusetzen haben. Das Getöse lenkte die Zuschauer von meinem «Max, se komm» ab. Hinter der Bühne wütete ich, schimpfte auf meine Kollegen, doch der Inspizient tröstete mich auf seine Art: «Die sind schlechter dran als Sie! Die müssen weiterspielen und ernst bleiben!»

Selbstverständlich muß ein solcher Vorfall ins Regiebuch eingetragen werden, und am nächsten Morgen hatte ich beim Intendanten anzutreten. Was er mir sagen würde, wußte ich im voraus: «Sie sehen doch wohl selber ein, daß so undisziplinierte Schauspieler wie Sie nicht tragbar sind. Wir sind ein anständiges Theater, wir werden uns trennen.»

Es kam anders. Der Mann hatte Verständnis, tadelte die Kollegen, die mich mit ihrem Jux in diese Situation gebracht hatten, und erzählte mir, welche Streiche man ihm in seiner Anfängerzeit gespielt hatte.

Er konnte an diesem Tag nicht ahnen, daß es bei einer der nächsten Wallenstein-Aufführungen zu einem noch größeren Blackout kommen würde.

In jener denkwürdigen Wuppertaler Aufführung der drei Teile «Wallenstein» an einem Abend ereignete sich der größte Hänger, so nennt man die Zeit, in der der Text fehlt, den ich in meinen fünfzig Jahren Schauspielerdasein miterleben mußte. Er passierte einem Kollegen und späteren Freund, ohne daß er daran schuld war.

In «Wallensteins Tod» gibt es eine kleine, aber vertrackte Rolle, die des Gefreiten, der die zwölf Pappenheimer Kürassiere anführt und Wallenstein einen langen Bericht liefert. Diese Rede ist nicht nur berühmt, sie ist auch berüchtigt, jedenfalls unter Schauspielern, denn sie ist lang, sehr lang. Drei Reclam-Seiten mindestens. Wer kann, drückt sich um diese Rolle.

Was aber macht ein Schauspieler, wenn er aus seinem Mittagsschlaf durch die Nachricht gerissen wird, er müsse am Abend die Rolle übernehmen, weil der Kollege, der sie bisher gespielt hat, erkrankt ist?

Meinem Freund Alwin B. widerfuhr dies. Er war zusammen mit mir in der Spielzeit 1937/38 als Anfänger an das Wuppertaler

Stadttheater gekommen. In solchen Notsituationen erhält ein Schauspieler jede nur mögliche Hilfe. Zuerst einmal wird aus dem Text gestrichen, was nur irgendwie wegfallen kann. Aber Inhalt und Versmaß setzen jeder Kürzung Grenzen. Als zweite Hilfe sorgt man dafür, daß der Einspringer möglichst in die Nähe der Souffleuse postiert wird, aber damit hat es sich auch. Alles andere muß der Schauspieler bringen.

Alwin war pünktlich am Abend im Theater, im Foyer hing ein Anschlag: «Wegen plötzlicher Erkrankung von Herrn X. hat Herr A. B. die Rolle des Gefreiten kurzfristig übernommen.»

Es wurde dunkel im Zuschauerraum, die ersten Bilder liefen ab wie immer. Hinter der Bühne standen die Kürassiere und Alwin in Kostüm und Maske. Nun hatte sich unser Kostümbildner für diese Uniform etwas ganz Besonders einfallen lassen, er hatte den Kürassieren Helme verpaßt, die wie venezianische Gondeln aussahen und von denen links und rechts lange Metallplatten die Ohren schützten. Das sah zwar imponierend aus, hatte aber einen verhängnisvollen Nachteil: Man hörte die Souffleuse nicht. Kein Mensch hatte daran gedacht.

Da, das Stichwort! Auftritt! Mit kräftigem Gestampfe marschierten die Kürassiere im Gleichschritt auf die Bühne und postierten sich vor Wallenstein, der sich mit «Was gibt's, laßt hören!» an den Gefreiten wendet, der nun lang und breit in seiner Rede berichtet, er habe gehört, Wallenstein wolle die Fronten wechseln. Weiß Gott, eine wichtige Szene.

Doch nach «Was gibt's, laßt hören» war nichts zu hören. Alwin blieb stumm. Dabei hätte das Publikum seinen Text sprechen können, so laut wurde die Souffleuse, doch Alwin verstand nichts. Die metallenen Ohrenschützer verschlossen ihm die Ohren. In seiner Verzweiflung beugte sich Alwin völlig unsoldatisch vorsichtig zum Souffleurkasten. Aber der Kostümmeister hatte ganze Arbeit geleistet. Die Metallplatten waren beweglich und rutschten mit nach vorn.

Der Kollege, der den Wallenstein spielte, versuchte zu retten, was zu retten war, er extemporierte: «Gar schrecklich muß die Nachricht sein, daß sie die Sprache Euch verschlägt!»

Alwin nickte so heftig, daß sein Helm verrutschte, aber er blieb stumm. Wallenstein versuchte es noch einmal: «Ist's eine Nachricht, die den Kaiser und auch mich betrifft?» Wieder nickte Alwin mit verzweifeltem Gesicht, sagte jedoch kein Wort. Die Souffleuse hatte es aufgegeben, mit Stichworten einzugreifen, was hätte sie auch sagen sollen, nachdem Wallenstein eigene Texte sprach.

In dieser Situation bewies der Darsteller des Wallenstein eben jene Geistesgegenwart, die Schiller diesem Feldherrn nachsagt. Er übersprang die gesamte Rede des Gefreiten und sprach nur die zwei letzten Zeilen seiner Antwort darauf: «Ich fühl's, daß ich der Mann des Schicksals bin, und hoff's mit eurer Hilfe zu vollführen.»

Da endlich löste sich der Bann bei Alwin, er kommandierte «Rechts um!» und die Kürassiere stampften von der Bühne.

Bis heute wissen die 1200 Zuschauer dieser Aufführung nicht, warum die 12 Kürassiere überhaupt aufgetreten sind und was Wallenstein mit ihrer Hilfe zu vollführen hoffte.

Alwin aber hat diesen Hänger nie ganz überwunden.

IHRE MAJESTÄT, DIE SOUFFLEUSE
Gegen Lampenfieber ist kein Kraut gewachsen

Gegen Lampenfieber ist kein Kraut gewachsen. Die ältesten Theaterhasen befällt es ebenso wie den Anfänger. Auch im Zeitalter des Teleprompter, auf dessen Bildschirm in fortlaufenden Zeilen der Text abgelesen werden kann, ist das Lampenfieber die verbreitetste Krankheit. Jedenfalls am Theater. Es ist eigentlich nichts anderes als die Angst, hängenzubleiben, den

Text nicht mehr zu wissen. Vor diesem Blackout haben wir Schauspieler in der ganzen Welt Angst, weil wir genau wissen: Irgendwann einmal passiert es auch dir. In der Premiere bleibt man selten hängen, weil alle mit den Nerven auf 150 sind, und weil alles aus der Probenzeit noch frisch ist.

Von Theaterproben und von den Aufgaben der Souffleuse machen sich viele eine falsche Vorstellung. Zu Beginn der Proben hat jeder sein Textbuch vor sich, und wir probieren langsam, «wir reden uns ein». Zu diesem Zeitpunkt ist die Souffleuse bereits dabei. Sie spricht relativ laut vor, damit wir gleich einhaken können, denn man spricht ja nicht hintereinander weg, sondern wiederholt mal einen Satz drei, vier Mal, um eine Betonung oder eine Pause auszuprobieren, da ist es dann gut, wenn sie gleich den Anschluß vorsagt. Von Probe zu Probe wird sie dann leiser. Je leiser sie wird, desto mehr wird sie verwöhnt, und kurz vor der Premiere erhält sie Blumen, eine Flasche Wein, kleine Geschenke, eine Bonbonniere, und jeder nennt ihr seine Schwachstelle: «Paß auf, Hertha, Seite 32, links unten, da bin ich 'n bißchen schwach. Ich stell mich bei dieser Stelle besser an die Rampe in deine Nähe.»

Die Premiere und die nächsten fünf Vorstellungen machen keine Probleme. Aber dann kommt der Abend, an dem man auftritt, seine ersten Sätze spricht, einen halben Blick in den Souffleurkasten riskiert, und da sitzt sie und – strickt. Zwei links, zwei rechts, einen Schal oder irgendwas, denn sie weiß ja: «Jetzt können alle ihren Text.»

Genau da passiert es. Sie hört, daß es plötzlich seltsam ruhig auf der Bühne wird, und weiß: Da hängt einer. Sie blättert im Textbuch, findet nicht gleich die Stelle, der Schauspieler mit dem Hänger spielt sich mehr oder weniger geschickt an den Souffleurkasten und wartet auf Hilfe, auf ein rettendes Stichwort. Da werden Sekunden zu Minuten. Endlich hat sie die Stelle. Flüstert sie, sagt sie, spricht sie schließlich so laut, daß alle im Parkett wissen, was er sagen soll, nur er nicht, weil er Lampenfieber hat.

Nur wem es selber widerfahren ist, kann ermessen, in welchen Abgrund man versinken möchte.

Am schlimmsten erlebte ich es einmal bei einem meiner Abende mit dem Titel «Durch Zufall frei». In Freising war's, bei der dritten und letzten Vorstellung. Den Text kannte ich nun wirklich, auch die Bühne und das Publikum waren mir vertraut. Also eine sichere Sache. Aber vielleicht gerade deshalb hatte ich eine Vorahnung. Mir war mulmig. Vor Beginn sagte ich zu dem Mann am Eingang: «Ich weiß nicht, heute habe ich 'n bißchen Schiß. Ich hab das Gefühl, heute passiert was.» Der wollte mich trösten und sagte in seinem behäbigen Bayerisch: «Aber Herr Fröbe, Sie sind ein alter Has. Das machen Sie mit links.»

Das ist ja eben der Irrtum. Die einen, so wie er, glauben, ich schüttle alles aus dem Ärmel, andere wieder denken, es hockt eine Souffleuse unter meinem Pult.

Beide irren sich. Ich tu nur so, als würde es mir gerade einfallen. In Wahrheit ist alles vorbereitet, gelernt. Außerdem habe ich bei Vortragsabenden sowieso keine Souffleuse.

An diesem Abend begann ich mit den Morgenstern-Gedichten. Gebundene Sprache. Das lief glatt wie immer. Nach der Pause erklärte ich, «So, und nu gehn wir in den zweiten Teil. Der soll fröhlich und heiter werden, ich...»

Aus. Ich wußte nicht weiter. Mir fehlte der Satz, den ich so oft gesagt hatte. Mir fiel nicht mal ein ungefährer Übergang ein. Es gab nur eines: Flucht nach vorn. Ich sagte ziemlich kleinlaut: «Meine Damen und Herren, Sie erleben jetzt das Gräßlichste, was einem Schauspieler passieren kann, wogegen niemand gefeit ist, weder in New York noch in Freising – ich weiß nicht weiter... Sie alle können später mal sagen, ich war dabei, als der Fröbe einmal hängengeblieben ist.»

Nach einer Pause, während der es mir heiß und kalt den Rücken runterlief, fiel mir der richtige Text wieder ein, und ich fand den Übergang zu den Geschichten, die ich immer im zweiten Teil erzähle.

Zum Schluß des Abends dachte ich, du solltest dich für den Hänger entschuldigen. Vorsichtshalber fragte ich aber erst einmal, «Haben Sie vorhin wirklich geglaubt, daß ich nicht mehr weiter wußte?»

Die Antwort war ein einstimmiges «Nein».

DER SPRECHENDE LEICHNAM
Einer zuviel auf der Bühne

Schauspielunterricht ist wichtig, aber erst die Praxis liefert jene Erfahrungen, die für Theater- und Filmarbeit unerläßlich sind. Dazu gehört das Maske machen ebenso wie die tägliche Tuchfühlung mit Kollegen. Die meisten Schauspieler sind Egozentriker, das ist nun mal die Hypothek ihrer Begabung. Deshalb ist es notwendig, möglichst früh zu lernen, die kleinen Schwächen des anderen zu respektieren. Sehr bald lernt man auch, auf der Hut zu sein vor Kollegen, die die Fähigkeit, dem anderen die Pointen zu vermasseln, zu hoher Kunst entwickelt haben. Ihr – ungewolltes – Verdienst ist es, die Wachsamkeit zu schärfen. Neber der Wachsamkeit entwickelt sich in der ersten Spielzeit die Bewunderung. Jeder junge Schauspieler sucht sich ein Vorbild. Die meisten geben es nur nicht zu. Kein Unterricht kann das hautnahe Miterleben ersetzen, wie ein erfahrener Schauspieler eine Rolle anlegt.

Mein Vorbild in Wuppertal war Oskar L., mit Abstand der profilierteste Charakterschauspieler in unserem Ensemble, das aus zwölf Herren und acht Damen bestand. Oskar war ein gottbegnadeter Mime, voller komödiantischer Intensität und Phantasie. Eine Schwäche hatte er allerdings: er trank gern. Hatte er getrunken, war er besonders gut, dann spielte er ganz gelöst. Mir Anfänger hat das einerseits kolossal imponiert, andererseits war es immer eine Zitterpartie, mit ihm auf der

Bühne zu stehen. Man war nie ganz sicher, ob er bis zum Schluß durchhalten würde. Diese Sorge wurde eine Lehre für mich: Ich trinke nie vor einer Vorstellung.

Von vielen Geschichten, die ich mit Oskar erlebt habe, ist dies die verwegenste: Wir spielten «Thomas Paine» von Hanns Johst, damals ein hohes Tier in der Reichsschrifttumskammer. Der Titelheld Thomas Paine war ein Engländer, der in den USA Benjamin Franklin bei seinem Unabhängigkeitskampf unterstützte.

Oskar spielte den Paine, er war großartig. Besonders gut war er an seinen «feuchten» Tagen. Die Rolle hatte für ihn (und uns) einen großen Vorteil: er war schon vor der Pause tot. Selbst wenn er vor der Vorstellung etwas getrunken hatte, hielt er bis dahin durch. Ich spielte Paines Adjutanten, mit Uniform, Dreispitz und weißen Stulpenhandschuhen. Meine große Szene lag unmittelbar nach der Pause, da hielt ich an Paines Sarg die Trauerrede auf ihn. Einer der Höhepunkte des Stückes. Viel Text, fast zwei Seiten. Wie jeden Abend rekapitulierte ich in der Pause rasch noch einmal den Text, da – das Klingelzeichen. Fertigmachen zum Auftritt. Letzter Blick in den Spiegel, Handschuhe übergestülpt, Dreispitz gegriffen und auf das Auftrittszeichen gewartet. Mit dem schönen Gefühl, meiner Aufgabe gewachsen zu sein, wartete ich in den Kulissen.

Was konnte auch schiefgehen? Nichts. Oskar war eines bühnenwirksamen Todes gestorben und saß bestimmt schon in einer seiner gemütlichen Kneipen. Ein folgenschwerer Irrtum. Oskar war an diesem Abend nicht aus dem Theater gegangen, sondern hatte sich den Bühnenmeister geangelt und mit der Sturheit, wie sie Betrunkene haben können, erklärt: «Paul, heute möchte ich bei meinem Begräbnis dabeisein!»

Unser in Ehren ergrauter Bühnenmeister war entsetzt über diesen Vorschlag und versuchte Oskar klarzumachen, daß er nicht daran denke, wegen eines solchen Unfugs seine Stellung aufs Spiel zu setzen. Doch Oskar muß einen Weg gefunden haben, um Paul zu überlisten oder umzustimmen. Wir ahnten nichts davon.

Alles lief auf der Bühne ab wie immer. Der Vorhang hob sich betont langsam unter Trauermusik mit kräftigen Moll-Akkorden, Trommelwirbel und Pauken. In der Mitte der schwarz ausgeschlagenen Bühne stand der Sarg. Sein Kopfende war leicht erhöht. Über ihn war die amerikanische Flagge gebreitet, auf der Paines Ordenskissen lag. Sehr würdig, sehr feierlich.

Erhobenen Hauptes stand ich am Kopfende und blickte ernst ins Parkett. Meine Uniform, vor allem die weißen Handschuhe, hoben sich effektvoll vom schwarzen Hintergrund ab. Links und rechts vom Sarg war unsere gesamte Komparserie aufgestellt. Auf jeder Seite drei Mann. Alle in Uniform, jeder hielt eine erbeutete feindliche Fahne über den Sarg.

Ein eindrucksvolles Bild. Die Trauermusik verebbte, Zeit für meine Rede. Da – der Sargdeckel wackelte! Eine optische Täuschung? Ein Fehler beim Umbau? Entschlossen, mir nicht meine große Szene verderben zu lassen, sprach ich die ersten Worte, doch da kam – und das war nun bestimmt keine optische Täuschung! – das Ordenskissen ins Rutschen, der Sarg wackelte.

Die Komparsen ahnten als erste, daß sie einer der Extratouren unseres Oskars ausgeliefert waren. Sie versuchten krampfhaft, sich das Lachen zu verkneifen. Wie auf Kommando zogen sie langsam die Beute-Fahnen vom Sarg weg und zu sich, um hinter deren Tuch ihr Grinsen zu verbergen. Ich aber mußte ungeschützt mit Beerdigungsmiene ins Publikum blicken, sah jedoch dabei die vom stummen Lachen geschüttelten Schultern unserer sechs Komparsen.

Mit dem Mut der Verzweiflung sprach ich meinen Text über den wackelnden Sarg ins Publikum. Fast hätte ich ihn zu Ende gebracht, wenn sich nicht Hanns Johst eine besondere Nuance als Steigerung dieser Laudatio hätte einfallen lassen. An einem Höhepunkt der Rede mußte ich mit voller Kraft sagen: «Thomas Paine, wir rufen dich . . .»

Statt der ehrfurchtsvollen Stille, die der Regisseur nach diesem Ruf inszeniert hatte, kam an diesem Abend ein lautes «HIER» aus dem Sarg. Bis in die letzten Parkettreihen war es deutlich zu verstehen. Oskars tragende, alkoholgeschwängerte Stimme war den Wuppertalern zu gut bekannt, als daß sie nicht sofort gemerkt hätten, wer der sprechende Leichnam war. Er erhielt für sein Extempore aus dem Sarg jubelnden Szenenapplaus.

Das war das Ende meiner großen Szene. An ein Weiterspielen war an diesem Abend nicht zu denken. Der Vorhang mußte fallen. Vorzeitig, aber in so fröhlicher Stimmung wie sonst nie nach einem Drama, gingen die Zuschauer nach Hause. Es gab keine Proteste, keine verärgerten Briefe an die Intendanz. So sehr liebten die Wuppertaler Theaterfreunde ihren Oskar, diesen genialen Komödianten.

PS: Oskar, wenn wir uns oben wiedersehen, werden wir den himmlischen Heerscharen so etwas Ähnliches vorspielen! Darauf freut sich schon heute

Dein alter Freund
Gert

MUTPROBE

Warum ich mein erstes Engagement
nicht verlängerte

Keine Spielzeit vergeht so rasch wie die erste. Eine alte Theatererfahrung. Leicht zu erklären: Die vielen neuen Eindrücke, die Möglichkeit, alles und jedes spielen zu dürfen – das läßt die Zeit im Fluge vergehen. Ich hatte in diesen Monaten fast jeden Abend auf der Bühne gestanden. In Klassikern, Schwänken und Operetten.

Keiner der anderen zwei Anfänger, die mit mir nach Wuppertal gekommen waren, hatte auch nur annähernd so viele Rollen gespielt wie ich. Nicht weil ich besser war als sie, sondern weil der Operettenbuffo krank wurde und ich seine Rollen übernehmen mußte.

Ich als Operettenbuffo! Das war eigentlich ein Witz, denn ich hatte keine Gesangsstimme, und außerdem überragte ich den Tenor um Haupteslänge. Wenn ich im Frack herauskam, glaubte das Publikum, «Aha, das ist der Tenor, gleich wird er eine Arie schmettern», weil das aber nicht möglich war, rettete ich mich in die Komik, was ja für einen Buffo auch legitimer ist. Meine Späße gefielen den Wuppertalern. Nach zwei Monaten schon gehörte ich zu ihren Theaterlieblingen. Das war nichts Besonderes, ein leidlich begabter Buffo spielt alle anderen an die Wand. Aber für eine Buffo-Karriere war ich einfach zu lang. Neben mir wurde jeder Tenor zum Knirps.

In der Kollo-Operette «Wie einst im Mai» stand ich gleich in vier Rollen auf der Bühne, nämlich als 17-, als 35- und als 70jähriger, im Nachspiel sogar als mein eigener Enkel.

Gleich im ersten Akt kommt das Duett «Es war in Schöneberg, im Monat Mai...», das sing ich als 17jähriger Handwerker mit meiner großen Liebe, einer Komtesse, wie sich das für eine Operette gehört. Im vierten Akt, ich bin da inzwischen siebzig und geadelt und steh weißhaarig im Gehrock auf der Bühne, da faß ich die alte Liebe von einst um die Taille, und sie sagt verwirrt: «Dazu sind wir beide doch zu alt», doch ich zieh sie zu mir auf den Schoß, sag «Ach, laß doch mal sehen, ob unser Blut wirklich schon ganz kalt ist», und wir singen noch mal «Es war in Schöneberg...»

Da passierte es, daß eine so banale Operettenszene das Publikum ins Herz traf. Die Taschentücher wurden gezückt, das ganze Haus hat geweint. Auch mir kamen die Tränen...

Meine erste Spielzeit ging zu Ende, und ich war entschlossen, noch ein Jahr in Wuppertal zu bleiben. Eine größere Palette von Rollen würde mir keine andere Bühne bieten können, und viel höhere Gagen waren bei einem Wechsel kaum zu erzielen. Die Richtlinien der Reichstheaterkammer, nach denen im zweiten Jahr höchstens 250 Mark Monatsgage gezahlt werden durften, galten immer noch.

Erst im dritten Jahr konnte man bei Verhandlungen auftrumpfen, so mit markanten Sätzen wie: «Was glauben Sie denn, wen Sie vor sich haben, ich bin glatt einen Tausender wert.» Aber auch diesen Höhenflügen waren realistische Grenzen gesetzt. Unsere zwei «Helden», Gustl Landauer und Hans Cossy, bekamen 450 Mark Monatsgage.

Mitte Februar begannen an allen Bühnen die Verhandlungen für die Re-Engagements. Ich wartete auf meinen Termin beim Intendanten. Von älteren Kollegen wußte ich, wie diese Gespräche abliefen: Zuerst lobte der Intendant ein wenig, mekkerte aber sehr rasch mehr über Schnitzer und Fehler, die ihm im Laufe der Monate zu Ohren gekommen waren, um den Schauspieler für das eigentliche Thema, nämlich die Höhe der Gage, weich zu machen.

Ich verlangte 250 Mark und die Zusage, daß ich in zwei Operetten abwechselnd mit dem ersten Buffo spielen dürfe. Das wollte ich, weil ich spürte, wie diese Bufforollen meiner Komik guttaten und mich lockerer machten. Außerdem wollte ich den Beifall, den ein Buffo leicht herausspielen kann, als Balsam für die niedrige Gage.

Der Intendant bot 225 Mark.

Ich sagte «Nein».

Damit hatte er nicht gerechnet.

Wir trennten uns frostig.

Mein «Nein» war wieder einer meiner spontanen Entschlüsse.

Wäre ich nur Schauspieler gewesen, hätte ich vielleicht nicht so hoch gepokert, aber schräg gegenüber vom Theater war der «Wuppertaler Hof», ein Hotel. Dort spielte immer eine Kapelle, so wie damals im «Kaiserhof». Abends nach der Vorstellung bin ich oft zu den Musikern aufs Podium gestiegen und habe auf der Geige mitgespielt.

Ich war entschlossen, bekam ich die 250 Mark Gage nicht, wieder als Stehgeiger zu arbeiten. Der Hoteldirektor würde schon für die entsprechende Mundreklame sorgen: Der frühere Buffo vom Stadttheater spielte jetzt bei uns im «Wuppertaler Hof». So etwas lockte Neugierige an und brachte Umsatz.

Die Wochen vergingen, ich hörte nichts vom Intendanten. Nun sind Februar, März jene Monate, in denen die Intendanten viel unterwegs sind, um sich in anderen Theatern Schauspieler anzusehen, die sie sich vielleicht in ihr Ensemble holen wollen. Das geschieht anonym und unerwartet, aber dem Theaterklatsch bleibt nichts verborgen, schon gar nicht ein so wichtiger Besuch. Allerdings: man wußte, daß er bevorsteht, aber nicht exakt, an welchem Abend.

Wenn mit einem solchen Ereignis zu rechnen ist, wird besonders präzis gespielt, denn man möchte der Kollegin oder dem Kollegen, um den es geht, die Chance nicht vermasseln. Wuppertal machte da keine Ausnahme. In unserem Ensemble hielt sich seit Tagen das Gerücht, ein Intendant aus Frankfurt sei im Anmarsch, um sich Oskar, unseren ebenso begabten wie trinkfreudigen Helden, anzusehen.

Oskar spielte sich Abend für Abend die Seele aus dem Leib, aber kein Intendant meldete sich. Eines Abends stand der «Vetter aus Dingsda» auf dem Programm. Spielfrei für Oskar, aber eine Bombenrolle für mich.

Als ich an diesem Abend nach der Schlußverbeugung in meine Garderobe kam, fand ich auf meinem Schminktisch eine Visitenkarte: «Bitte besuchen Sie mich nach der Vorstellung im Wuppertaler Hof! Salzmann, Intendant der Städtischen Bühnen Frankfurt.»

So schnell war ich noch nie abgeschminkt und umgezogen. Herr Salzmann kam gleich zur Sache. Er war gestern schon im Theater gewesen, um Oskar als «Thomas Paine» zu sehen, da sei ich ihm bereits als Offizier aufgefallen, und nun habe er mich als komischen Buffo gesehen. Diese schauspielerische Bandbreite hatte ihm gefallen. «Mit einem Wort, Herr Fröbe, ich biete Ihnen die Chance zu einem Vorsprechen am Schauspielhaus in Frankfurt, allerdings sollen Sie wissen, daß bereits sieben Herren dafür vorgemerkt sind.»

Eine Riesenchance. Auch der Termin für das Vorsprechen war ideal: 1. Mai morgens um zehn Uhr. Denn am «Tag der Arbeit» blieben die Bühnen geschlossen, da wurde marschiert. Auch an einem normalen Spieltag hätte das Theater mir freigeben müssen, denn laut Manteltarifvertrag der Deutschen Bühnengenossenschaft war ein Intendant verpflichtet, einen Schauspieler zweimal freizugeben, damit er sich an anderen Bühnen vorstellen konnte. Da das immer mit Kosten für das Theater verbunden ist, weil für diesen Abend ein Gast verpflichtet werden muß, war der 1. Mai ein idealer Termin. Ich hatte keine Zweifel, daß der Intendant mich fahren lassen würde, als ich ordnungsgemäß meine Abwesenheit anmeldete. Dies muß man tun, denn es könnte ja einem Kollegen irgendwas zustoßen und man mußte einspringen. Ich nannte auch den Grund meiner Reise, verschwieg aber, wo ich vorsprechen sollte.

«Nein», sagte mein Intendant, «Sie können nicht wegfahren, das Theater marschiert geschlossen zum ‹Tag der Arbeit›.»

«Gut», antwortete ich, «dann müssen Sie mir einen Wochentag freigeben und sich den Buffo vom Stadttheater Hagen kommen lassen. Da spielt dann Geld offenbar keine Rolle, sonst aber halten Sie mir immer Ihren Etat vor!»

«Das kann ich jetzt nicht entscheiden, kommen Sie morgen wieder.» Plötzlich hatte er Zeit für mich. Morgen, das war der 30. April. Ein Tag vor dem Vorsprech-Termin.

Als ich am nächsten Vormittag im Intendantenbüro erschien, saßen mir vier Herren gegenüber. Drei kannte ich: Dr. Stark, den Intendanten, seinen Kassendirektor Gessler, seinen Oberspielleiter Dr. Günter Rennert, für Oper und Operette zuständig, mit dem ich über die Arbeit hinaus bis zu seinem Tod freundschaftlich verbunden war und der als Opernregisseur eine Weltkarriere machte. Den vierten kannte ich nur vom Hörensagen – es war der Kulturreferent der Stadt Wuppertal.

Er eröffnete das Gespräch. Eine richtige kleine Rede hatte er sich für seinen Auftritt zurechtgelegt: «Herr Fröbe, wir hören zu unserem Bedauern, daß Sie mit Ihrem Ausscheiden aus dem Verband der Städtischen Bühnen Wuppertal Ernst machen wollen. Wir haben unseren Etat noch einmal genau durchgerechnet und uns von der Reichstheaterkammer eine Sondererlaubnis eingeholt, so daß wir Ihnen heute einen neuen Vorschlag unterbreiten können, auf den Sie sofort und nur mit Ja oder Nein antworten müssen. Sie erhalten eine Gage von 350 Mark zuzüglich ein Spielgeld von 25 Mark für jede Rolle in einer Operette. Außerdem werden Sie erster Operettenbuffo.»

Ein fabelhaftes Angebot. Mehr, als ich verlangt hatte. Der Intendant blickte leicht säuerlich, der Kulturreferent mit wohlwollender Herablassung, bereit, den Freudenausbruch des jungen Schauspielers über sich ergehen zu lassen.

Der Anfänger Fröbe aber tat ihm den Gefallen nicht, sondern sagte, allerdings mit einem Frosch im Hals: «Meine Herren, ich danke Ihnen für Ihr Angebot, aber das hätten Sie mir vor zwei Monaten im Februar auch sagen können, denn da wußten Sie doch bereits, was ich Ihnen wert bin, jetzt machen Sie es, weil ich ein anderes Angebot habe. Ich muß Ihnen ganz ehrlich sagen, ich weiß nicht, ob ich morgen in – jetzt nannte ich zum ersten Mal die Stadt – Frankfurt engagiert werde, aber wenn ich Ihr Angebot jetzt akzeptierte, müßte ich ein Jahr lang das Gefühl haben, zu Kreuze gekrochen zu sein. Und das kann ich nicht.»

Aus war's. Keine Silbe brachte ich mehr heraus, schnell verließ ich das Zimmer und hab geheult.

Eine Stunde später war ich überzeugt, daß meine Ablehnung der größte Fehler meines Lebens gewesen sei. Zwei Stunden später meinte ich, daß ich gar nicht anders hätte handeln können, als ich gehandelt hatte. An Schlaf war in dieser Nacht nicht zu denken.

Am nächsten Morgen stand ich als achter Kandidat in Frankfurt auf der Vorsprechbühne. Zwei Stunden später war ich engagiert. Für 450 Mark Monatsgage.

Adieu, Wuppertal! Ich verließ dich, aber vergessen konnte ich dich nie. Die erste Bühne ist wie die erste Geliebte. Man vergißt sie nie. Ich weiß alles noch vom ersten Jahr in Wuppertal. Ich habe später größere Aufgaben bekommen, interessantere Rollen gespielt – aber nichts blieb mir so im Gedächtnis wie die ersten Schritte auf diesen zwei Bühnen in Barmen und Elberfeld.

ZWISCHENSTATION FRANKFURT
Entscheidung zwischen
Gießen und Wien

In Wuppertal hatte ich alle zwei Wochen in einer neuen Inszenierung gespielt. Ein enormes Lernpensum war dafür notwendig. Ich habe dabei Disziplin gelernt und mein Gedächtnis trainiert. In Frankfurt gab es weniger Premieren, aber mehr Intrigen. Es war eine Zeit, in der ich begann, mir Gedanken über die seltsame Spezies Mensch zu machen, die sich Abend für Abend Farbe ins Gesicht schmiert, um Menschen Charaktere vorzugaukeln, die sich ein anderer ausgedacht hatte, die aber erst durch den Schauspieler zum Leben erweckt werden.

Wenn ich es etwas hochtrabend ausdrücken darf: Um jeder Figur, die wir darstellen wollen, ihr eigenes Gesicht zu geben, sollte das Innenleben – die Seele – eines Schauspielers wie Wasser sein: rein, klar und farblos. Denn am Abend auf der Bühne muß er je nach Rolle das Wasser färben. Einmal muß er eine grüne Pille hineintun und den Leuten «Waldmeister» vorgaukeln. Er muß ganz fest daran glauben, ja, ich habe in meinem Glas

Waldmeister – so sehr muß er daran glauben, daß auch das Publikum Waldmeister sieht.

Der Vorhang fällt um elf Uhr, und es verschwindet der grüne Farbstoff, jetzt muß das Wasser wieder klar werden, denn schon am nächsten Abend muß er eine rote Pille hineintun und dem Publikum «Burgunder» vorgaukeln. Das kann er aber nur, wenn der Urstoff – das Wasser, die Seele – ganz klar ist.

Auch für die Arbeit vor der Kamera gilt das. Da ganz besonders. Großaufnahmen sind ja so entlarvend. Erst wenn der Kinogänger für sich feststellt: «Ja, solche Kerle wie den auf der Leinwand gibt es, so einen hab ich auch schon mal kennengelernt», erst dann war die «Färbung des Wassers» überzeugend.

In meiner Frankfurter Zeit stellte ich mir auch erstmals die Frage, warum und wie man Schauspieler wird. Ich weiß darauf heute sowenig eine Antwort wie damals. Den Text einer Rolle kann jeder lernen, aber die Begabung, ihn überzeugend zu verkörpern, die kann keiner lernen. Die hat man oder die hat man nicht. Talent geschenkt zu bekommen, ist eine Gnade. Um sich ihrer würdig zu erweisen, hat man eine Verpflichtung: man muß es gut verwalten, denn es ist ein göttliches Geschenk.

Auch an meinem Lebensabend weiß ich auf die Frage «Wie wird man Schauspieler?» nur jene Antwort, die unser alter Goethe so treffend formuliert hat:

> Wenn Ihrs nicht fühlt, Ihr werdets nicht erjagen.
> Wenn es nicht aus der Seele dringt
> Und mit urkräftigem Behagen
> Die Herzen aller Hörer zwingt.

Am Schauspielhaus Frankfurt stand ich jeden Abend auf der Bühne, spielte alles mögliche in den unterschiedlichsten Stücken, aber es schien mir nach einem Jahr an der Zeit, mich zu verändern. Es gab keine schwerwiegenden Gründe dafür, aber Kleinigkeiten summierten sich. So wurmte es mich z. B., daß ich nicht im Weihnachtsmärchen spielen durfte. An einem Theater, bei dem ich nicht im Weihnachtsmärchen mitspielen darf, hab ich nichts verloren. Das war damals meine Auffassung, und das ist sie noch heute.

Februar 1938, in der Zeit der Re-Engagement-Verhandlungen und Intendanten-Rundreisen, kam der Leiter des Stadttheaters Gießen nach Frankfurt. Ich sprach ihm vor. Er erklärte mir in schöner Offenheit: «Ich habe für das Fach noch jemanden in Berlin auf meiner Liste, den schau ich mir übermorgen an, wenn der nicht so gut ist wie Sie, dann haben Sie den Vertrag. In acht Tagen bin ich wieder da.»

Dagegen war nichts zu sagen. Ich mußte abwarten. Inzwischen stand ich aber auf der Liste bei einem Agenten, der Schauspieler vermittelte. Er hieß Koschmieder, saß in Berlin und wußte, daß ich von Frankfurt wegwollte.

Regisseure und Intendanten, die nach neuen Schauspielern Ausschau hielten, sahen in solchen Bühnen-Vermittlungen die Fotos durch. Das tat auch der Intendant des Deutschen Volkstheaters in Wien, Walter Bruno Iltz. Als er ein Bild von mir betrachtete, begann Koschmieder, wie es ja sein Geschäft war, mich in höchsten Tönen zu loben. Doch Iltz unterbrach ihn: «Sparen Sie sich Ihren Schmus, den hab ich in Wuppertal gesehen, den nehm ich sofort.»

Zur Vertragsunterschrift mußte ich nach Berlin. Das Geld für die Fahrkarte hatte ich mir von einem befreundeten Arzt borgen müssen. Nach der Vorstellung stieg ich in Frankfurt in den Nachtschnellzug, morgens um zehn war ich bei Koschmieder.

Dort erlebte ich wieder einmal das, was andere vielleicht als «Zufall» bezeichnen. Kaum hatte es geklingelt, zog mich Koschmieder in sein Büro und fragte atemlos vor Aufregung: «Haben Sie ihn gesehen?»

«Wen?»

«Den Intendanten aus Gießen! Er war eben bei mir und wollte einen Vertrag für Sie machen. 550 Mark im Monat, jetzt ist er nach Frankfurt, damit Sie dort den Vertrag unterschreiben. Ich fürchtete schon, Sie treffen sich auf der Treppe.»

Der Mann tat mir leid. Vor acht Tagen in Frankfurt hätte ich sofort für das Stadttheater Gießen unterschrieben. Jetzt aber war Wien mein Ziel, denn ein Engagement nach Wien, das war für einen jungen Schauspieler kein Schritt, sondern ein Panthersprung nach vorn.

Außerdem gab es 750 Mark im Monat.

GERT – DIE MEHRZWECKWAFFE

*Zwischen preußischem Stech-
schritt und Wiener Ballett*

Was macht ein junger Schauspieler, der Ende der Spielzeit, also Anfang Juli, an einem Theater aufgehört und erst am 1. September zur neuen Spielzeit in Wien am Deutschen Volkstheater anfängt?

Er schaut sich nach einem Engagement an einer Freilichtbühne um. In meinem Falle war es die in Marburg. Dort spielte und tanzte ich im «Sommernachtstraum» den Zeremonienmeister, eine Rolle, die nur für diese Aufführung eingefügt worden war. Es war nicht die einzige Neuerung bei dieser Inszenierung. Da die Musik Mendelssohn-Bartholdys seit 1933 «unerwünscht» war und nicht mehr öffentlich gespielt werden durfte, erklangen jetzt klassische Melodien zu Shakespeares Traumspiel.

Pünktlich zum 1. September war ich in Wien. Nun, es war kein normaler 1. September, sondern der 1. September 1939. Jener Tag, an dem «seit 5.45 Uhr zurückgeschossen» wurde. Diese Formulierung war die erste Lüge in diesem Krieg. Es wurde zwar geschossen, aber nicht zurück, sondern zuerst.

In Wien und in meinem Leben änderte sich durch den Krieg

zunächst kaum etwas. Wenn es doch der Fall gewesen sein sollte, habe ich es jedenfalls nicht gemerkt. Dazu war ich zu froh und zu stolz, an einer Bühne zu sein, die zu den drei großen Wiener Theatern gehörte.

Zwischen dem «Burgtheater», dem «Theater in der Josefstadt» und dem «Deutschen Volkstheater» herrschte damals eine gesunde Rivalität. In einer Spielzeit war jenes, in der nächsten ein anderes besser. Das hing von der glücklichen Hand bei der Spielplangestaltung, von den Regisseuren und dem Ensemble ab.

Am Deutschen Volkstheater waren in meiner ersten Spielzeit 1939/40 einige hervorragende Schauspieler engagiert. Curd Jürgens traf ich hier wieder, ein gewisser Otto Wilhelm Fischer – ja, damals schrieb er seine Vornamen noch aus – war jugendlicher Held, Anni Rosar und Karl Skraup gehörten dazu. Die Rollen, die ich spielen sollte, waren reizvoll, meist komische Liebhaber, aber auch Charakterchargen. Die Saison ließ sich gut an.

Bis zu jenem Morgen, an dem mir der Postbote meine Einberufung durch den Briefschlitz steckte. Und zwar prompt zur Infanterie, obwohl ich seit meiner Musterung wegen meiner Plattfüße ausdrücklich nicht zum «Fußvolk» eingezogen werden sollte.

Mein Intendant blieb gelassen: «Fahren Sie ruhig hin, das kann sich nur um einen Irrtum handeln, Sie stehen ja auf der ‹Führerliste›.»

In der «Führerliste» waren alle Schauspieler aufgeführt, die nicht eingezogen werden sollten. Ich gehörte dazu, weil ich in Wuppertal und Frankfurt sowohl ernste als auch komische Rollen und Operette gespielt hatte, also vielseitig verwendet werden konnte.

Pünktlich zum befohlenen Termin fand ich mich in der Kaserne bei der zuständigen Infanterie-Einheit in Retz an der österreichisch-tschechischen Grenze ein. Elegant, mit rotblonder

Künstlermähne und Lederköfferchen, reichte ich einem Hauptfeldwebel lässig meine Papiere:

«Ich muß Ihnen aber gleich sagen, Herr – Entschuldigung, ich
weiß Ihren Dienstgrad nicht –, daß es sich bei meiner Einberufung um einen Irrtum handelt.»

Kurzer Blick zu mir: «Was hier ’n Irrtum ist, entscheiden wir!
Zuerst mal müssen wir einen Menschen aus Ihnen machen – die
Haare müssen runter, so können Sie doch nicht vor den Hauptmann treten, das überlebt der nicht.» Der Versuch, ihm zu
erklären, daß ich mir die Haare eigens für eine Clown-Rolle
hatte so lang wachsen lassen, um keine Perücke tragen zu
müssen, gab ich nach den ersten Worten auf.

Der Hauptfeldwebel hat dann seinem Hauptmann das Leben
gerettet, indem er mir höchstpersönlich die Haare schnitt. Ich
sah aus – man lasse es mich im Soldatendeutsch sagen – wie ein
Arsch mit Ohren.

Ich blieb in der Kaserne und bekam Feldgrau verpaßt. Nach
dem dritten Anschiß verzichtete ich darauf zu erklären, daß alles
ein Irrtum sei, und allmählich dämmerte mir, was passiert war.
Das Karnickel, das alles eingebrockt hatte, war ich selber.

In Frankfurt war ich nach der letzten Vorstellung noch in der
Nacht ins Engagement nach Marburg gefahren und hatte vergessen, mich beim Wehrbezirkskommando abzumelden, wozu
man verpflichtet war – auch wenn man auf der «Führerliste»
stand.

Als man mich in Frankfurt nicht mehr erreichte, begann die
Suche nach dem gemusterten Gert Fröbe, bis man mich in Wien
aufstöberte. In der Zwischenzeit galt ich bei den Militärbehör-
den als Fahnenflüchtiger oder Dachinierer – was der österreichi-
sche Ausdruck dafür ist.

Mein Intendant war verzweifelt, er mußte dauernd umbeset-
zen und machte eine Eingabe nach der anderen, um mich
freizubekommen. Aber so was dauerte damals genauso lange
wie heute.

Ich aber sagte mir, wenn du nun schon mal dieses feldgraue Kostüm tragen mußt, dann nimm es wirklich als Kostüm, denk dran, daß du Schauspieler bist. Nach dem Endsieg – es war 1940, und alle glaubten daran (auch die, die sich heute nicht mehr daran erinnern wollen) – werden Militärstücke auf den Bühnen gefragt sein. Also, Gert, nutz die Zeit, in der du kostenlos Unterricht im Paradeschritt erhältst.

Ich war ein gelehriger Schüler meiner Unteroffiziere. Sie konnten es nicht fassen, daß einer nicht genug vom Grüßen durch Handanlegen an die Mütze und vom preußischen Stechschritt bekommen konnte, sondern sich in «Privatunterricht» von einem Feldwebel auch jene militärischen Rituale beibringen ließ, die bei einer Grundausbildung im Krieg den Rekruten nicht mehr beigebracht wurden.

Diese intensive Beschäftigung mit militärischen Angelegenheiten hat mir in einem Film sogar genützt. In «Brennt Paris?» als General von Choltitz muß ich eine Art zu grüßen gehabt haben, die zwar generalsmäßig lässig war, die aber verriet, daß auch ein General einmal gelernt hatte, «Beim Grüßen muß die Hand mit dem Arm eine gerade Linie bis zum Ellbogen bilden, die Fingerspitzen berühren den Kopf unterhalb der Augenlider». Der Militär-Berater des Films jedenfalls, der darauf zu achten hatte, daß alles an Uniform, Abzeichen und Orden stimmte, schnarrte anerkennend: «Bei Ihnen merkt man doch gleich, daß Sie gedient haben.»

Damit soll es mit der feldgrauen Einlage genug sein. Nichts hasse ich mehr, als wenn Männer die Gemütlichkeit einer Stammtischrunde durch ihre Soldatengeschichten zerstören. Ich denk dann immer, ja verdammt noch mal, ist euer ziviles Leben wirklich so langweilig und fad, daß ihr dauernd von diesem Zwischenspiel in Uniform reden müßt?

Nach zwei Monaten kam endlich aus Berlin eine Antwort auf die Freistellungsanträge meines Intendanten. Wer glaubt, daß ich mir sofort die Uniform wieder ausziehen konnte, kennt die

Preußen nicht. Die Verfügung besagte: «Fröbe, Gert ist tagsüber bei der Wehrmacht in einer Tätigkeit zu beschäftigen, die nicht zu anstrengend ist. Er hat ab 17 Uhr das Recht, im Theater zu probieren und zu spielen.»

Eine absolut blödsinnige Anordnung, aber ich hab sie vier Jahre lang befolgt. Tagsüber war ich Sanitäter im «Krankenhaus der barmherzigen Brüder», das zu einem Wehrmachtslazarett umfunktioniert worden war. Bis zum Sanitätshauptfeldwebel habe ich es gebracht und war sogar berechtigt, Spritzen zu setzen, wenn der Arzt ausfiel.

Abends stand ich dann auf der Bühne des Deutschen Volkstheaters. Am Tage Sanitäter, abends Schauspieler. Das klingt nach zwei Welten, aber mir dämmerte bei diesem täglichen Rollenwechsel, wie viel Gemeinsames beide Berufe doch haben. Beide müssen sich in andere Menschen hineindenken können, wenn sie ihnen helfen oder wenn sie sie verkörpern wollen.

Die Kaserne sah ich kaum. Mein Leben spielte sich zwischen dem Lazarett, dem Theater und meiner Wohnung in der Stiftgasse ab. Dort – ich war ein sogenannter «Heimschläfer» – hatte ich für mich und meine erste Frau eine möblierte Atelierwohnung gemietet, die – wie ich später erfuhr – Elisabeth Bergner immer gemietet hatte, wenn sie in Wien gastierte. Gewohnt habe ich eigentlich nur sonntags in den Räumen. Die Woche über ging ich morgens in Uniform ins Lazarett, und abends kam ich todmüde vom Theater nach Hause. Diese Doppelbeschäftigung brachte mir bei den Kollegen den Spitznamen «Gert, die Mehrzweckwaffe» ein.

NÄCHTLICHE BEGEGNUNG

Meine sächsische Hypothek

Mit Curd Jürgens verstand ich mich in Wien ebensogut wie damals in Berlin. Curd war ein guter Schauspieler, aber ein noch besserer Schachspieler. Standen wir in einem Stück gemeinsam auf der Bühne, trafen wir uns vorher im Café «Raimund» gegenüber vom Volkstheater und spielten eine Partie. Curd spielte Weltklasse.

Eines der Stücke, in dem wir zusammen spielten, war «Das kleine Hofkonzert» von Paul Verhoeven und Toni Impekoven. Eines der damals so beliebten Kostümstücke. Wahrscheinlich kamen sie in Mode, weil sie keine politische Tendenz hatten und daher unverfänglich waren.

Curd und Paula Pfluger waren ein Liebespaar in diesem Biedermeier-Lustspiel, ich spielte mit meinen 27 Jahren einen uralten sächsischen Krauterer. Einen richtigen boshaften Alten, mit abstehendem Weißferdl-Schnurrbart. Die stehende Rede dieses Ekels war: «Sie werden schon sehen, wen Sie vor sich haben!» Und das auf sächsisch. Das Stück wurde 1944 verfilmt, und wer spielte da meine Rolle? Mein alter Lehrer Erich Ponto.

An einem Abend ging ich nach der Vorstellung nicht gleich nach Hause, sondern machte einen Spaziergang durch das verdunkelte Wien. Den Graben runter, dann wieder die Kärntnerstraße rauf, schließlich Richtung Stiftgasse. Am Ende der verdunkelten Kärntnerstraße hörte ich mehr als ich sah, daß jemand vom Bordstein abkippte und auf die Straße fiel. Eine Frau, eine ältere Dame.

Als ich sie aufhob, merkte ich, daß ihre Arme nur noch Knochen waren. Ihr Gesicht war unnatürlich blaß, fast gespenstisch. Später habe ich erfahren, daß sich viele Frauen, weil es doch kein Puder mehr gab, Mehl aufs Gesicht tupften, wenn sie ausgingen. Als ich die Dame aufgerichtet hatte, wollte sie unbedingt allein weiter. Mir erschien sie jedoch so hilfsbedürftig, daß ich erst einmal fragte, wo sie denn wohne.

In der Stiftsgasse.

In meiner Straße also. Das sagte ich jedoch nicht, sondern versicherte ihr, daß dies genau in meiner Richtung liege und wir zusammen gehen könnten. Ich hakte sie unter, und wir schritten in die Dunkelheit.

Unterwegs begann sie zu sprechen, von Satz zu Satz wurde sie lockerer, schließlich sprudelten die Worte nur so heraus: «Also, ich muß Ihnen etwas erzählen, ich habe heute abend ein ganz großes Erlebnis gehabt, ich war im ‹Volkstheater›, und da hat ein Mann gespielt, genau wie mein verstorbener Mann. Mein Mann war Mathematikprofessor in Prag. Hat auch so gesprochen wie dieser Schauspieler. Mein Mann war nämlich aus Sachsen. Der Darsteller war genauso ein Choleriker wie mein Mann, der hat sich auch immer über jede Kleinigkeit aufgeregt.»

Alberner Zufall. Ausgerechnet der Mann, der sie aufgehoben hatte, war es, der sie an ihren verstorbenen Mann erinnerte. Sagen oder nicht sagen? Ich entschied mich, zu schweigen. Erst an ihrer Haustür verabschiedete ich mich von ihr auf sächsisch: «Nu schlafen Se mal scheen, dann wärn Se schon sähn, wen Se vor sich hadden!»

Noch bevor sie reagieren konnte, war ich im Dunkel der Nacht untergetaucht. Dieser Satz war einer der wenigen, die ich außerhalb der Bühne bewußt auf Effekt sächsisch gesprochen habe.

Ich vermeide es sonst, denn daß ich aus Sachsen komme, das brauche ich auch heute noch nicht ausdrücklich zu betonen. In der Schule haben wir den Lehrer gefragt: «Herr Lehrer, wie wird das geschrieben, mit hardem oder mit weichem D.» Der Lehrer hat dann geantwortet: «Na, mit hardem D nadierlich!» und meinte mit T.

Wenn jemand mit solcher Hypothek Schauspieler werden will, dann ist dies eine kaum zu überwindende Barriere. Man kann an seiner Aussprache feilen, sie entsächseln, aber die Melodie der Sprache bleibt wesentlich erhalten. Gott sei Dank bleibt sie erhalten, denn ich finde es besser, man hört eine landschaftlich gefärbte Sprache als eine farblose, nackte wie beispielsweise das sterile Synchrondeutsch.

Am Anfang meiner Schauspielerkarriere aber, und besonders in Wien, haben es mir viele Kollegen recht schwergemacht. Hinter meinem Rücken tuschelten sie: «Der wäre ja ein ganz guter Schauspieler, wenn er nicht so sächsisch spräche.» Und nicht wenige, die das sagten, sprachen einen ordinären Ottakringer Dialekt.

Albert Bassermann hat mir – ohne es zu wissen – sehr geholfen, mich durch diese Hänseleien nicht unterkriegen zu lassen. Ich hab ihn zwar nie auf der Bühne gesehen, aber einen Tonfilm mit ihm. Darin sprach er mannheimerisch und war trotzdem großartig, daß ich mir sagte: Wenn einer mit dieser Sprache einer der größten Schauspieler werden konnte, dann habe ich vielleicht die Chance, wenigstens ein guter zu werden.

Diese Hoffnung war mir dann wichtiger als die Hänseleien der Kollegen, und so bin ich schließlich mit meiner »Sächsischen Hypothek« fertig geworden.

ZWISCHENTÖNE AUS DEM PARKETT
Ein «hinterhältiges» Extempore

In «Trenck, der Pandur», einem Theaterstück von O. E. Groh, stand ich mit Otto Wilhelm Fischer auf der Bühne. Er spielte den Trenck, ich einen Offizier. Mit ihm zu spielen, war nicht einfach. Er war bereits damals ein faszinierender Schauspieler, aber er hatte so seine Eigenheiten. Wenn beispielsweise von der Regie festgelegt war, sein Auftritt habe von links zu erfolgen, dann kam er tatsächlich einige Male von dort. Eines Abends – vielleicht heute, vielleicht morgen – kam er dann von rechts. Ohne vorherige Ankündigung. Einfach nur, weil er es für besser hielt. Solche Eskapaden erforderten von seinen Partnern ein gerüttelt Maß an Geistesgegenwart.

Auch mit mir hat er ein solches Überraschungsspielchen versucht. Allerdings nur einmal. Statt von links, wie es die Regie bestimmt und wohin ich mich als sein Partner orientiert hatte, kam er unverhofft von rechts. Was blieb mir anderes, als mich umzudrehen und zu extemporieren:

«Das war wieder echt Trenck! Immer für eine Überraschung gut! Ich hatte Sie aus jener Tür erwartet», und dabei zeigte ich zur linken Seite.

Von der nächsten Vorstellung an kam er wieder von links. Doch dann wurde er krank, und einer mußte über Nacht seine Rolle übernehmen. Die Wahl fiel auf mich, weil ich die meisten Szenen mit ihm zusammen hatte und deshalb Trencks Texte besser kannte als ein anderer. Selbst jene Trenck-Szenen, in denen ich nicht mitwirkte, kannte ich, denn im Volkstheater gab es eine Lautsprecheranlage, über die alles, was auf der Bühne gesprochen wurde, ins Konversationszimmer und die Garderoben übertragen wurde.

Also, schwarze Perücke auf, Bart angeklebt und Trenck gespielt. Mit meinen 1,86 war ich schon ein imponierender Pandur. Größe und Auftreten machten den sächsischen Anklang wett. Schrieben jedenfalls die Kritiker.

Das Stück spielten wir oft vor Soldaten. Spätestens wenn der Vorhang aufging, wußten wir, daß es eine Wehrmachtsvorstellung war. Man roch es.

Bei einer dieser Aufführungen an einem Sonntag nachmittag ereignete sich Unvorhergesehenes: Im letzten Akt wird Trenck zur Kaiserin Maria Theresia befohlen. Er muß seinen Degen abgeben, weil er einem Befehl zuwider gehandelt hat. Da seine Eigenmächtigkeit aber zum Sieg geführt hat, erhält er statt seines

Degens etwas viel Wertvolleres: das Schwert der ungarischen Krone. Große Szene!

Maria Theresia spielte Dorothea Neff, eine überragende Schauspielerin, leider war sie damals schon fast blind. Um sie waren ein Dutzend Hofdamen im Reifrock mit nackten Schultern und tiefen Dekolletés versammelt. Erfreulich runde Anblicke.

Ich kniete als Trenck vor meiner Kaiserin und überreichte ihr meinen Degen. Stumm nahm sie ihn, gab ihn einer Hofdame, eine andere übergab ihr das ungarische Prunkschwert. Lautlose Pantomime. Strafe und Lob in einer bedeutenden Szene zusammengefaßt. Der absolute Höhepunkt des Stücks. Ehrfürchtige Stille. Genau in diese Stille hinein ließ einer der feldgrauen Zuschauer mit Donnergetöse einen fahren.

Aus war es mit der Feierlichkeit. Die halbblinde Maria Theresia schaute mich an – ihr Gehör war noch sehr gut–, die Hofdamen drehten sich mit dem Rücken zum Zuschauerraum, vor lauter unterdrücktem Lachen hüpften 24 Möpse in den zwölf Dekolletés. Nur ich mußte mit unbewegtem Gesicht der Kaiserin in die Augen schauen. Lachen auf der Bühne, Lachen im Zuschauerraum – die hochdramatische Szene drohte in Gelächter unterzugehen. Kurz entschlossen griff ich mir resolut das Prunkschwert. Noch bevor Maria Theresia sagen konnte «So überreiche ich dir, Trenck, das Schwert der ungarischen Krone», ließ der beherzte Inspizient vorzeitig den Vorhang fallen.

Den armen Hund aber, dem das Mißgeschick widerfahren war, haben sie eingelocht, weil er mit seiner «Einlage» angeblich extra bis zu dieser Stelle ehrfürchtiger Stille gewartet habe.

In meinen Augen aber war er ein Humorist ... in der Erinnerung habe ich noch oft darüber gelacht.

PS: Übrigens gab es damals für die Soldaten auf einem kleinen Notizblatt fünf Benimmregeln, wie man sich im Theater zu verhalten habe. Beim Betreten wurde den Soldaten dieser Zettel in die Hand gedrückt.

Der fünfte Punkt hieß: «Der deutsche Soldat klatscht am Schluß der Vorstellung so lange, bis sich der Vorhang dreimal erhoben hat.» Prompt hörte nach dem dritten «Vorhang» der Beifall immer auf.

DIE LEINWAND LOCKT
Wie ich beim Film die Puppen tanzen ließ

In meiner Wiener Zeit bekam ich auch ersten Kontakt zum Film. Es erging mir dabei genau wie seinerzeit in Dresden – zum Film wie zur Bühne kam ich auf Umwegen. Beim Theater über die Malerei, beim Film als Modelleur von Puppen.

Ich bastelte Puppen für einen Kulturfilm über die Entwicklung der deutschen Puppe von den ollen Germanen – bei denen begann damals alles und jedes – über Bauernpuppen und besonders prächtigen für Fürstenkinder bis hin zur Käthe-Kruse-Puppe mit Schlafaugen und Pfirsichwangen.

Ich formte nicht nur die Puppen aus Wachs, sondern diese sollten sich im Film auch bewegen. So habe ich für jede einzelne Kameraeinstellung ihre Arme und Beine um eine Winzigkeit verändert, ähnlich wie bei Zeichentrickfilmen die einzelnen Zeichnungen sich um Millimeter voneinander unterscheiden, bis dadurch im Ablauf Bewegung entsteht. Eine Viechsarbeit, denn das Wachs schmolz unter der Hitze der Filmlampen oft rascher, als der Kameramann drehen konnte, aber es hat Spaß gemacht, *diese* Puppen tanzen zu lassen.

Bei dem Puppenfilm blieb ich unsichtbar. Auch bei meiner ersten richtigen Filmrolle war nicht viel von mir zu sehen. In dem Film «Die Kreuzlschreiber» nach Ludwig Anzengrubers gleichnamigem Stück hatte ich nicht viel mehr zu tun, als mit einem Schlapphut als depperter Bauernbursch durchs Bild zu laufen. Kein Filmnachschlagewerk erwähnt meine «epochale» Leistung. In normalen Zeiten hätte man dafür einen Komparsen genommen, 1944 aber rissen wir Schauspieler uns um die kleinste Filmrolle. Die Bühnen hatten schließen müssen – «Die deutschen Theater stehen geschlossen hinter dem Führer», ulkten wir mit Galgenhumor–, und nur die Mitwirkung in einer Filmproduktion konnte die Einberufung zur Wehrmacht oder, wie in meinem Fall, den Marschbefehl zur Front hinauszögern.

«Die Kreuzlschreiber» war einer der typischen Überlebensfilme, von denen trotz «Totalem Krieg» 1944 sage und schreibe über fünfzig in Arbeit waren. Die meisten wurden nie fertig.

Auch die Aufnahmen für unseren Film wurden mit allen Finessen in die Länge gezogen. Die Motive für die Außenaufnahmen lagen unterhalb des Großglocknermassivs. Das schmückte den Film, und uns gab es Sicherheit. Wir sahen zwar die Bombenpulks in Richtung Deutschland fliegen, aber für ihre Bomben waren wir zu unwichtig.

Kein Wunder, daß am Drehort auch Mitarbeiter erschienen, die sonst nie bei Außenaufnahmen dabei waren: unser Komponist zum Beispiel. Werner Bochmann. Er hat die Musik zu mehr als 120 Filmen geschrieben, und mit «Heimat, Deine Sterne», «Gute Nacht, Mutter» und «Die kleine Stadt will schlafen gehn» sind ihm Lieder geglückt, die jedermann mitsang. Eine Melodie von ihm mag ich besonders gern. Sie hat etwas von der einfachen Schönheit Schubertscher Melodien: «Du warst für mich der schönste Liebestraum...»

Angesichts des Großglockners lernten wir uns kennen. Nicht bei den Filmaufnahmen, sondern an einem meiner zahlreichen drehfreien Tage. Da zog ich mit der Staffelei in die Gegend und malte. Möglicherweise hängen noch einige dieser Bilder dort in Gehöften. Sie hätten dann die Zeit besser überstanden als die Butter und das Geselchte, das ich dafür bekam.

Werner Bochmann schaute mir beim Malen über die Schulter. Vom ersten Satz an verband uns mehr als die Gemeinsamkeit der Sprache. Er war aus Merane, keine 15 Kilometer von Planitz und Zwickau entfernt. Weder er noch ich konnten ahnen, welche «Weichenstellung» für meine Zukunft sich aus dieser Begegnung ergeben würde, denn noch bevor alle Außenaufnahmen «im Kasten» waren, wurde ich zu einer Sanitätseinheit an die Westfront in Marsch gesetzt. Die Westfront verlief allerdings bereits mitten durch Deutschland. So kam ich – wenn auch anders als einmal vorgesehen – doch noch nach Gießen und sah mir das Stadttheater an, in dem ich um ein Haar eine Saison gespielt hätte. Jetzt war der Hauptverbandsplatz meine «Bühne», und auch das nur kurze Zeit. Wir zogen uns «siegreich» nach Bayern zurück.

Dort war es im April 1945 schwieriger, Quartiere zu finden, als jetzt in der Hochsaison. Niemand wollte mehr Soldaten in seinem Haus haben. Von Vaterlandsverteidigern waren wir zu Risikofaktoren geworden.

Schließlich fand ich für unsere kleine Sanitätseinheit eine Bleibe. Im Nebentrakt eines Besitzes, fast eines Schlößchens, bei Icking. Bedingung der Besitzer war: «Benutzen Sie nur den Nebeneingang.» Vor diesem Nebeneingang hoben wir fünf Sanitäter die Hände hoch, als der erste Jeep mit amerikanischen Soldaten die Landstraße heraufkam.

Gut zwei Jahrzehnte später bot mir ein Makler ein schönes Stück Grund mit einem Haus bei Icking an. Die Fotos gefielen mir, und ich fuhr hin. Wie ich vor dem Hauptportal stand und die ganze Pracht auf mich wirken ließ, kam ein alter Verwalter und schaute so kritisch, daß ich schon dachte, ich wäre ihm als neuer Besitzer nicht recht, bis er mit der Sprache herausrückte: «San Sie net der Sanitäter Fröbe? Eahna Kist'n is aa no do!»

Tatsächlich holte er meine alte Sanitätskiste vom Boden. Es war das Haus, dessen Nebentrakt ich Ende April 1945 nur vom «Dienstboteneingang» hatte betreten dürfen.

Ich hab Haus und Grundstück gekauft und fast zwanzig Jahre darin gelebt.

Was hätte ich im Mai 1945 dafür gegeben, wenn ich wenigstens die Spritzen aus der Sanitätskiste mit auf den Lkw hätte nehmen dürfen, mit dem uns die Amis in das PW-Camp nach Bad Aibling brachten. Vielen Verwundeten dort hätte geholfen werden können. Schlimm, was sich in dem Gefangenenlager abspielte. Sogar das Wetter war gegen uns, es regnete in Strömen, der Boden war nur noch tiefster Matsch. Unmöglich, sich hinzulegen. Wir schliefen sieben Tage im Stehen. Typhus breitete sich aus. Die Amerikaner wurden vom Kriegsende und der Flut der kapitulierenden Einheiten übermannt. 10 000 gefangene Soldaten waren allein in unserem Camp zusammengepfercht.

Jeden Tag kamen Offiziere aller vier Alliierten und stellten Transporte zusammen, die in Lager in Frankreich, Rußland, England oder den USA gingen. Nur Kranke, Verwundete und wir Sanitäter blieben im Camp Bad Aibling, bis wir in Richtung Heimat entlassen wurden.

Heimat, das klang wie Hohn. Da führte kein Weg hin. Mit nichts in der Tasche, mit durchgelaufenen Schuhen, ließen sich keine großen Sprünge machen. Beim Überlegen, wer denn von Freunden oder Bekannten in Bayern lebte, fiel mir ein, daß damals am Großglockner Werner Bochmann gesagt hatte: «Wenn Sie der Weg über Schliersee führt, besuchen Sie mich doch mal!» Das war mehr oder weniger eine Höflichkeitsfloskel gewesen. Bestenfalls eine Einladung zu einer Tasse Tee. Aber Mai 1945 klammerte man sich an solche Strohhalme.

Ich marschierte nach Schliersee, fragte mich zu Werner Bochmanns Häuschen durch. Er nahm mich auf, trat mir eines seiner drei Zimmer ab. Alles ohne große Worte. Danke, Werner.

Zauberformel «Bunter Abend»
gegen grauen Alltag

B unte Abende» hieß die Zauberformel gegen die Tristesse der Vorwährungsreformzeit. In Schliersee organisierten Werner Bochmann und ich die «Bunten Abende». Im Ortskino sang statt Zarah Leander die Frau eines Versicherungsdirektors und statt Johannes Heesters ein Schneidermeister, der es später mit seinem Tenor zu lokalem Ruhm brachte.

Den Flügel hatten wir über holprige Waldwege mit einem Ochsengespann von einem Berggipfel aus einer entlegenen Scheune geholt, wohin er «ausgelagert» worden war. Ich machte die Ansagen und trug solide Klassik vor. Die großen Monologe aus «Don Carlos» oder Balladen wie «Die Bürgschaft» habe ich nicht nur gesprochen, sondern gespielt. Richtig mit klassischem Pathos und großen Gesten.

Der Star der Abende war Werner Bochmann mit eigenen Melodien am Flügel. Für seine Auftritte hab ich gut fünfzig Plakate selbst beschriftet und ausgehängt, wie einst in Zwickau für «Gert Fröbe und seine Solisten».

Vom ersten Abend an waren unsere Vorstellungen ausverkauft. An Eintritts-*Geld* waren wir nur sehr bedingt interessiert. Was sollten wir mit Papierscheinen. Lebensmittel und Cigaretten waren gefragt.

Werner Bochmann hat sich zwei Jahrzehnte später noch an unsere ersten Einnahmen erinnert: «Ein Kilo Würfelzucker und ein Liter Himbeersaft!»

Was waren dagegen 100 Tapetenmark!

An zweierlei aber war nur über GIs zu kommen: Cigaretten und Erdnußbutter. Beides brauchte ich nicht für den Eigenbedarf, sondern zur Weiterleitung. Die Cigaretten zum Lebensmitteltausch, die Erdnußbutter für die Liebe. Dieses erst durch die Amis eingeführte Fett war die Leidenschaft einer jungen Dame aus Starnberg, die wiederum damals meine Leidenschaft war. Immer wenn sie nach Schliersee kam, fragte sie nach mir und nach Erdnußbutter. Sie kam sehr oft und, wie ich glaube, auch gern ...

Deutsche Klassikertexte waren denkbar ungeeignet, um bei GIs an Cigaretten oder Erdnußbutter zu kommen, aber, sagte ich mir, es wär doch gelacht, wenn ein Ami aus Milwaukee nicht bereit wäre, für ein Porträt von sich etwas an Naturalien springen zu lassen. Also setzte ich mich mit Stift und Zeichenblock auf den Kirchplatz von Schliersee und arbeitete als Schnellzeichner. In ein paar Minuten war so eine Zeichnung fertig. Mein «Geschäft» florierte. Oft warteten bis zu fünfzehn Amis geduldig hintereinander.

Meine Kunden waren zufrieden. Vorsichtshalber habe ich jedoch diese Kunstwerke mit Alois Huber signiert. Kleine Vorsichtsmaßnahme, falls ich doch eines Tages ein anerkannter Maler werden sollte.

Nach unseren «Bunten Abenden» verließen Werner Bochmann und ich immer als letzte das Kino in Schliersee. Vor uns lag noch ein Fußweg von gut einer Stunde bis zu seinem Haus. Auf einem dieser Nachtmärsche blieb Werner plötzlich stehen und sagte ohne jede Einleitung: «Gert, du müßtest Morgenstern machen?»

«Wen?»

«Christian Morgenstern, du kennst doch seine Gedichte!»

Inzwischen war ich sechsunddreißig geworden, aber von Morgenstern hatte ich nie etwas gehört. Das hatte nichts mit meiner Unbildung zu tun, nach 1938 war es schwierig, wenn nicht unmöglich, mit einem Namen wie Morgenstern gedruckt zu werden. Auch wenn man «arisch» war wie Christian Morgenstern, dafür aber Gedichte geschrieben hatte wie beispielsweise diese beiden Vierzeiler:

Auf Juden hör ich immer gerne,
damit von ihnen meine Zunge lerne.
Sie schärften sie dreitausend Jahre:
Nun spalten sie damit die feinsten Haare.
Und wieviel Haare hat es nicht, das Wahre!

oder:

Erfahr ich, wie Mitchristen sich gebärden,
möcht ich aus Scham und Ingrimm Jude werden.
Noch mehr! Wie's Jude, Christ und Heide treiben,
verwehrt mir fast, noch länger Mensch zu bleiben.

Aber diese Verse lernte ich erst später kennen, genau wie ich erst später erfuhr, daß es sogar eine Feldpostausgabe seiner «Galgenlieder» gegeben hatte.

Werner und ich mögen gegen ein Uhr nachts in seinem Haus angekommen sein, sein erstes war, einen Band Morgenstern aus dem Bücherschrank zu angeln. Er hieß «Der Böhmische Jahrmarkt» und war bei Piper in München erschienen. Den drückte er mir in die Hand und befahl: «Lies!» Dann ging er nach nebenan, setzte sich an den Flügel und phantasierte.

Ich blätterte in den Seiten, wie man eben in einem aufgenötigten Buch blätterte. Das erste, was im Inhaltsverzeichnis bei mir haften blieb, war die Überschrift «Gespräch einer Hausschnecke mit sich selbst». Ich fand sie so ungewöhnlich, daß ich das Gedicht aufblätterte und zu lesen begann:

Soll i aus meim Hause raus?
Soll i aus meim Hause nit raus?
Einen Schritt raus?
Lieber nit raus?
Hausenitraus–
Hauseraus
Hausenitraus
Hausenaus
Rauserauserauserause...

(Die Schnecke verfängt sich in ihren eigenen Gedanken oder vielmehr diese gehen mit ihr dermaßen durch, daß sie die weitere Entscheidung der Frage verschieben muß.)

Es war der erste Morgenstern-Text meines Lebens. Er gefiel mir, gefiel mir auf Anhieb. Ich las ihn noch mal, formte dabei Lippen, Gesicht und Schultern, als wäre ich die Schnecke, die diese Gedanken aussprach. Ich ging ins Nebenzimmer.

«Werner, hör mal zu!»

Er drehte sich auf seinem Klavierschemel zu mir.

«Wie findest du das?» legte das Buch neben mich, las und spielte dabei das «Gespräch einer Hausschnecke mit sich selbst».

Werner saß da und starrte mich an. Eine Ewigkeit. Jedenfalls kam es mir so vor.

«Gert, das ist es! So und nicht anders!»

Mehr sagte er nicht. Ich ging wieder in mein Zimmer und las weiter. Ungestört. Draußen im Mondschein standen ein paar Rehe auf der Lichtung, irgendwo lauerte sicher ein Dachs.

Als das erste Büchsenlicht dämmerte, hatte ich alles gelesen, was im «Böhmischen Jahrmarkt» stand.

Es war, als hätte ich gefunden, wonach ich schon immer insgeheim gesucht hatte, ohne es zu wissen.

Über Jahrzehnte ist die «Schnecke» eines der wichtigsten Gedichte bei meinen Abenden geblieben. Für mich, aber – wie ich zu wissen glaube – auch für mein Publikum. «Die Schnecke» gehört zu meinem Stammrepertoire. Selbst wenn ich nur zwei, drei Morgenstern-Gedichte vortrage, ist «sie» immer dabei. Dieses Gedicht ist nicht nur der Beginn meiner Bindung an Morgenstern, sondern mit ihm ist auch eines der schönsten Komplimente verknüpft, das mir von einem Unbekannten gemacht worden ist.

Ein Freund hat es mir berichtet und sich für seine Wahrheit verbürgt. Er ist Jurist. Ich hatte im oberbayerischen Miesbach an einem Samstag eine Vorstellung gegeben, bei der er unter den Zuschauern war. Bei einem Spaziergang am nächsten Tag sah er vor sich einen Bauern und dessen Frau im Sonntagsstaat. Er erkannte beide wieder, sie waren ebenfalls in meiner Vorstellung gewesen. Mitten im Voranschreiten hielt der Mann plötzlich seine Frau fest, weil eine Schnecke über den Weg kroch. Die Frau erschrak, und der Bauer erklärte ihr: «Du, Oide, tritt ned drauf. Des is da Fröbe!»

Damals bei der nächtlichen Lektüre in Werner Bochmanns Schlierseer Haus wurde aus Christian Morgenstern und Gert Fröbe ein Paar. Der Trauzeuge bei dieser Verbindung war ein junger Mann des Piper Verlags, bei dem ich noch vor der Währungsreform wegen der Erlaubnis, Morgenstern-Gedichte öffentlich vorzutragen, nachfragte. Er besorgte mir für meine Rezitationen die Zustimmung Margarethe Morgensterns, der Witwe des Dichters. Diese selbstlose Hilfe hab ich der Witwe, aber auch dem Piper-Mitarbeiter nie vergessen. Er hat heute einen eigenen Verlag, heißt Dr. Albrecht Knaus. Und deshalb ist nicht nur verständlich, sondern für mich selbstverständlich, daß dieses Buch in seinem Verlag erscheint.

Von da an hat mich Morgenstern mein Leben lang begleitet, auch als er eine Zeitlang durch Filmarbeiten verdrängt zu werden schien, war er immer in meinem Herzen. Morgenstern war mein Leitstern. Darin hat mich auch eine Kritik wie die nachstehende nicht beirren können: «Der Mann [ich] hat keine Ahnung, wer Morgenstern war!» Aber gewurmt hat mich der Satz schon. So sehr, daß ich in einem Brief schrieb: «Möglich, daß andere einen anderen Zugang zu Morgenstern vorziehen, dies ist nun mal der meine.» Geschrieben hab ich den Brief, aber nicht abgeschickt, sowenig wie ich mir die Kritik aus der «Neuen Züricher Zeitung» vom 19. März 1979 eingerahmt habe: «Morgenstern vor Fröbe ist ein anderer als Morgenstern nach Fröbe.»

Wie ein Sachse den anderen sieht

Mitte 1946 sah ich auf dem Marktplatz von Schliersee einen Mann aus einem Jeep klettern, der mir bekannt vorkam. Und zwar von Karikaturen. Sie waren in meiner Jugend auf der Rückseite von Kinderbüchern wie «Emil und die Detektive» und «Das doppelte Lottchen».

Ja, der Mann war Erich Kästner, damals Feuilletonchef der «Neuen Zeitung». Einem Blatt, das die amerikanische Militärregierung mit Hans Habe als Chefredakteur in München herausgab. Erich Kästner – auch ein Sachse in Oberbayern!

Ich sprach ihn an, er zeigte sich aufgeschlossen, neugierig, zuhörbereit. Wir zogen in ein Gasthaus, in dem das Dünnbier ein bißchen stärker war als in anderen. Ich wollte ihm erklären, was mir vorschwebte. Er hat es dann viel besser in einem Artikel beschrieben, der am 7. August 1949 erschien – hier ist er:

«Gert Fröbe hat mancherlei Talente und hält damit nicht hinterm Berge. Er fackelt nicht lange. Er breitet seine bunten Fähigkeiten vor dem Publikum mit dem Schwung des Geschäftsreisenden aus. Freilich auch, was wichtiger ist, mit der rücksichtslosen Einfalt eines von seinen Künsten Besessenen und Behexten. So kommt es, daß er uns mitreißt; sei das nun vom schmalen Podium des Kabaretts aus, von der Bühne oder von der Filmleinwand her. Bliebe ihm nichts anderes übrig, so ginge er auch auf die Jahrmärkte und in die Hinterhöfe der Vorstädte, um dort sein Wesen zu treiben. Es kann sogar geschehen, daß er uns im äußersten Falle *gegen* unseren Willen mitreißt. Früher gibt er keine Ruhe. Ja, nicht einmal dann. Das Maßhalten ist nun einmal nicht seine Sache.

Wir lernten einander zufällig kennen. Kurz nach Kriegsende. In Schliersee, auf der Dorfstraße. Schon eine halbe Stunde später saßen wir, auf sein Betreiben, in einem Bauernhaus am Tische, und der dünne, rothaarige Sachse weihte uns in seine Pläne ein. ‹Einweihen› klingt freilich viel zu sanft und gemütlich für das, was er tat. Um es anschaulicher und angemessener auszudrükken – er überfuhr uns! Wie eine Straßenbahn. Und machte uns zu ‹Anhängern›.

Er plante damals, unter anderem, eine monologische Szenenfolge, worin er die Geschichte des Theaters darstellen und zugleich parodieren wollte. ‹Ich komme also auf die Bühne›, sagte er und blickte uns wie ein Schlangenbeschwörer an, ‹komme raus und ziehe einen kleinen Handwagen voller Gerümpel hinter mir her. Den Thespiskarren, verstehen Sie? Das Gerümpel sind die Versatzstücke für die verschiedenen Szenen. Alles selber gemacht. Ich bin nämlich von Hause aus Bühnenbildner. Falls Sie das noch nicht wissen sollten. Na ja, ich stelle also einen winzigen antiken Tempel in die Nähe der Rampe, steige in kothurnähnliche Holzpantinen und karikiere die griechische Tragödie. Der Mensch mit seinem Schicksal als Schachfigur im Rat und Streit der Götter. Etwa folgendermaßen!›

Und nun legte er los. Er begann skurril auf der oberbayerischen Ofenbank hockend, sich als alter Grieche aufzuspielen und zu betätigen. In einem Griechisch, das kein Griechisch war und doch wie Griechisch klang. Mit einer Mimik, die ins Grimassieren überging. Durch Gesten, die in ihrer Verstiegenheit den kultischen Stil, die Rat- und Ausweglosigkeit des dem Untergang Geweihten treffend übertrieben und persiflierten. Es war großartig. Nur als er, ehe er sich anschickte, ins elisabethanische Zeitalter überzuwechseln und einen Narren aus Shakespeare in einem seltsam ans Englische erinnernden Kauderwelsch zu demonstrieren, nur als er sagte: ‹Hier im Zimmer kann ich natürlich nicht so aufdrehen, wie ich möchte, hier muß ich mich dezenter gebärden›, da befand er sich im Irrtum. Gert Fröbe kann nicht dezent sein. Es wäre nicht sein Stil. Es wäre eine Contradictio in subjecto.

Seit dieser Privatvorstellung in einem Schlierseer Bauernhaus sind vier Jahre vergangen, und Fröbe hat sich durchgesetzt. Als Pantomimiker. Als wunderlicher Rezitator Morgensternscher Gedichte. Als einprägsamer Filmschauspieler. Ob man ihm genug Gelegenheit bieten wird, sich in der Richtung seines spezifischen Talents zu entfalten? Denn er ist, obwohl er all das *auch* ist, im Grunde weder ein Rezitator, noch ein Kabarettist, noch ein Schauspieler, sondern ein Clown.

Der Clown, der ‹dumme August› ist seit alters der Rhapsode des Komischen, einsam, unbeweibt, den einfachen Dingen zugetan, allein in der Welt und allein auf der Bühne, in der Manege und auf der Leinwand, auch wenn es um ihn von Stichwortbringern wimmelt. Gerade in den letzten Jahrzehnten schlüpften geniale Einzelgänger und Sonderlinge in sein unsterbliches Habit. Wieviel Dank sind wir Grock, den Rivels, Chaplin und Karl Valentin schuldig, deren Kunst wir die nachhaltigsten Erinnerungen und ein unzerstörbares Lächeln verdanken!

Es heißt, Gert Fröbe sei ausersehen, im Film den ‹braven Soldaten Schwejk› zu verkörpern, jenen böhmischen Clown, der schon heute zur Weltliteratur zählt, der mit Hilfe seiner ‹Dummheit› jede Art Obrigkeit zur Verzweiflung treibt und so mächtig sie sich dünkt, in Ohnmacht fallen läßt. Als dieser Hundefänger und Unsoldat Schwejk könnte Fröbe sich und uns beweisen, ob er recht täte, seine Lebensstraße als Clown dahinzuziehen.»

PS: Leider – den «Unsoldaten Schwejk» zu spielen war mir nicht vergönnt. Aber Heinz Rühmann hat ihn ganz hervorragend verkörpert. Dafür habe ich mit dem Kindermörder in dem Dürrenmatt-Film «Es geschah am hellichten Tage», mit dem stummen Lennie in Steinbecks Stück «Von Mäusen und Menschen» und der Parodie auf einen kaiserlichen deutschen Oberst in «Die tollkühnen Männer in ihren fliegenden Kisten» eine andere, schillernde Skala angeboten. Zu gern wüßte ich, was Erich Kästner dazu gesagt hätte.

Eine der ersten Kleinkunstbühnen, die gleich nach dem Krieg in Düsseldorf eröffneten, befand sich im Künstler-Lokal «Bei Mutter Ey».

«Mutter Ey» war eine wohlbekannte Adresse bei jungen Malern. Bereits lange vor dem Kriege bezahlten sie bei ihr eine Mahlzeit mit einem eigenen Bild. Wie in Zürichs «Kronenhalle» hingen auch bei Mutter Ey an den Wänden Bilder aller Stile und jedweden Motivs bis unter die Decke. Eine gute Atmosphäre für literarisches Kabarett. Ich bin dort gern aufgetreten, habe Morgenstern rezitiert und meine Pantomimen gemacht.

Das Lokal war 1946 «in», entsprechend gemischt war das Publikum. Literaten, Schieber, Schauspieler, Einsame, Maler, Musiker und mitunter auch interessierte Alliierte. Die brachten ihren eigenen Whisky mit, sie taten gut daran, denn was damals unter dem Namen «Alkolat» ausgeschenkt wurde, konnte einen zum Antialkoholiker werden lassen.

Eines Abends verwickelten mich zwei Ausländer in Zivil – ich hielt sie für Amerikaner – in ein Gespräch. Über die Frage, wie es denn mit dem deutschen Theater weitergehen könnte, da doch fast alle Bühnen zerstört seien. Ich war sicher, daß sehr bald wieder Theater gespielt werden würde, ganz gleich, wo. Vielleicht in einer Scheune oder in einem Wartesaal.

Für diese Auffassung hatte ich Gründe, die ich an diesem Abend ungefähr so formulierte: Ein Theater kann nicht existieren ohne Publikum, ebensowenig wie es ohne Schauspieler bestehen kann. Mit einem Wort: Erst die Kombination von Schauspielern und Zuschauern bietet die Voraussetzung für das, was wir unter «Theater» verstehen, und für dieses Erlebnis ist es herzlich uninteressant, wo es stattfindet. Das kann ebenso auf dem Dorf auf einem Heuhaufen sein wie in der Stadt mitten auf der Straße.

Bei diesem letzten Satz hakte einer der Amis ein: «Sie glauben also, am hellichten Tag auf Düsseldorfs Kö Menschen durch Ihr Spiel so packen zu können, daß – sagen wir, ein Dutzend Passanten stehenbleibt?»

«Ja», hab ich gesagt. So kam es zur Wette. Wenn es mir gelänge, durch Worte und Gesten mindestens zwölf Passanten zum Stehenbleiben und Zuschauen zu bringen, sollte ich fünf Stangen Cigaretten bekommen. Das waren achttausend Mark! Gelang es mir nicht, mußte ich vor ihren Kameraden eine Vorstellung geben. Top – die Wette galt.

Düsseldorfs Prachtstraße, die Königsallee, lag damals noch in Schutt und Asche, aber Wette war auch damals Wette, und am nächsten Tag trafen wir uns um elf an der verabredeten Ecke. Die Amis hatten ihre Fotoapparate umgehängt und suchten einen besonders fotogenen Ort mit viel Fußgängerverkehr für meine Darbietung. Sie entschieden sich für die Trümmer, die von einem Palais übriggeblieben waren.

Auf die hab ich mich dann an diesem Vormittag gestellt und die Menschen beobachtet, die hier vorübergingen. Da merkte ich überhaupt erst, worauf ich mich eingelassen hatte. Ich stellte mir vor, was jeder Passant für ein Ziel haben mochte. Einer wollte vielleicht gerade zur Kartenstelle, jene Frau hatte möglicherweise Schwarzgeschlachtetes in ihrem Kinderwagen, ein Ehepaar in Schwarz war auf dem Weg zu einer Beerdigung – und all diese Einzelschicksale traute ich mir zu, aus ihren Gedanken zu reißen? Zum Zuschauen zu bewegen? Schierer Größenwahn!

Die Amis feixten und warteten. Da begann ich mit meiner Pantomime als Verkehrspolizist. Zunächst in der für einen Deutschen typischen Art, dann als Ami, Franzose und Russe regelte ich einen Verkehr, den es nicht gab. Zuerst mögen einige beim Vorbeigehen gedacht haben, ich spinne, aber dann blieben die ersten stehen. Da riskierte ich das erste Morgenstern-Gedicht. Es gab Beifall. Unfaßbar, aber wahr. Immer mehr Menschen blieben stehen, viele Kinder waren darunter. Also spielte ich einige Sketche für sie, bis sie herzlich lachten. Lachen steckt bekanntlich an – zum Beifall kam auch bei den Erwachsenen Lachen. Wo gelacht wird, bleiben die Menschen stehen – als ich aufhörte, waren gut und gern hundert Menschen um mein Trümmerpodium versammelt. Weit mehr als für die Wette notwendig. Ein Junge wollte mir sogar seinen kleinen Hund schenken, aber ich mußte mich erst einmal an die Amis halten, die fleißig fotografiert hatten. Fünf Stangen Cigaretten waren fällig. Sie hatten sie nicht dabei, weil sie so sicher gewesen waren, daß ich die Wette verlieren würde. Aber sie versprachen, übermorgen zu Mutter Ey zu kommen. Mit Cigaretten.

Sie kamen wirklich. Mit den Cigaretten. Sie grinsten, als sie mir ein druckfrisches Exemplar der US-Army-Zeitung «Stars and Stripes» vorlegten. Auf drei Seiten war mein Auftritt auf der Kö in Bild und Text beschrieben.

Die beiden waren Reporter, die aus unserer Wette journalistisches Kapital geschlagen hatten. So erfuhren die GIs, daß sich in Deutschland das Kulturleben schon wieder regte und daß es einem jungen Schauspieler gelungen war, durch seinen Vortrag Menschen dazu zu bringen, sich mitten auf der Straße Morgenstern-Gedichte anzuhören.

Dieser Vormittag auf der Kö war für mich ein ganz wichtiger Tag. Nicht weil ich eine Wette gewonnen hatte, sondern weil mir zum ersten Mal klar wurde, warum für mich der Schauspielerberuf zu den schönsten der Welt gehört: Ein Schauspieler kann durch sein Talent, das er vom Schicksal geschenkt bekam, Menschen glücklich machen.

DIE GROSSE ZEIT DER KLEINKUNST

Jeden Abend drei Auftritte auf drei
verschiedenen Bühnen

Meine erste Münchener Bleibe fand ich in einer Seitenstraße der Maximilianstraße, die damals in ihrem vorderen Teil noch Kanalstraße hieß. Die Wohnung gehörte einem Lokomotivführer. Sie lag schön zentral, ich aber lag ganz schön unbequem auf einem Sofa in der Küche. Es war eines dieser vornehmen englischen, bei denen die Lehnen rechtwinklig aufsteigen. Da es höchstens 1,70 Meter lang war, lag mein Kopf wie auf einem Schafott, und die Beine mußte ich einknicken. Ich nahm's in Kauf, weil ich in München sein wollte, wenn sich das Theaterleben wieder rühren sollte.

Im Gonghaus, ebenfalls in der Kanalstraße, eröffnete am 7. November 1945 das erste Kabarett mit dem Programm «Neue Chansons – Schlager von morgen». Werner Bochmann und Jochen Breuer saßen am Flügel und begleiteten Trude Hesterberg, Katharina Throm, Ilselotte Dißmann und mich. Nie werde ich vergessen, wie Trude Hesterberg mich, den völlig Unbekannten, ansagte. Ich glaube, ich hab es sogar noch wörtlich im Ohr:

«Prominenz erkennt man daran, daß man sagt *der* Albers, *die* Dietrich, *die* Zarah und so weiter. Ich bin überzeugt, daß man zu dem Mann, der jetzt kommt, auch eines Tages sagen wird *der* Fröbe. Womit sich von Ihnen verabschiedet, Ihre Klara Maria Gertrude Hesterberg.»

Das war mehr als nur einige Nummern zu hoch gegriffen! Dafür war die Gage lächerlich niedrig. Egal, ich konnte wieder spielen, und so blöd es klingt: Auch Beifall kann Hunger stillen.

Fünf Monate später, im März 1946, eröffnete in der Preysingstraße oberhalb der Isar «Der bunte Würfel» als neues

Kabarett in München. Es setzte sich von seinem ersten Programm an sogleich an die Spitze. Inzwischen ist in dieses Haus ein Großmarkt eingezogen. Das ist nun mal der Gang der Welt. Wir versuchten damals in diesen Räumen geistreich zu sein, heute verkauft man dort «geistreiche» Getränke.

Die beiden Direktoren des «Bunten Würfel», Dr. Hahn und Bobby John, waren bis 1945 im KZ. Sie engagierten mich für ihr erstes Programm, «München lernt wieder lachen». Am 16. Januar 1946 morgens um elf machten wir Vertrag. Das weiß ich so genau, weil es der Tag der Premiere war. Ich hatte ihnen im Büro meinen «Fußballtorwart» vorgespielt.

Für dieses Kabarett gab es bereits Plakate. Sie zeigten einen Würfel, und auf jeder seiner Flächen standen die Namen der Mitwirkenden. Der Komponist Peter Igelhoff («In meiner Badewanne bin ich Kapitän...»), die Berliner Chansonette Claire Waldorff («Hermann heest er...»), der Geiger Barnabas von Geczy, Barbara Gallauner, Fred Rauch, Fred Sporer, Olf Fischer und andere. Ein hübsches Plakat, das jedoch *einen* großen Fehler hatte: mein Name fehlte, weil ich ja erst in allerletzter Minute engagiert worden war.

Mein Auftritt gefiel, und die Direktoren schickten gleich am Tag nach der Premiere einen Mann per Fahrrad durch die zerbombte Innenstadt, an deren Ruinen die Plakate geklebt waren. Der Mann mußte überall mit einem großen Gummistempel meinen Namen aufdrücken. Am Abend zog ein Gewitter auf. Es regnete die ganze Nacht, am nächsten Morgen war der nachgestempelte Gert Fröbe wieder weg.

Unser Programm wurde zum Stadtgespräch. Einer sagte es dem anderen. Wir waren immer ausverkauft. Eines Abends setzte sich nach meinem Auftritt ein Herr zu mir, der mir aufgefallen war, weil er das Kunststück fertigbrachte, in dieser Zeit bereits wieder elegant und perfekt gekleidet zu sein. Er lud mich ein, ihn in das Hotel «Bayerischer Hof» zu begleiten. Ich hielt ihn für einen der glücklichen Gäste, dem es gelungen war, eines der wenigen intakten Zimmer zu ergattern, die notdürftig für den Hotelbetrieb hergerichtet worden waren.

Wir gingen zum Promenadeplatz. Unterwegs erfuhr ich, der Mann war kein Gast, sondern der Besitzer des Hotels: Falk Volkhardt. Er hatte mich nicht aus reiner Nächstenliebe eingeladen, sondern weil er gesehen hatte, daß ich ganz gut Menschen zu unterhalten verstand. Was er mir anbot, war nur noch mit dem Großen Los zu vergleichen. Ich bekam eines der behelfsmäßig hergerichteten zwölf Zimmer im Hotel und täglich eine warme Mahlzeit. Gegenleistung: Ich mußte nach meinen Auftritten im «Bunten Würfel» oder den Kammerspielen sofort in den «Bayerischen Hof» kommen, um Gäste, die sich langweilten, zu unterhalten.

Es konnte durchaus passieren, daß ich nachts um halb zwei geweckt wurde, weil sich in einer Ecke der Bar eine ebenso finanzstarke wie trinkfeste Gruppe festgesessen hatte. Da bin ich eben runter und hab Geschichten erzählt. Dafür bekam ich schließlich im Vergleich zu meinen 100 alten Mark im «Würfel» eine fürstliche Gage in Naturalien. Außerdem machte es mir auch noch Spaß.

Am 21. März 1946 eröffnete im Spiegelsaal des «Bayerischen Hofs» das Münchener Volkstheater mit Ernst Penzoldts Stück «Die verlorenen Schuhe». Regie führte Hary Buckwitz, und weil ich schon im Hause wohnte, übernahm ich in diesem Stück eine Rolle. Außer mir spielten Kurt Stieler, Margot Rupp, Otto Brüggemann, Adolf Gondrell und andere.

So stand ich oft dreimal am Abend vor Publikum: Im «Bunten Würfel», der am 17. Mai mit einem neuen Programm kam, dessen Titel den Optimismus der Zeit widerspiegelte: «Es wird schon wieder». Danach auf der Bühne des «Volkstheaters» im Spiegelsaal und schließlich zu mitternächtlicher Stunde in der Hotelhalle als Geschichtenerzähler und Alleinunterhalter.

Eines Abends erzählte mir Falk Volkhardt, Fritz Kortner sei wieder in München und wohne bei ihm im Hotel. Für Schauspieler meines Jahrgangs war Fritz Kortner eine Legende. Wir hatten ihn ja nie auf der Bühne sehen können, lediglich unsere Schauspiellehrer und älteren Kollegen hatten in höchsten Tönen von seiner Persönlichkeit geschwärmt. Sein schweres Schicksal in der Emigration war bekannt. Ich brannte darauf, diesen Mann zu sprechen oder richtiger, ihm zu sagen, daß er in den zwölf Jahren nicht in Vergessenheit geraten war.

Wie er aussah, wußte ich von alten Filmpostkarten. Über Tage hab ich ihm aufgelauert. Endlich klappte es – er kam mit langsamen Schritten den Gang entlang. Da bin ich auf ihn zugegangen und habe gesagt: «Herr Kortner, ich bin ein junger deutscher Schauspieler, und neben mir stehen im Moment alle Schauspieler. In unser aller Namen möchte ich Ihnen sagen, wir sind glücklich, daß Sie wieder da sind.»

So ungefähr war meine Rede. Kortner war stehengeblieben und hatte sich alles geduldig angehört. Als ich fertig war, kam jedoch lediglich ein nasales «Danke, sehr schön! Danke!», und schon ging er weiter. Das war nicht viel an Reaktion. Aber immerhin dürfte ich der erste junge deutsche Schauspieler gewesen sein, der ihm für seine Heimkehr dankte. So kurz unsere Begegnung war, hatte ich doch ein gutes Gefühl und hoffte, daß es einmal zu einer Zusammenarbeit mit ihm kommen würde. Als es Jahre später geschah, war jedoch alles ganz anders. Auf Seite 190 berichte ich davon.

KAVALLERISTISCHES INTERMEZZO
Wie Shakespeares «Sturm» vor Bayerns
Spruchkammer endete

Anfang 1946 hatte Erich Engel in den Münchener Kammerspielen mit den Proben zu Shakespeares Altersstück «Der Sturm» begonnen. 18 Rollen waren zu besetzen. Für jede standen hervorragende Schauspieler zur Verfügung: Friedrich Domin, Ferdinand Marian, Ernst Fürbringer, Carl Wery. Mir, dem Unbekannten, wurde die Rolle des Trinkolo angeboten. Ich sagte begeistert zu.

Alles ließ sich prächtig an. Bis zum 18. April. An diesem Tage wurden von den Alliierten die ersten Fragebogen ausgegeben. Wer sie nicht termingerecht ausgefüllt zurückgab, erhielt keine Lebensmittelkarten. Nach dieser Fragebogen-Aktion fehlten bei den Proben zum «Sturm» zehn Schauspieler. Sie waren gesperrt, mußten erst von einer Spruchkammer entnazifiziert werden. Marian, Fürbringer, Fröbe gehörten zu diesen zehn. Die Proben mußten unterbrochen, die Rollen umbesetzt werden, denn diese Prüfungen dauerten und dauerten; weil zu viele zu prüfen waren und weil es an allem fehlte, was für einen Bürobetrieb notwendig war. Die Militärregierung erließ sogar einen Aufruf, man möge doch Schreibmaschinen zur Verfügung stellen, damit die «Entnazifizierungsanträge» rascher bearbeitet werden könnten. Wunschziel bei jedem Verfahren war die Unbedenklichkeitsbescheinigung «Nicht betroffen», der sogenannte «Persilschein». Wer den hatte, durfte wieder auf die Bühne. Bis dahin konnte er nur einer Beschäftigung nachgehen, die nichts mit Schauspielerei zu tun hatte.

Da war ich fein raus! Ich legte meinen Gesellenbrief als Bühnenmaler vor und dachte mir, da pinselst du eben mal wieder Kulissen, denn ich wußte, daß an den Städtischen Bühnen Bühnenmaler gesucht wurden. Doch so einfach ging das nicht.

Der Amtsschimmel wieherte schon damals: Ein möglicherweise «belasteter» Schauspieler durfte keine Tätigkeit ausüben, die irgendwie mit dem Theater zu tun hatte, weder Eintrittskarten abreißen, noch Kulissen malen...

Damals kursierte der bittere Witz, man solle die 136 Fragen, die zu beantworten waren, um eine weitere ergänzen: Diese Frage Nr. 137 lautete: Gedenken Sie 1947 noch zu leben? Wenn ja, warum und wovon?

Kein erhebendes Gefühl, überall nur geduldet zu sein. Viele heuchelten Anteilnahme, einige halfen. Am effektivsten Will Höhne, der Lautensänger mit der tiefen Stimme. Mit «Der Mann, der vor mir war» hatte er später einen richtigen Hit. Er lebte in der Prinzregentenstraße, gegenüber dem Eisstadion. Über eine Bekannte besorgte er mir eine Stelle auf einem Gut in der Nähe von Reichenhall. Verwandte von ihr betrieben dort eine Ponyzucht, und 16 Shetlandponies tummelten sich auf der Weide. Dazu gehörte ein prächtiger Hengst, der neben seiner biologischen Aufgabe jeden Tag einen Wagen mit fünf, sechs Milchkannen in die Molkerei nach Reichenhall zu ziehen hatte.

Verantwortlich für diesen Transport war ein Schweizer. Das ist keine Nationalitäts-, sondern eine Berufsbezeichnung für den, der auf einem Gut für alles, was mit Milch zu tun hat, verantwortlich ist. Dem Schweizer unterstanden die Melker. Einer davon war ich. Täglich hatte ich zehn Kühe zu melken und ein paar Dutzend Eier einzusammeln. Jeden Morgen konnte ich die Milch kuhwarm trinken. Verständlich, daß ich es ganz in Ordnung fand, wenn die bei der Spruchkammer sich soviel Zeit ließen...

Eines Abends fragte mich der Gutsherr: «Trauen Sie sich zu, die Schimmelstute zur Roßstation zu reiten?» Er wußte zwar, daß ich reiten kann, aber eine rossige Stute zu reiten, verlangt schon ein bißchen mehr, als sich nur im Sattel halten zu können. Auch die bravsten Stuten sind in diesem Zustand sehr empfindlich. Seine Frage war also berechtigt.

Selbstverständlich traute ich es mir zu. In dieser Zeit traute sich jeder viel, wenn nicht alles zu. Ich baute auf mein Glück und auf meine Gebirgsjägerstiefel mit den geprägten Rillen in den Gummisohlen. Die brauchte ich, denn man reitet ja eigentlich nur mit dem Fußballen, der Fuß bleibt hinter dem Steigbügel. Das aber ging bei diesen Schuhen gut, weil ihre Sohle breiter war als der Steigbügel. Kein Problem also. Nichts wie los zur Roßstation, die auf einem Hügel hinter Reichenhall lag. Bis dahin waren es gut zwei Stunden Ritt. Um halb sechs in der Früh hatte ich die Stute bereits gesattelt, mit Schwung landete ich auf ihrem Rücken, gab ihr die nicht vorhandenen Sporen, und ab ging's. Besonders erfreut war die Stute nicht. Sie war keinen Reiter gewohnt, schließlich war sie ein Ackergaul. Aber allmählich akzeptierten wir uns. Ich riskierte sogar einen leichten Trab über die Wiesen.

Ein herrlicher Morgen. Erinnerungen an die Ausritte während der Schul-Ferien in der Goldenen Au kamen auf. An diesem Sommermorgen im Juni 1947 fühlte ich mich zum ersten Male wieder frei und stolz. Gert im Glück – das war meine Stimmung, auf einen Nenner gebracht.

Reichenhall kam in Sicht, die ersten Häuser links und rechts. Die Stute ging brav im Schritt, ich konnte mich in den spiegelnden Schaufenstern betrachten. Hoch zu Roß, meinen kleinen bayerischen Hut keck auf dem Kopf – ich gefiel mir, dachte: «So müßten die von den Kammerspielen mich sehen. Beneiden würden mich alle.»

Plötzlich hörte ich hinter mir Hufschlag. Sehr rasch. Im Trabtempo. Kein Zweifel, ein anderes Pferd folgte uns. Ich drehte mich um und erschrak: Was da hinter uns mit schnaubenden Nüstern herantrabte, war der Ponyhengst vom Gut. Er hatte die rossige Stute bemerkt und war nicht zu halten.

So wild war er, daß er sich vom Milchwagen losgerissen hatte und nun samt Deichsel auf die Stute mit mir im Sattel zugaloppierte.

Zu spät wurde mir klar, was passiert war. Ich Trottel hatte in meiner Freude an diesem Morgenritt nicht gemerkt, daß ich auf der rossigen Stute an der Molkerei vorbeigeritten war, in der der Schweizer mit dem vom Hengst gezogenen Wagen stand und die Milchkannen ablud.

Der Hengst kam näher und näher. Die Stute nahm meine kläglichen Versuche, sie anzuspornen, überhaupt nicht zur Kenntnis. Vielleicht war ihr auch der Hengst wichtiger – sie blieb einfach auf der Hauptstraße stehen. Dieses rossige Biest drehte ein paarmal kokett mit dem Schweif, als wollte sie dem Hengst winken, und nahm keine Notiz von mir und meinen Anstrengungen.

Der kleine Hengst kam mitsamt der Deichsel von hinten und schob sie mir wie einen Rammbock ins Kreuz. Mit solcher Wucht, daß ich nach vorn flog und mich nur noch am Hals der Stute festklammern konnte. Aber nicht etwa von oben, nein, unter dem Hals hab ich mich festhalten müssen, weil sich während des langen Ritts meine Gummisohlen doch in den zu schmalen Steigbügel hineingeschoben hatten und ich die Füße nicht mehr herausbekam, soviel ich auch strampelte. Der einzige Erfolg war, daß die Stute noch unruhiger wurde.

Ein Bild für Götter: Ich hing unter dem Hals der Stute, hinten drängelte der Hengst mit Deichsel. Er wollte ja nun unbedingt auf die Stute, aber das verhinderte die Deichsel. Immer wieder versuchte er's, die Stute hatte nichts dagegen, aber als es nach mehreren Versuchen noch nicht klappen wollte, wurde es ihr zu dumm. Sie setzte sich in Bewegung. Nur wer sich selbst einmal von unten um den Hals eines trabenden Pferdes geklammert hat, kann nachempfinden, was ich litt.

So sehr ich mir noch vor ein paar Minuten gewünscht hatte, das Ensemble der Kammerspiele könnte mich sehen, so froh war ich jetzt, daß nicht einer meiner Kollegen in der Nähe war. Dafür gab es genug andere Schaulustige. Sie fanden das Ganze irrsinnig komisch und sparten nicht mit entsprechenden Bemerkungen. Mit dem Erfolg, daß meine Stute, mein einziger Halt, noch unruhiger wurde. Meine Situation wurde schließlich prekär. Meine Füße waren durch die zu breiten Gummisohlen in den Steigbügeln festgeklemmt, die Beine ragten zum Himmel, die Arme lahm – ohne fremde Hilfe kam ich unmöglich aus den Steigbügeln. Laß ich los, knall ich mit dem Kopf aufs Pflaster. Und alles Auge in Auge mit einem stutenwilden Hengst.

Endlich, nach einer Ewigkeit, kam unser Schweizer mit einem Pferdeknecht. Der packte sich den Hengst, der Schweizer hielt die Stute, und einer der Schaulustigen befreite meine Füße aus den Steigbügeln. Der Beifall der Umstehenden galt vielleicht den Pferden oder dem Schweizer oder den beiden anderen Helfern, auf keinen Fall jedoch mir.

Don Quijote war ein Apoll im Vergleich zu mir. Einer reichte mir mein Hütchen, das ich gleich zu Beginn dieser artistischen Darbietung verloren hatte, ein anderer riet mir, es doch lieber mit Radfahren zu versuchen. Mir, der ich mit zehn schon auf Pferden gesessen hatte und als Kind Bauer werden wollte!

Alle warteten nur darauf, daß ich erneut aufsteigen und dabei sicher gleich auf der anderen Seite wieder runterfallen würde. Den Gefallen hab ich ihnen aber nicht getan. Ich bin gar nicht erst aufgestiegen, sondern hab die Stute zu Fuß mit schlackernden Knien aus Reichenhall herausgeführt. Ungedeckt.

Weit bin ich gelaufen. Bis zum Kilometerstein 5. Auf den hab ich mich dann gestellt und bin vorsichtig aufgestiegen. Nur die äußersten Fußspitzen hab ich in die Steigbügel gesteckt, denn weit und breit war niemand, der mir hätte helfen können, wenn sich meine Schuhe wieder einklemmen würden.

Auf dem Gut wußten alle schon, was mir passiert war. Dafür hatte der Schweizer mit ausführlicher Schilderung gesorgt.

Der Gutsbesitzer nahm es gelassen: «Gut, daß Sie beide wieder heil da sind. Vor allem um die Stute hätte es mir leid getan.»

SCHAU-BUDENZAUBER
Drei Monate Proben – null Auftritt

Ende der vierziger Jahre sah ich aus wie ein Wagnersänger in Bayreuth. Jedenfalls behauptete das Helmut Käutner. Es wird schon gestimmt haben, denn als Reaktion auf den Kommißhaarschnitt hatte ich mir meine Haare so lang wachsen lassen, daß sie bis auf die Schultern fielen. Das hielt ich für künstlerisch, und außerdem sparte es Geld. Zum Friseur brauchte ich nur alle drei Monate. Nachdem ich meinen «Persilschein» von der Entnazifizierungskommission erhalten hatte, trat ich wieder auf verschiedenen Kleinkunstbühnen auf. Ich tingelte. Damals bereits in schwarzem Pullover und in schwarzen Hosen, so wie auch heute noch. Nur waren der erste Pullover und die ersten Hosen schwarz gefärbt. Es waren meine Wehrmachtsklamotten.

Die goldene Zeit im «Bayerischen Hof» war vorbei. Ich wohnte jetzt in der Maximilianstraße unmittelbar am Maxmonument. Heute ist das eine der teuersten Adressen in München. Damals bekam ich den Dachboden im vierten Stock des Hauses, in dem auch das «Café Victoria» war, so gut wie umsonst. Wegen der Ratten. Die waren damals die Steigleitung vom Keller bis in den vierten Stock hochgeklettert, neben dem Abfluß hatten sie sogar ein Loch in die Bodenbretter genagt.

Kam ich nachts heim, vor allem wenn ich in Damenbegleitung war, klatschte ich vor dem Betreten immer erst in die Hände und markierte einen Hustenanfall, um die Ratten zu verjagen. Die Damen fanden das ganz komisch. Sie wußten ja nicht, warum ich es tat.

Abgesehen von den Ratten, war der Raum ganz attraktiv. Mindestens vierzig Quadratmeter groß. Ideal für Theaterproben. Das fand auch Rudolf Schündler, der damals in der Reitmorstraße das Kabarett «Die Schaubude» leitete.

Ich hatte ihn an einem sehr männlichen Platz kennengelernt, auf einer Herrentoilette in Schwabing. Nach der gemeinsamen Verrichtung haben wir einen Vertrag per Handschlag besiegelt: Ich bekam für das neue Programm der «Schaubude» ein Engagement für Mitwirkung in allen Sketchen und für eine Solonummer, an der mir sehr lag. Meine Gage: 100 Mark pro Abend. Dafür stellte ich außerdem meinen Dachboden für die Proben zur Verfügung.

Die «Schaubude» gehörte zum Besten, was es damals an Kleinkunst in Deutschland gab. Ursula Herking, Karl Schönböck traten auf, Hanna Seyferth, die Schwester von Wilfried, dem prächtigen Schauspieler, tanzte, Erich Kästner, Axel von Ambesser und Walter Kiaulehn gehörten zu den Autoren. Ich war stolz, dabei zu sein.

Drei Wintermonate lang probierte das Schaubuden-Ensemble bei mir. Fast alle Dachbalken haben wir während dieser Zeit in meinem Bullerofen verbrannt. Zum Schluß hing das Dach zwar gefährlich durch, aber die Kosten für eine Probenbühne und für Heizung waren gespart. Der Premierentermin rückte wieder einmal näher. Ich schreibe «wieder einmal», weil «Schaubuden»-Premieren immer verschoben wurden, aber dieses Mal – ich glaub, es war die vierte Verschiebung – sollte es Ernst werden. Doch ich hatte immer noch kein Solo, sondern agierte nur als Stichwortgeber in den Ensembleszenen.

Als es mir zu dumm wurde, stellte ich Rudolf Schündler zur Rede. Er mußte Farbe bekennen: «Also, Gert, du kriegst noch einen schönen Sketch mit anderen zusammen. Aber ein Solo haben wir nicht für dich.»

Ich fühlte mich verschaukelt, denn schließlich war dies zwischen uns per Handschlag abgemacht worden, wenn auch in ungewöhnlicher Umgebung. «Wenn das so ist, brauch ich überhaupt nicht aufzutreten», war meine Reaktion.

Großes Wehgeschrei. Unkollegial sei ich und was noch alles. Ursula Herking, damals der Star am deutschen Kabarett-Himmel, drohte: «Wenn du jetzt aussteigst, kenn ich dich nicht mehr.»

«Ursel», hab ich da gesagt, «damit werd ich dann leben müssen, denn wenn du fünf Soli hast und der Schampi (Karl Schönböck) vier, dann wird doch wohl auch noch Platz für eines für mich sein, es sei denn, ihr wollt mir keines geben!»

Sie wollten nicht. Da wollte ich auch nicht. So hab ich zwar «Die Schaubude» drei Monate bei mir proben lassen, aber ich bin nicht ein einziges Mal dort aufgetreten.

DES MORGENSTERNS ZWEITES LEUCHTEN
Höhenflug im Conti-Keller

Ein Gutes brachte die Probenzeit mit dem «Schaubude»-Ensemble – ich hatte Walter Kiaulehn kennengelernt, diesen hervorragenden Journalisten und Texter. Er wurde für mich zu einer Art kritischer Institution.

Zu ihm ging ich in der Nacht nach meinem Bruch mit Schündler und sprach ihm einige Morgenstern-Gedichte vor, weil ich wissen wollte, was er davon hielt.

Seinen Kommentar hab ich noch wortwörtlich im Ohr: «Was Sie da machen, ist ungewöhnlich, aber wenn Sie es so fühlen, dann ist das richtig, dann sollten Sie das auch so bringen. Denn das Publikum hat ein ganz sicheres Gefühl für das, was echt und persönlich ist.» Walter Kiaulehn hat es nicht bei diesem nüchternen Urteil belassen, sondern einen Abend im «Schauspielerclub» veranstaltet, in dem er mich mit meinen Morgenstern-Interpretationen vorstellte.

Mein Gott, war das ein Abend! Ob dergleichen heute noch möglich ist? Ich fürchte nein, zu leicht gehen heute solche Veranstaltungen im Äußerlichen unter. Zu oft erschlägt heute der Rahmen den Inhalt solcher Treffen. Damals war es genau umgekehrt. Der Rahmen war denkbar primitiv: Wir trafen uns im Keller des ehemaligen Hotels «Continental» hinter dem «Regina»-Hotel. Der Keller war so ungefähr das einzige, was von dem «Conti» übriggeblieben war. Die Amerikaner hatten uns weiße Farbe und Rattengift gestiftet, um den Raum etwas ansehnlicher zu machen.

Auf harten Stühlen saß an diesem Abend, was damals von Film und Bühne in München war. Hätte ich doch nur einen Zeitungsartikel, in dem über diesen Abend berichtet wird! Ich habe vergeblich danach gesucht. Offenbar hat niemand darüber geschrieben, weil es eine geschlossene Veranstaltung war. So muß ich selbst von diesem Abend berichten, auf die Gefahr, daß es penetrant nach Eigenlob riechen könnte. Sei's drum, ich schwör: So war es.

Dies geschah: Walter Kiaulehn begrüßte die Anwesenden. Mit deren Namen hätte man glatt jeden Klassiker erstklassig besetzen können: Maria Koppenhöfer. Paul Dahlke, Maria Niklisch, Richard Münch, Friedrich Domin, Robert Graf, Theo Lingen, auch ein großer Morgenstern-Kenner, Erich Kästner war da und – und – und.

Kiaulehn sagte sinngemäß: «Wir von der schreibenden Zunft kommen uns vor wie die Astronomen. Wir gehen abends durch die Münchener Lokale und Theater und gucken, ob nicht irgendwo ein neuer Stern leuchtet. Manchmal glaubt man, einen neuen Stern gefunden zu haben, aber oft stellt er sich schon nach kurzer Zeit als Fixstern heraus, denn er ist fix wieder weg. Heute abend habe ich Sie hierhergebeten, damit Sie als Kollegen feststellen können, ob es sich bei diesem hier um einen echten Stern handelt oder vielleicht doch nur um einen Fixstern.»

Jedem vom Lampenfieber geschüttelten jungen Schauspieler muß eine solche Rede in die Beine fahren. Mir jedenfalls zitterten damals die Knie.

Vor Schauspielern zu spielen, ist ganz etwas anderes als vor Publikum. Einerseits sind sie kritischer, andererseits erkennen sie bereitwilliger an, wenn einer etwas Neues macht, das aus dem Rahmen des Üblichen fällt. Etwas, das sie vielleicht auch hätten machen können, das ihnen aber nicht eingefallen ist.

An diesem Abend war das so. Eitel Wonne im ganzen Keller. Ich hatte gesiegt, Arm in Arm mit Morgenstern. Es war meine erste Bestätigung durch die Fachwelt.

Wie ich mich verschwitzt, aber glücklich in eine Ecke zurückziehen wollte, kam einer der Schauspieler auf mich zu und drückte mir einen zusammengefalteten Brief in die Hand. Noch bevor ich fragen konnte, was es damit auf sich habe, erklärte er mit seiner immer leicht heiseren Stimme: «Paß mal auf, mein Junge, mit diesem Brief bittet mich die Universität München, in der Aula Morgenstern zu rezitieren. Ich trag ihn seit acht Tagen mit mir herum, aber nach dem, was ich soeben gesehen und gehört habe, kann ich das nicht übernehmen. Ich geb dir den Auftrag. Im übrigen – ich heiße Paul», und damit reichte mir Paul Dahlke, den ich bewunderte, seit ich ihn in dem Film «Romanze in Moll» gesehen hatte, die Hand.

Da wußte ich – ich hatte die Aufnahmeprüfung als Schauspieler ein zweites Mal bestanden.

NARREN UNTER SICH

Meine Begegnung mit
Karl Valentin

Ein Kabarettist hat in der Silvesternacht mindestens zwei Engagements in verschiedenen Etablissements, um die Leute bis Mitternacht zu unterhalten. Für die Silvesternacht 1947 hatte ich vier: eins im «Bayerischen Hof», eins im «Regina», eins beim ADAC und eins in den «Vier Jahreszeiten». Jedes zu 250,– Reichsmark, das machte 1000,– Reichsmark. Dafür bekam man immerhin schon zwei Pfund Butter.

Und doch konnte ich mir im Januar keine Butter kaufen, denn ich ließ alle vier Verträge schießen – für einen einzigen Auftritt, und für den gab's keine Gage. Für diesen Auftritt hätte ich sogar noch Geld mitgebracht, wenn ich welches gehabt hätte. Das Kabarett «Simplicissimus», kurz «Simpl» genannt, hatte seine angestammte Bleibe in der Türkenstraße verloren. Die historischen Räume waren ausgebombt. Alles, was an Geschichten um diese berühmte literarische Kleinkunstbühne kursierte, war für meine Generation nur noch Legende. Wir hatten keinen der Großen dort erlebt. Weder Ringelnatz, noch Valentin, noch Kathi Kobus, die vielgeliebte Wirtin.

Doch der Name und der Geist des «Simpl» lebten weiter. Theo Prosel, von dem das Lied mit dem verblüffenden Eingeständnis stammt «Ich hab die schönen Maderln net erfunden», hatte 1947 den «Simpl» an neuer Stelle eröffnet. In altmünchenerischer Nachbarschaft zum «Platzl», gegenüber dem Hofbräuhaus. In diesem neuen «Simpl» gab es am Silvesterabend vor geladenen Gästen eine Sensation: Karl Valentin trat mit seiner Liesl Karlstadt zum ersten Mal nach dem Krieg wieder im «Simpl» auf. Die beiden hatten die Schlußnummer, ich sollte – was heißt «sollte»? – ich durfte in dem Programm mitmachen. Mit Karl Valentin an einem Abend auftreten – da gab es doch keine Überlegung, da mußte alles andere zurückstehen.

Ich hatte ihn noch nie gesehen, aber was Erich Ponto vor zwölf Jahren in Dresden über mich im Hinblick auf ihn gesagt hatte, war mir unvergessen: «Fröbe ist ein junger Valentin.» Jetzt endlich würde ich Gelegenheit haben festzustellen, was er damit gemeint hatte. Kaum hatte ich den «Simpl» an diesem Abend betreten, war meine erste Frage: «Wann kommt der Valentin?»

«Der ist schon längst da!» Aber keiner durfte zu ihm. Vor jedem Auftritt war er vom Lampenfieber geschüttelt. Deshalb war im neuen «Simpl» für ihn und Liesl Karlstadt unter der Bühne, die wirklich nichts anderes als ein winziges «Brettl» war, ein Verschlag hergerichtet worden, in dem sonst Weinflaschen lagerten. Die Decke dieser Garderobe war das Podium, auf dem ein Klavier stand und auf dem sich alle Auftritte abspielten. So konnte er jede Nummer akustisch verfolgen.

Am Silvesterabend war der Zuschauerraum «steckerlvoll», wie die Bayern sagen. Erich Kästner, Walter Kiaulehn, mein Landsmann Hans Reimann, Lale Andersen, Gunter Groll von der «Süddeutschen Zeitung» saßen unter den 250 Gästen.

Mein Auftritt kam, gedämpfter Begrüßungsapplaus, erwartungsvolle Stille. Ich begann mit Morgenstern, brachte dann einige Pantomimen und merkte förmlich, wie die Zuschauer mehr und mehr auftauten. 40 Minuten dauerte mein Auftritt. Danach war ich schweißgebadet, das Publikum aber tobte. Die Leute klatschten und trampelten im Takt und schrien: «Frö-be, Frö-be, Frö-be!»

Ich erzähle das nicht aus Eitelkeit, sondern um zu erklären, wie das in Valentins Verschlag unter der Bühne geklungen haben muß.

Als ich naßgeschwitzt von der Bühne ging, sah ich ihn mit großen erstaunten Augen in der Kulisse stehen. Neben ihm Liesl Karlstadt, von ihm «das Fräulein» genannt. Valentin hatte eine Zither unterm Arm. Noch ehe ich reagieren und auf ihn zugehen konnte, kamen zwei Herren aus dem Publikum und zogen mich zurück aufs Brettl.

«Zu-ga-be, Zu-ga-be», schallte es mir entgegen.

Wunderbar für mich, aber neben der Bühne stand Karl Valentin, und es war Viertel vor elf – da machte ich einen Schritt an die Rampe – mehr Platz war nicht – und sagte: «Meine Damen und Herren, ich danke Ihnen, daß Sie so nett zu mir sind und noch etwas von mir hören möchten, aber das geht nicht, denn das alte Jahr soll mit jemandem ausklingen, den Sie als Münchener alle kennen. Ich aber habe ihn noch nie in meinem Leben gesehen. Sie können sich vorstellen, wie sehr ich mich auf diesen Mann freue: auf Ihren Karl Valentin!»

Er war unvergleichlich. Mimik und Sprechweise – ich vermeide bewußt das Wort Sprechtechnik – verschmolzen zu einer hingetropften Komik. Seine Pointen ließ er so nebenher fallen. Als wisse er nicht, daß es welche waren. Von der Bühnenseite aus habe ich ihn und die Liesl beobachtet. Es war so großartig, was die beiden machten, daß ich nur einen Wunsch hatte, mit diesen beiden einzigartigen Kollegen das erste Glas im neuen Jahr, das in wenigen Minuten begann, zu trinken.

Kaum gedacht, schon getan! Ich ging zu Theo Prosel und bat: «Bitte, geben Sie mir eine Flasche Sekt und drei Gläser, ich kann sie zwar nicht bezahlen, aber ich bin bereit, sie bei Ihnen abzuarbeiten!» Theo Prosel ging auf mein Angebot ein. Ich habe die 600 Mark, die damals eine Flasche Schampus kostete, in sechs Auftritten abgearbeitet.

Zwölf Uhr. Die mächtigen dunklen Glocken vom «Alten Peter» und der Frauenkirche dröhnten. Im Zuschauerraum wurde es dunkel, alle küßten und umarmten sich. Prosit Neujahr!

Allein stand ich mit meiner Sektflasche und drei Gläsern vor dem Verschlag und klopfte.

«Herein.» Seine verkratzte Stimme. Valentin. Da hockte er mehr als er saß auf einem Stuhl, die langen Stelzen von sich gestreckt. Er hielt eines dieser Sprühgeräte in den Mund und sprühte sich in den Rachen. Ich wußte, daß er mit seiner Stimme immer Probleme hatte.

«Herr Walentin», sag ich, «es wäre mir eine große Ehre, wenn...»

«Valentin heiß ich und nicht Walentin. Sagst ja auch nicht Water, sondern Vater, oder? Nu gieß schon ein!»

Wir prosteten uns zu. Unvermittelt sagte er: «Nach dir kann man aber auch sterben.»

Ich verstand nicht gleich, sagte: «Ach, Herr Valentin, jetzt wollen wir nicht sterben, jetzt wollen wir erst mal leben, jetzt, wo der Scheißkrieg vorbei ist!»

Er winkte ab. «Na, na, du verstehst mi net. Ich hob glei zur

Liesl g'sagt, als wir'n Beifall bei dir gehört ham. ‹Du, heut sterben wir!› Ja, was machst 'n du eigentlich?»

Die Frage war verständlich, denn er hatte in seinem Verschlag nur den Beifall gehört, aber nicht gesehen, was ich auf der Bühne gemacht hatte. Ich erklärte es ihm und versicherte: «Aber ich beneide *Sie* um das, was *Sie* machen. Das ist ja grandios!»

«Des mußt *du* weitermachen – du bist der Richtige – i bi scho zu alt, vierundsechzig, i kann ja nimmer.» Er klopfte sich an die linke Brust. «I hab ka Luft mehr!»

«Aber Herr Valentin, das kann ich nicht, ich bin doch kein Bayer!»

«I ja aa net!»

Mir verschlug es die Sprache. Dieser Inbegriff des bayerischen «Um die Ecke Denkens» behauptete, er sei kein Bayer. Er behauptete es nicht nur, sondern es war so. Karl Valentin hieß eigentlich Valentin Ludwig Fey, war zwar in der Münchener Vorstadt Au geboren, aber als Sohn evangelischer Eltern. Mehr noch: Seine Mutter stammte aus Zittau in Sachsen, sein Vater aus Darmstadt in Hessen.

Doch davon war in unserem Silvesternacht-Gespräch nicht die Rede. Da blieb es erst einmal beim lapidaren «I ja aa net».

«Ob du ein Bayer bist, is wurscht, Hauptsach, a Narr bist. Und du bist doch a Narr!»

Gott, war ich stolz. Doch dann fügte er hinzu: «Aber eins mußt ändern!»

Also doch! Jetzt kam sicher die große Einschränkung. «Was denn?»

«Die Haar mußt dir kurz scheern lassen. An Igel mußt dir scheern lassen, sonst bist net komisch. Schaug – i hab ja immer an Igel getragen – jetzt hab i ja keine Haar mehr – jetzt muß i a Perücken tragen.»

«Ja, aber eigentlich möchte ich auch ernstgenommen werden», warf ich ein.

Es ist angerichtet.
Mit meiner Kellner-Pantomime «vor und nach der Währungsreform» hatte
ich sogar bei den Schiebern im Publikum großen Erfolg.

Sprung ins volle Menschenleben.
Fotospaß eines Reporters – während ich rezitiere.

Berliner Ballade
Otto Normalverbraucher hat immer Hunger.

Grock: Nit möööglich
Idol und Vorbild schon in frühester Jugend. Ich war stolz, allein mit ihm
auf der Opernbühne in Stuttgart auftreten zu dürfen. Ich bestritt den
ersten, er den zweiten Teil des Abends.

Christian Morgenstern
Bilder ohne Worte – Pantomimische Darstellungen seiner Impressionen
in meinem Kleinkunst-Programm: «Durch Zufall frei»

Städtische Bühnen Münster/Westf.
Als Lennie in John Steinbecks «Von Mäusen und Menschen» mit Rudolf Hofmann

Paris
Gemeinsamer französischer Film mit Curd Jürgens «Die Helden sind müde»

Schöne Welt im Circuszelt
Schnappschuß aus meiner Zeit als Artist beim Circus Belli. Mittagessen

Mit meinem französischen Entdecker, Regisseur Jules Dassin

Hautnah mit Melina Mercouri in «Der Mann, der sterben muß»

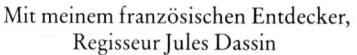

Heute ist Melina Kultusministerin von Griechenland und Jules Dassin ihr Mann

Zizi Jeanmaire – Vergeblich bemühe ich mich in dem Film «Kavaliere» um Zizi. Mein einziger «Erfolg» war ungewollt.

New York
«Zärtliche Begrüßung» durch Sammy Davis jr. Er war damals auf der Bühne
«Golden Boy», ich im Film «Goldfinger». Später spielten wir zusammen in der
Verfilmung der «Dreigroschenoper».

Immer im Mittelpunkt: Hans Albers
In dem Film «Das Herz von St. Pauli» versucht Werner Peters mit mir gemeinsam den großen Hans aufs Kreuz zu legen – aber er durchschaute uns natürlich.

Einer lernt vom andern. Heinz Rühmann als Lehrer und ich als Catcher in dem Film «Der Pauker». «Icke bring Ihnen ein paar Griffe bei – und Sie mir feines Deutsch.»

Zerrüttet
Als alkoholsüchtiger Arzt mit Mario
Adorf in dem Film «Am Tag, als der
Regen kam»

Blickwechsel
mit Giulietta Masina in dem Film «Das
kunstseidene Mädchen» nach Irmgard
Keuns Roman

Einsam als alter Dag Björndal. In «Und ewig singen
die Wälder» quäle ich mich durch Schnee und Eis.

Abgeblitzt
ist der Generaldirektor Preysing bei der kleinen Hotelsekretärin.
Eine Szene mit Sonja Ziemann in dem Film «Menschen im Hotel» nach
Vicky Baums berühmten Roman

ufel und Kasperle – Als Kindermörder
in «Es geschah am hellichten Tag»

Mörder hinter dicken Gläsern – «Le
meurtrier» hieß dieser französische Film.

Ungebändigt ist der brutale Jonas Lauretz, der sich allem widersetzt. Eine Szene
aus dem Film «Via Mala» nach John Knittels Roman

Dreigroschenoper – Als Bettlerkönig Peachum mit Hilde Hildebrand und
June Ritchie in der Wolfgang Staudte-Verfilmung

Die Rote – Käutners Verfilmung des gleichnamigen Roman von Alfred Andersch
mit Ruth Leuwerik in Venedig

Der Gauner und der liebe Gott
Endlich eine komische Charakterrolle. Für meine Darstellung als «Knacker Paule»,
der auf den rechten Weg zurückfindet, erhielt ich den Ernst Lubitsch-Preis.

Mister Goldfinger – James Bond (Sean Connery)
Rivalen waren wir nur im Film, privat haben wir uns glänzend verstanden.

Feinde im Film, Freunde im Leben
Yves Montand als Gegenspieler von General von Choltitz in «Brennt Paris»

Wortgefecht zwischen Patrioten
Orson Welles als norwegischer Konsul mit General von Choltitz in «Brennt Paris?»

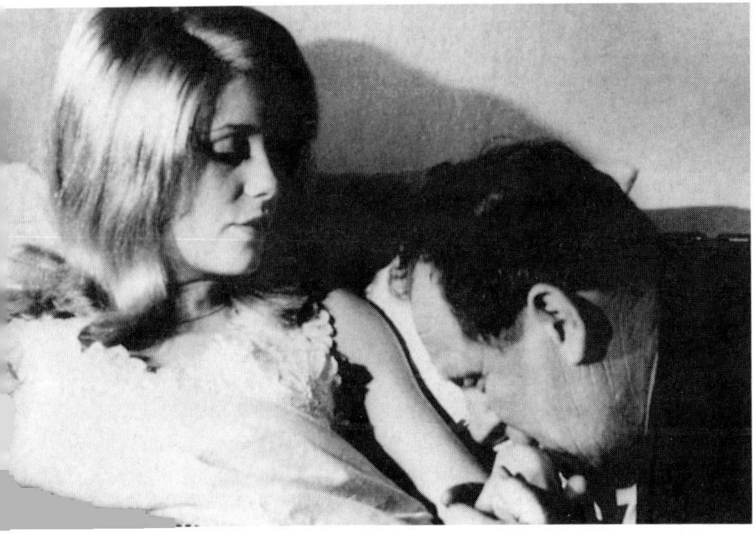

Heiße Küsse auf kühle Haut
mit Cathérine Deneuve in dem deutschen Episodenfilm «Das Liebeskarussell»

Tragik – Dialogszene mit dem sympathischen Jack Hawkins in dem Film «Monte Carlo Rallye». Er konnte nicht mehr sprechen, deshalb stehen wir so dicht. Mehr dazu auf den Seiten 257f.

Glück – Wiedersehensbussi von Romy. In drei Filmen haben wir zusammen gespielt. Wir kannten uns seit ihrer frühesten Jugend.

Endlich einmal nicht Täter, sondern Opfer
In dem französischen Film «Ich tötete Rasputin» spielte ich den Wundermönch.
Geraldine Chaplin war meine Partnerin. Regie führte Robert Hossein, der einen
der echten Rasputin-Mörder zur Mitarbeit am Drehbuch gewann.

Einen falschen König
spielte ich im englischen Film «Tschitti tschitti bäng bäng»,
geschrieben von «James-Bond»-Autor Ian Fleming, ein Vergnügen
für alle großen und kleinen Kinder.
Unter uns: Mir machen solche Rollen mehr Spaß als manche
dramatische Rolle.

Einer echten Königin stand ich gegenüber bei der «Royal Performance» des Films «Die tollkühnen Männer in ihren fliegenden Kisten».
Queen Elisabeth: «Was spielen Sie dieses Mal?»
Ich: «Einen Baron, Majestät.»
Queen: «Einen guten oder einen bösen?»
Ich: «Einen deutschen, Majestät.»
Queen: «Aha...»

Akrobat schööön
Charlie Rivel feierte seinen
5. Geburtstag im neuen
chloß in Baden-Baden.
elbstverständlich war ich
nter den Gratulanten.

Urwelt – Ohne Schminke
nd Maske rezitiere ich die
«Menschwerdung» nach
Christian Morgenstern.
Die Entwicklung vom
ffen zum Menschen

ieben auf einen Streich
m Circus Krone trat ich
ft für die «Goldene Zehn»
uf. Hier balanciere ich
ieben normale Stühle
us der Circuskantine.

Beichtvater und väterlicher Freund Ludwigs II. Der Film um den Bayernkönig wurde von Luchino Visconti inszeniert. Helmut Berger spielte den Märchenkönig.

Wetterfest – Als alter Deichgraf in der Verfilmung von Theodor Storms Novelle «Der Schimmelreiter»

Otto Normalverbraucher, 1948

Räuber Hotzenplotz, 1974

Oberst von Holstein, 1965

Morgenstern am Abend, 1978

Kindermörder Schrott, 1958

Goldfinger, 1965

Ein Buch über mich?

Klar, schreiben Sie es doch!

Oh, da stünden Sachen drin!

Was, *ich* soll es schreiben?

Aber wer könnte das schreiben?

Ob das gutgeht...?

Freunde
nicht nur am Billardtisch: Peter Frankenfeld, der Unvergessene

Respekt – Ephraim Kishon: «Leider sind Sie zu jung für die Rolle in meinem nächsten Stück.» Da hab ich ihm einen Alten vorgespielt.

Spaß ist Trumpf, wann und wo wir uns auch immer treffen.
Meine Freundin, die fabelhafte Caterina Valente

Bewunderung
Vor einem der ganz Großen der Opernbühne: Im Gespräch mit Placido Domingo

«Kennste den?» fragt mein
Freund Axel von Ambesser…

«Aber kennste den?» reagiere ich.
So ist's immer, wenn wir uns treffen.

Schuld ist sie, daß ich den Räuber Hotzenplotz gespielt habe. Meine
sechsjährige Tochter Beate wollte wissen, ob es ihn wirklich gibt,
da habe ich sie mitspielen lassen.

Theaterdirektor Striese – In der Fernseh-
sendung «Der Raub der Sabinerinnen»

Englischer Kriegsveteran
in dem Fernsehfilm «Der Garten»

Liebe am Lebensabend war das Thema des Fernsehspiels mit der schon zu Lebzei-
ten legendären Schauspielerin Elisabeth Bergner. Mit ihr gespielt zu haben, war mein
größtes Schauspielerglück. Danke – Elisabeth

Selbstporträt als Clown
Schon als junger Maler habe ich mich oft als Clown porträtiert.
Einen Clown zu spielen, ist mein Lebenswunsch. Sollte ich ihn jemals
verwirklichen, dann in dieser Maske.

Valentin war verblüfft: «Ja was, geh weiter! Ernstgenommen auch noch! Na, dann kannst deine Haar lang lassen.»

Ehe ich zu einer Erklärung ansetzen konnte, was ich unter «Ernstgenommenwerden» verstand, kam Theo Prosel in das Kabuff, um über Engagements zu reden. Ja, Mehrzahl! Engagements! Eines für Valentin vom ersten bis Ende Februar und eines für mich, für den ganzen März. Unfaßbar!

Beides wurde per Handschlag besiegelt. Ein Handschlag galt unter Artisten und Schauspielern so viel wie die Unterschrift unter einen Vertrag. Auch heute noch gilt bei einer Vereinbarung der Handschlag vor Zeugen als bindend vor jedem Bühnenschiedsgericht. Das ist eines der wenigen Dinge, die wir mit den Pferdehändlern gemeinsam haben.

Einen ganzen Monat im «Simpl» – das Jahr 1948 hätte für mich nicht besser anfangen können.

ABSCHIED VON KARL VALENTIN
Vier-Monats-Gastspiel im «Simpl»

Die «Oase» in Augsburg war vor der Währungsreform ein berühmtes Ami-Etablissement, außerdem ein Treffpunkt für GIs, «Veronikas» (so hießen deren deutsche Freundinnen) und Schwarzhändler. Vor diesem erlauchten Publikum trat ich im Januar 1948 auf. Um allen Sprachproblemen aus dem Weg zu gehen, arbeitete ich hauptsächlich pantomimisch. Da brauchten die Amis nicht zu raten, was ich mit meinem Englisch meinte.

Der «Fußballtorwart» und der «Kellner» standen wieder auf meinem Programm, einige Pantomimen hatte ich aktualisiert. So wurden die verschiedenen Typen des Verkehrspolizisten um einen Ami bereichert, der mit amerikanischer Lässigkeit den Verkehr lediglich durch lässige Boogie-Woogie-Gesten regelte – und immer mit einem Kaugummi zwischen den Zähnen. Das war ein schöner Gegensatz zum deutschen Polizisten, der aus der Verkehrsregelung einen zackigen Kasernenhof-Drill machte. Den Amis gefiel es.

Bis zum 31. Januar trat ich dort zusammen mit meinem Freund Klaus Havenstein auf. Jeden Abend 45 Minuten. Am 1. Februar fuhr ich zurück nach München, denn abends wollte ich unbedingt im «Simpl» bei der Valentin-Premiere dabei-sein.

Weil es sicherlich proppenvoll werden würde, war ich schon sehr früh da. Vor dem Hofbräuhaus und dem «Platzl» herrschte ziemlicher Auftrieb, doch vor dem «Simpl» tat sich nichts. Keine Menschenseele. Der Eingang war finster, nur hinten in einer Ecke des Foyers brannte ein Notlicht. Ich klopfte, und nach einer Weile kam Theo Prosel, ließ mich rein, gab mir die Hand und goß uns stumm zwei Cognacs ein.

«Offenbar weißt du es noch nicht – die Premiere ist abgesagt. Der Karl ist krank. Lungenentzündung. Ich bin erledigt. Ersatz habe ich keinen. Ich muß zumachen!»

Er kippte den Cognac mit Schwung hinunter. Plötzlich schaute er mich seltsam fragend an: «Sag mal, was ist denn mit dir? Was machst du?»

«Ich? – Ja, ich bin durch Zufall frei.»

Es war nicht zu verhindern – Theo Prosel küßte mich auf die Stirn: «Warum hast du das nicht gleich gesagt?! Nun ist alles gerettet, du wechselst mit Karl den Termin! Du trittst im Februar auf, er im März.»

Am liebsten hätte er am nächsten Tag die Premiere angesetzt, aber ich bat ihn um ein paar Tage Zeit, in denen ich mich vorbereiten konnte. Schließlich war dies mein erstes offizielles Gastspiel in München. Theo Prosel hatte ein Einsehen, und die Premiere wurde auf den kommenden Samstag, den 7. Februar, angesetzt. Bis dahin vergrub ich mich in meinem Dachgeschoß, suchte neue Texte, probte – ganz allein für mich.

Am vierten Tag hielt ich diese selbstgewählte Klausur nicht mehr aus – ich mußte unter Menschen und schlenderte durch die feuchtkalten Straßen. Erst fröstelte ich, doch bald wurde mir siedend heiß, denn an jeder freien Ruinenwand las ich in Riesenlettern meinen Namen. Der «Simpl» hatte mein Gastspiel angekündigt, als wäre ich Hans Albers.

«Spinnst du?» fragte ich Theo Prosel. Der hatte offenbar eine solche Reaktion von mir erwartet, denn seine Erklärung kam prompt: «Was sollte ich machen, die Plakate waren ja schon gesetzt. Noch nicht gedruckt, aber schon gesetzt, und da wollte ich nicht so viel ändern, kostet doch schließlich alles Geld. Also hab ich alles, auch das Wort ‹Gastspiel› stehen gelassen, nur statt der zwei Zeilen ‹Karl Valentin› hab ich in zwei Zeilen ‹Gert Fröbe› setzen lassen.» Das aber hieß: fünf statt acht Buchstaben in der zweiten Zeile. Fröbe ist nun mal kürzer als Valentin. Um die Verringerung der Buchstaben aufzufangen, hatte der Setzer einfach eine fettere Type genommen. Deshalb war in ganz München riesengroß und superfett zu lesen

Gastspiel
GERT
FRÖBE

Mein Name füllte gut und gern zwei Drittel des Plakats, aber kein Mensch wußte, wer zu diesem so fett gedruckten Namen gehörte. Woher sollte man mich auch kennen? Der Abend im «Conti-Keller», die Silvestervorstellung im «Simpl» – das waren Insider-Veranstaltungen gewesen. Sehr wichtig für mich, aber ohne Echo in der Öffentlichkeit.

Das kann ja heiter werden, sagte ich mir und begann meinen «Simpl»-Monat mit mehr Angst als Selbstvertrauen.

Die erste Kritik, die ich dann in die Finger bekam, war die von Gunter Groll in der «Süddeutschen». Sie erschien in der Rosenmontagsausgabe, am 9. Februar 1948. Es wird niemanden wundern, wenn ich einen Satz daraus noch heute wörtlich zitieren kann. Er lautet: «Der ‹Simpl› hat einen neuen Star, oder – um es vorsichtiger auszudrücken – einen Mann, der wie Karl Valentin von dieser Bühne aus die Welt erobern wird.»

Ich las ihn morgens gegen neun Uhr – nichts konnte geschehen, das diesen wunderschönen Tag hätte trüben können. Nichts? Oh doch, als ich am Abend in den «Simpl» kam, erfuhr ich, daß Karl Valentin gestorben war.

Ausgerechnet am Rosenmontag, an dem Tag, an dem jeder Bürger ein Narr sein darf, hat sich Karl Valentin, der sein Leben lang Tag für Tag ein gottbegnadeter Narr gewesen war, von dieser Welt verabschiedet.

Und selbst sein Tod bekam eine tragikomische Note. Alle seine Freunde hatten sich auf die Beerdigung am Donnerstag – wie üblich drei Tage nach dem Ableben – eingerichtet und die Kränze bestellt.

Sie warteten vergeblich auf eine Nachricht, wann und wo Valentins Aussegnung stattfinden würde. Er hatte uns allen zum letzten Mal ein Schnippchen geschlagen. Er war bereits in aller Stille am Aschermittwoch auf dem Waldfriedhof in Planegg beerdigt worden, denn er war evangelisch, und damals gab es in Bayern so wenige protestantische Geistliche, daß für die evangelischen Toten aus München nur mittwochs ein Pfarrer zur Verfügung stand.

Bestimmt hat er da oben in sich hineingefeixt, dieser himmlische Narr. Hier auf Erden aber fehlte er sehr. Der «Simpl» hatte sein Herzstück verloren.

Niemand wußte so recht, wie es weitergehen sollte. Theo Prosel tat das Nächstliegende: er verlängerte meinen Vertrag. Statt für vier Wochen wurde das «Simpl»-Nudelbrett für weitere drei Monate mein abendliches Zuhause.

REINFALL MIT MEPHISTO

Schwarzmarkt-Party für
Helmut Käutner

München hatte sich in den ersten Nachkriegsjahren schneller erholt als die anderen Städte. Eine Zuzugsgenehmigung von Hamburg oder Berlin an die Isar kostete 750,– Reichsmark. Auf dem Schwarzen Markt, versteht sich.

Die ersten Dulten, Bälle und Künstlerfeste wurden wieder veranstaltet. Auf einem dieser Schwabinger Atelierfeste traf ich einen alten Bekannten wieder: Bernhard Eichhorn. Er war Musikdirektor am Dresdener Schauspielhaus gewesen, als ich dort den dicken Pinsel schwang und Kulissen malte. Dank meiner Knalleinlage bei der Generalprobe zur «Münchhausen»-Oper entsann er sich des Lehrlings Fröbe. Das war erstaunlich, denn ein Musikdirektor ist schon was in der Theaterhierarchie.

Eichhorn war in München, weil Helmut Käutner einen Film vorbereitete, und er – wie bei fast allen Käutner-Filmen – die Musik dafür komponieren sollte. Der Film hieß «Der Apfel ist ab» und war eine kabarettistische Revue, in der es auch einen Luzifer gab. Als ich das hörte, klingelte es bei mir. Kabarett und eine Art Mephisto, den ich doch mal studiert hatte! Das war ein Fingerzeig, in dem Film mußte es doch eine Rolle für mich geben.

Ich folgte Eichhorns Rat und lud Käutner und einige Schauspieler in meine Dachboden-Wohnung ein. Um deren Dürftigkeit zu vertuschen, griff ich zu einem probaten Mittel: ich kaufte im «Simpl» auf Pump für 2000,– Reichsmark Schnaps, schwarzgebrannten, die Flasche zu 250,– Reichsmark. Bezahlt hab ich ihn nie, aber alles abgearbeitet, bis auf den letzten Tropfen. Ein paar Wochen lang.

Wie ich vor der Haustür in der Maximilianstraße stehe, den

Wäschekorb mit den Flaschen gegen die Wand gedrückt, weil die Tür klemmte und nur mit Gewalt zu öffnen war, ging Robert Adolf Stemmle vorbei. Wir hatten uns im Kriege in Wien bei Curd Jürgens kennengelernt, und er hatte jetzt in München beim Theater und Kabarett als Texter und Regisseur Fuß gefaßt.

Heute würde man es wahrscheinlich bei einem kurzen «Guten Tag, nett, Sie zu sehen» bewenden lassen, aber damals freute man sich über jeden, den man lebend wiedersah. Im Handumdrehn kam ein Gespräch auf über das, was man gemacht hatte in den letzten Jahren und Monaten, und über das, was man an welterschütternden Projekten für die nächste Zukunft plante. Stemmle teilte mir gleich zu Gesprächsbeginn mit: «Übrigens, ich habe meinen Namen geändert!»

«Aber ich hab doch noch bei der Premiere von ‹Arzt am Scheideweg› gelesen: Regie: Stemmle!»

«Stimmt, Stemmle heiß ich noch, aber nur noch Robert A. – an Adolf will ich nicht mehr erinnert werden!»

Das gefiel mir, und ich sagte: «Was sollen wir lange zwischen Tür und Angel reden, drücken Sie mir die Tür auf und kommen Sie heute abend zu mir, ich geb 'ne kleine Fête!»

Die Abend-Einladung wurde zu einem Nachtfest. Der Kartoffelschnaps tat seine Wirkung. Wahrscheinlich war er gar nicht so stark, sondern wir hatten nur sowenig Stabiles im Magen als Unterlage.

Ich fand alle ganz wahnsinnig nett, war stolz, welch illustre Gäste sich eingefunden hatten, und goß fleißig nach, obgleich einige bereits Schwierigkeiten hatten, Worte wie «Mississippi» ohne Stolpern auszusprechen.

Bernhard Eichhorn war vernünftiger als ich. Er zupfte mich am Ärmel: «Du mußt jetzt allmählich mal was vortragen, damit der Käutner einen Eindruck von dir bekommt, denn wenn der noch zwei Gläser trinkt, versteht er nichts mehr!»

Er hatte ja so recht. Also hab ich mich in Positur gestellt, die Brust voller Luft gepumpt, ans Glas geklopft und – weil ich wußte, daß Käutner einen Luzifer suchte – einen Mephisto hingelegt, also, der liegt heute noch dort, wie wir Schauspieler sagen ...

Als ich endlich verstummte, sagte keiner ein Wort. Erst glaubte ich, ich hätte sie so beeindruckt, daß es ihnen die Sprache verschlagen hatte, doch dann flüsterte mir Eichhorn hinter vorgehaltener Hand zu: «Menschenskind, du bist ein solches Arschloch, der Käutner reagiert doch nur auf ganz leise Töne!» Das hätte er mir wirklich vorher sagen können.

Beim Abschied morgens gegen fünf versicherte Käutner schwankend, aber liebenswürdig, er werde sich aus Berlin melden.

Er hat sich nicht gemeldet, sondern Arno Assmann für die Rolle des Luzifers in «Der Apfel ist ab» engagiert. Der Film wurde nach dem Erfolg von Helmut Käutners erstem Nachkriegsfilm «In jenen Tagen» der erste Totalverlust unter den deutschen Filmen. Und das wollte was heißen, zu einer Zeit, da es in Deutschland kein Fernsehen und kaum neue deutsche Filme gab.

Fünf Wochen nach meinem mitternächtlichen Mephisto-Desaster klingelte das Telefon: Robert A. Stemmle aus Berlin, der Überraschungsgast an jenem Käutner-Abend. Bißchen spät, um sich für die Einladung zu bedanken, dachte ich. Nichts davon. Er fragte: «Sind Sie noch so dünn wie vor fünf Wochen?»

Ich bestätigte ihm, daß zu meinen 116 Pfund kein Gramm dazugekommen sei. Woher auch.

«Das ist gut, ich sitze nämlich gerade über einem Filmentwurf, den der Kabarett-Texter Günter Neumann nach seinem ‹Schwarzen Jahrmarkt› geschrieben hat, und ich soll diesen Film inszenieren. Bei dem Hauptdarsteller hab ich an Sie gedacht – der Produzent heißt Alf Teichs. Er wird Sie sich mal ansehen.»

Ich stammelte die üblichen Danke-schön-Floskeln, wollte

auflegen, aber Stemmle hatte noch etwas auf dem Herzen: «Eine Bitte habe ich noch, Herr Fröbe . . .»

Langes, gedehntes, fragendes, ängstliches «Jaaa?» meinerseits.

«Spielen Sie Herrn Teichs nicht den Mephisto vor.»

ODYSSEE ZUR «BERLINER BALLADE»
An die Spree auf vielen Umwegen

Der Herr Teichs kam wirklich. Ich lud ihn in den «Simpl» ein und ließ mir erzählen, was er vorhatte. Was er berichtete, klang verlockend: Zusammen mit Heinz Rühmann hatte er, der früher Produktionschef der Terra-Film gewesen war, die Filmproduktion «Comedia» gegründet, die den Film «Schwarzer Jahrmarkt» (so hieß er damals noch) produzieren wollte. Die einzelnen Kabarett-Nummern sollten durch eine durchgehende Figur, den «Otto Normalverbraucher», zusammengehalten werden. Alles, was er mir von diesem Otto erzählte, deckte sich weitgehend mit dem, was ich nach meiner Entlassung aus der Kriegsgefangenschaft erlebt, unternommen und durchgemacht hatte. Und nicht nur ich, sondern Zehntausende.

Er meinte, ich sei der Richtige für diese Rolle, und gab mir eine Art Vorvertrag, der aber erst Gültigkeit bekam, wenn auch Günter Neumann, von dem die erfolgreiche Kabarett-Revue «Schwarzer Jahrmarkt» stammte, mich als seinen «Otto Normalverbraucher» akzeptierte. Nachdem Stemmle und Teichs mich wollten, war ich sicher, auch den mir unbekannten Günter Neumann überzeugen zu können.

Am 24. Juni war ich morgens um sechs auf dem Münchener Hauptbahnhof. Der Interzonenzug nach Berlin ging zwar erst um 7 Uhr 30, aber er war immer so überfüllt, daß man nicht früh genug am Bahnsteig sein konnte.

Doch alle, die an diesem 24. Juni in die SBZ (Sowjetische Besatzungszone) fahren wollten, kamen ein paar entscheidende Stunden zu spät. Die Russen ließen keinen Zug mehr über die Grenze in ihre Zone und nach Berlin.

Mahlzeit! Offenbar hatte ich ein besonderes Geschick, mir für meine Reisetermine historische Ereignisse auszusuchen. Bereits 1939 war ich prompt am Tag des Kriegsausbruchs von Frankfurt nach Wien gefahren.

Diesmal war Töpen-Juchöh Endstation für den Interzonen-Zug, der Grenzübergang bei Hof. Wer wollte, konnte bis dahin mitfahren und versuchen, auf eigene Faust weiterzukommen, denn noch war unklar, wie lange die Russen diese Sperre aufrechterhalten wollten. Vielleicht nur ein, zwei Tage. Die Blok-kade Berlins dauerte fast ein Jahr. Genau bis zum 12. Mai 1949. Die Teilung Deutschlands dauert nun schon fast vierzig Jahre.

Ich tat, was die meisten taten, und fuhr trotzdem nach Töpen-Juchöh. So lustig der Ortsname klang, so traurig sah es dort aus. Baracken auf dem Bahngelände, vor jeder stauten sich Men-schentrauben. Gedränge, Geschrei, Anpöbeleien.

Alte Soldatenweisheit: In solchen Situationen darf man sich keinesfalls nach vorn drängeln. Die ersten werden noch streng nach Vorschrift und Paragraphen behandelt. Warten muß man, bis sich Müdigkeit und Lustlosigkeit bei den Kontrolleuren breitmacht.

In einem Lagerraum hab ich mich verkrümelt und erst mal ein paar Stunden aufs Ohr gelegt. Unfaßbar, bei welchem Lärm man damals schlafen konnte. Als ich nach mehreren Stunden ins Tageslicht trat, waren die meisten abgefertigt. Sie mußten zu-rück. Nur eine kleine Gruppe in Trauerkleidung und mit Krän-zen stand abgesondert. Weil kaum noch jemand zu überprüfen war, kümmerten sich gleich zwei Rotarmisten, ihre MPs über der Brust, um mich.

Nützlicher als die Maschinenpistolen wäre ein Dolmetscher gewesen, wir konnten uns in keiner Sprache verständigen. Aber

wer weiß, vielleicht wäre einer, der alles wortwörtlich übersetzt hätte, nur ein zusätzliches Hemmnis gewesen. So stammelte ich «Artista, Filmo, Berlino» – und was der verwegenen
Wortschöpfungen mehr waren. Dabei wedelte ich mit dem
Schreiben der «Comedia-Film». Das war genauso sinnlos wie
die Reaktion des einen Russen, der das Schreiben nahm und
hin und her drehte. Lesen konnte er es weder von oben noch
von unten.

Aber man kann gar nicht so dumm denken, wie es im Leben kommen kann: Der Briefkopf des Schreibens enthielt das
Firmenzeichen der «Comedia-Film», zwei klassische griechische Masken, eine lachende mit hochgezogenen, eine wei-
nende mit nach unten gezogenen Mundwinkeln.

Der Russe fand Gefallen an diesen Masken und versuchte,
den Ausdruck nachzuahmen, indem er seine Mundwinkel
ebenfalls abwechselnd nach oben und nach unten schob.

Ich nickte, grinste und machte das gleiche. Da grinsten
beide Russen. Nie habe ich die Kraft der Pantomime so unmittelbar gespürt wie an diesem Donnerstag, dem 24. Juni
1948, auf dem Bahnhof Töpen-Juchöh.

Plötzlich gab es keine Sprachschranken mehr. Drei wild-
fremde Menschen verstanden sich. Abwechselnd verzogen wir
wie ein eingespieltes Komiker-Trio unsere Gesichter. Erwachsene Männer machten Faxen wie Kinder. Drei-, viermal.
Dann bekam ich den Brief zurück, der eine zeigte auf die
Trauergemeinde und entschied: «Da da, du Artista!»

Während ich auf die kleine Gruppe zuging, dachte ich mir,
daß ich mit meiner Mephisto-Darbietung kaum diesen Erfolg
gehabt hätte. Der Bahnhofsvorsteher konnte uns beim besten
Willen nicht sagen, wann der nächste Zug in Richtung Berlin
ginge. Morgen, vielleicht auch erst übermorgen. Damit wurde
aus meinem Reiseproblem ein Übernachtungsproblem.

Auf einem der Felder neben dem Bahndamm tuckerte ein
Bauer mit seinem Traktor und einem Anhänger voller Kartof-

feln über den Acker. Aus dem Auspuffrohr stiegen bei jedem Puff-Puff-Puff kleine schwarze Rußringe in den Himmel.

Schon rief ich den Bauern an: «He, wo fährschte hi?» im Dialekt des Bauern, denn Vogtländisch ist dem Sächsisch sehr ähnlich, das in der Zwickauer Gegend gesprochen wird. Und davon war ich ja nur wenige Kilometer entfernt.

Er wollte nach Werdau, das war schon ein ganzes Stück näher an Berlin. Also stieg ich auf die Kartoffeln und machte mich auf ein paar Stunden Gerüttel gefaßt. Von einem gewissen Moment an fand ich dieses Rütteln überhaupt nicht mehr unangenehm. Im Gegenteil höchst stimulierend. Dieser Zeitpunkt fiel mit jenem zusammen, an dem eine dralle Landmaid neben mir auf den Kartoffeln Platz nahm. Durch das Gerüttel kamen wir beide uns im gleichen Rhythmus näher und näher. Unser Gespräch wurde immer lustiger und munterer, bis es mehr und mehr verstummte und wir uns auf andere Weise zeigten, wie sympathisch wir uns waren.

In Werdau bekam ich am nächsten Tag einen Zug über Leipzig nach Berlin. Es war das erste Mal, daß ich seit 1936 Berlin wiedersah. Ich sah es wieder, aber ich erkannte es nicht. So furchtbar hatte ich mir die Zerstörung trotz aller Berichte nicht vorgestellt.

Günter Neumann, von dem es jetzt abhing, ob ich die Rolle des «Otto Normalverbraucher» bekam, wohnte im Grunewald. Dort milderte das Grün der Bäume und Gärten den Eindruck der Ruinen und der vernagelten Fenster.

Als er mich mit meinen 1,86 im Türrahmen seiner Wohnung sah, schlug er die Hände überm Kopf zusammen: «Um Gottes willen, so groß sind Sie, Herr Fröbe! Ich hab die Rolle für einen ganz kleinen Mann geschrieben. Für – einen armen Hund. Ein kleines Wesen. Ein kleines Nichts. Einen à la Chaplin. Nein, es tut mir leid, das hat mir keiner gesagt. Wirklich, der ‹Otto Normalverbraucher› ist nichts für Sie.»

Das kam so spontan, daß jedes Argument dagegen sinnlos

war. Während ich im Hinterkopf überlegte, wo ich in Berlin eventuell mit meinen Pantomimen auftreten könnte, wagte ich doch einen schüchternen Einwand: «Aber Herr Neumann, meinen Sie nicht, daß es letzten Endes auf die ‹innere Kleinheit› ankommt? Das Äußere, das ist doch wegzuspielen. Klein muß man nicht sein, das Kleinsein muß man fühlen – darauf kommt es doch an.»

Günter Neumann schaute mich mit seinen blauen Augen an, als hätte ich versucht, Einsteins Relativitätstheorie zu erklären: «Wie wollen Sie mir das beweisen?» Das war eine sehr normale Reaktion auf meinen verwegenen Satz. Aber ich spürte – sein Widerstand war zu brechen: «Am besten, ich spiel Ihnen mal den Zettel vor.» Noch ehe er nein sagen konnte, hab ich ihm zwischen Schreibtisch und Bücherschrank die Szene aus dem «Sommernachtstraum» vorgespielt, in der Zettel, der Weber, dieser arme Wicht, ganz allein im Wald aufwacht und nicht weiß, daß ihm im Schlaf ein Eselskopf aufgezaubert wurde. Dieser zärtlich naive Monolog:

Ich hatte 'nen Traum –
's geht über Menschenwitz zu sagen,
was es für ein Traum war...

Erich Ponto hatte die Rolle mit mir einstudiert und herausgearbeitet, in welcher rührenden Situation sich dieser kleine arme Mensch befindet, der nicht mehr ein noch aus weiß, weil seine Freunde ihn verlassen haben. Ganz leise hab ich diesmal gesprochen. Als ich fertig war, sagte Günter Neumann:

«Herr Fröbe, Sie haben mich überzeugt. Sie werden den ‹Otto Normalverbraucher› spielen.»

So kam ich zu meiner ersten richtigen Rolle in einem richtigen Film. Soweit man damals überhaupt «richtige» Filme drehen konnte. Aber was heißt denn «richtig»? Ich habe später in Filmen gespielt, für die alles Monate vorher genau festgelegt worden war – es wurden trotzdem keine guten. Bei der «Berliner

Ballade» kamen die Drehbuchseiten oft erst eine Stunde vor Drehbeginn, manchmal auch erst, wenn wir die Szene bereits gedreht hatten.

Bei den Außenaufnahmen benutzte unser Kameramann Georg Krause einen zerkratzten Schlafzimmerspiegel, um die Gesichter aufzuhellen. Gedreht wurde bei jedem Wetter. Später habe ich bei Außenaufnahmen Wochen herumgesessen, bis der Kameramann die passende Wolkenbildung für die dramatische Situation der Szene gefunden zu haben glaubte.

Eines aber war echter bei diesem Berliner Film als bei allen meinen folgenden: die Kulissen der Außenaufnahmen. Die zerbombten Häuser waren bittere Realität.

Es gibt ein Foto aus diesem Film, das besser als viele Worte unsere damalige Situation verdeutlicht: «Otto Normalverbraucher» steht zerlumpt und abgemagert vor dem bombastisch-heroischen Siegerdenkmal der Roten Armee.

Unsere Gagenverträge waren richtige Verträge, nur das Geld war nicht richtig, das wir erhielten. Es war nicht ein Zehntel dessen wert, was auf den Scheinen stand. Am 20. Juni 1948, dem Tag der Währungsreform, war es gar nichts mehr wert. Jeder Westdeutsche bekam 40 Mark neues Geld als Starthilfe. Über Nacht präsentierten die Schaufenster Lebensmittel und Kleidung wie seit fast zehn Jahren nicht mehr.

Ich beschloß, meine 40,– D-Mark standesgemäß anzulegen und kaufte mir am Kurfürstendamm für 39,– D-Mark ein hochelegantes Picknick-Köfferchen mit Besteck, Tellern, Tassen und Thermosflasche. Nach dem Motto: Wenn schon Kohlsuppe, dann mit silbernen Löffeln.

Mein «Otto Normalverbraucher» war ein Heimkehrer aus Kriegsgefangenschaft, abgemagert und von kulinarischen Phantasien um den Schlaf gebracht. Die Kollegen, vor allem jene, die Schieber darstellten, wie beispielsweise Aribert Wäscher, konnten essen, was das Herz begehrte. Ich mußte meine 116 Pfund noch wochenlang halten. Einmal hab ich gesündigt. Meine

Mutter war zu Besuch nach Berlin gekommen, und ich hatte ihr eine Riesenschachtel Pralines geschenkt. Ich konnte nicht widerstehen und naschte. Bei der nächsten Mustervorführung war Stemmle verzweifelt. Sein Hauptdarsteller hatte sichtbar zugenommen. Er, der selbst so gern aß, verlangte daraufhin von mir ganz strikte Diät.

Auf den Tag genau ein Jahr nach meiner ersten Begegnung mit Karl Valentin am Silvesterabend 1947, nämlich zu Silvester 1948, sollte die Premiere der «Berliner Ballade» im Marmorhaus am Kurfürstendamm sein.

Sollte! Aber damals hatten die Alliierten das letzte Wort, und die fanden ein Haar in dem Kakao, durch den in diesem Film alle und alles im zerbombten Nachkriegsdeutschland gezogen wurde. Auch die Alliierten. Ernst Reuter, legendärer Bürgermeister von Berlin, schaltete sich ein, die Premiere wurde genehmigt, und am Silvesterabend stand ich am Kurfürstendamm vorm Marmorhaus. 15 Meter hoch und aus Pappe.

Viermal ist meine Mutter mit meiner Schwester Hanni an diesem Pappkameraden vorbeigegangen. Sie konnte es gar nicht fassen, daß ihr Sohn so berühmt war. Sie erlag damit einem Irrtum, dem viele beim Film verfallen, wenn sie übertriebene Reklame mit echter Berühmtheit verwechseln.

Ich lernte beides bereits bei diesem Film zu unterscheiden. Eine bittere Lehre. Die Kritiker jubelten lauthals. Hätte sich ihre Meinung an der Kasse niedergeschlagen, wäre der Film ein Renner erster Ordnung geworden. Doch die «Ballade» wurde eine Elegie. Jedenfalls an der Kasse. Trotz Auszeichnungen und Preisen wurde er nur das, was die Filmbranche begütigend einen «Achtungserfolg» nennt. In der Schweiz mußte er sogar umgetitelt werden. Weil eine Nebenhandlung mit der großartigen Tatjana Sais in einer Ehevermittlung spielt, hieß er bei den Eidgenossen «Liebeszentrale Amor».

Zu allem Unglück überstand die Produktionsfirma die Umstellung durch die Währungsreform nicht, sie mußte Konkurs

anmelden. Mir, dem Hauptdarsteller, dessen Name Otto Normalverbraucher zur Bezeichnung für den Durchschnittsbürger
geworden war, hatten die Kritiker Dutzende von Rollenangebo-
ten prophezeit.

Statt dessen spielte ich bis 1953 in zwei Filmen. Bei einem war
meine Rolle, beim anderen der ganze Film schlecht.

Aber ganz vergessen war ich nicht. Zu einem Filmfest, das Ilse
Kubaschewski für ihre «Gloria»-Film im Undosa-Bad in Starnberg veranstaltete, fand sich ein, was im Film Rang und Namen
hatte.

Auch ich war da. Ich war jedoch nur als Artist engagiert. Als
das eigentliche Fest begann, wurde ich ins Büro gebeten, erhielt
meine 150 Mark Abendgage und als Service noch einen Zettel,
auf dem vermerkt war, wann der nächste Zug nach München
zurückging.

Möglicherweise hatte man bei der «Gloria» noch nie etwas
von dem Film «Berliner Ballade» gehört – obgleich doch Münchens Starkritiker Gunter Groll den Film begeistert gepriesen
hatte und über mich – Entschuldigung, aber ich zitiere – geschrieben hatte: «Die Rolle des Otto Normalverbraucher war
eine ungewöhnliche Chance für Gert Fröbe, Fröbe ist aber auch
eine ungewöhnliche Chance für den deutschen Film ... Dieser
Kabarettist und Pantomimiker tritt mit diesem Film in die Reihe
unserer bemerkenswerten Filmdarsteller: als einer der originell-
sten, die wir besitzen. Hier könnte ein Typ entstehen, der dem
deutschen Film fehlt: ein Groteskkomiker mit chaplinesken
Zügen. Es wäre schön...»

Genug damit. Nur noch dies: Für mich gehört die «Berliner
Ballade» zu den besten Filmen, die ich je machen durfte.

ZAUBERWELT MANEGE

Meine Begegnungen mit Grock und Charlie Rivel

Vier Jahre war ich alt, als ich in Zwickau zum ersten Mal einen Circus besuchen durfte. Seitdem hat die Manege für mich größere Anziehungskraft als die Bühne, das Brettl oder das Fernsehstudio. Ich bin Schauspieler, mein Herz aber schlägt für die Artisten. Jeder Auftritt in der Manege war für mich nicht nur eine Herausforderung, sondern auch ein immer neuer Versuch, mich dieser Welt wie einer Geliebten zu nähern, deren Geheimnis man nie ganz ergründen kann.

Warum? Es gibt viele logische Gründe, doch keiner ist stichhaltig. Anders als auf der Bühne hängt in der Manege alles ausschließlich vom Artisten ab. Von der ersten Sekunde seines Auftritts an muß er voll da sein. Fünfzehn Meter hat ein Artist vom «Reitergang» bis zur Manegenmitte zu überwinden – wer die gemessenen Schritts abschreiten will, kann gleich in seinem Wohnwagen bleiben. Die Akrobaten wissen das. Sie kommen mit Anlauf, springen in die Manege, Salto, Spagat, Tempo, Tempo, Überschlag und Allez hopp. Stehst du als Schauspieler zum ersten Mal in der Manege, bekommst du unweigerlich Fracksausen, denn das Publikum ist nicht vor dir, sondern rings um dich. Du mußt dynamisch nach allen Seiten arbeiten, das ist anders als auf einer Bühne, die sich nur nach vorn öffnet.

Nichts ist falscher, als Artisten und Schauspieler in einen Topf zu werfen, nur weil beide vor Publikum arbeiten. Beide leben in zwei verschiedenen Welten. Nicht nur weil Schauspieler der Sprache bedürfen, während Artisten meist stumm arbeiten. Schauspieler reden gern von sich und erzählen, wie gut sie gestern auf der Bühne waren. Ein Artist schweigt über seine Arbeit, weil er weiß: Wenn er gestern abend statt drei nur zweieinhalb Flic-Flacs auf dem Schlappseil geschafft hätte, wäre er mit dem Kopf auf dem Boden gelandet und hätte sich wahrscheinlich das Genick gebrochen. Würden die Leistungen der Schauspieler nach dem gleichen strengen Maß – nämlich auf Leben und Tod – gemessen wie die der Artisten, gäbe es erheblich weniger Schauspieler. Ein guter Text deckt manche falsche Betonung zu. Ein falscher Schritt auf dem Hochseil aber ist nicht zu verbergen.

Doch Circusarbeit ist nicht nur Training und Erfahrung. Voraussetzung ist eine innere Beziehung zu dieser Welt. Und eine äußerliche Dokumentation: die Mitgliedschaft in der Artistenloge. Nur wer dazugehört, darf im Circus oder im Varieté arbeiten. Ich war in der Artistenloge, zum Glück, denn so konnte ich die Durststrecke Ende der vierziger bis Anfang der fünfziger Jahre mit Gastspielen im Circus und im Varieté überbrücken. Noch heute klopfen mir Artisten, mit denen ich damals aufgetreten bin, auf die Schulter. Für sie bin ich einer der Ihren, der nur aus der Bahn geriet und Karriere als Schauspieler gemacht hat.

Vielleicht haben sie gar nicht so unrecht. Was bin ich denn? Ich habe auf großen Bühnen gestanden, unter Regisseuren von Weltrang gefilmt, aber immer wieder hat es mich in die Manege gezogen.

«Wahrscheinlich ist er ein Clown», hat Erich Kästner über mich geschrieben, und in jungen Jahren habe ich in Öl ein Selbstporträt von mir als Clown gemalt, mit einer Maske, die ich mir direkt aufs Gesicht geschminkt hatte. So wollte ich (und so möchte ich noch heute) als Clown in der Manege arbeiten.

Ich bin nie – weder im Film noch auf der Bühne – als Clown aufgetreten. Doch, einmal! In Wien während meiner Volkstheater-Zeit habe ich einmal einen Clown getanzt. Das war im berühmten Ballett-Chor der «Solomimikerin» (so hieß die Bezeichnung wirklich!) der Staatsoper Wien Hedy Pfundmeier. Nach der Melodie von «Hänschen klein...» hatte Alexander Steinbrecher, der Komponist vieler Wiener Lieder, Variationen in chinesisch, italienisch, ungarisch und spanisch geschrieben, die ich entsprechend tanzte. Aber nur einmal: Am nächsten Morgen begann mein «Engagement» bei der Infanterie, das fünfeinhalb Jahre dauerte.

Meine schönste Zeit beim fahrenden Volk habe ich Anfang der fünfziger Jahre im Circus Belli erlebt. Vier Wochen lang war ein Wohnwagen mein Zuhause. Ich lernte wunderbare Dinge, nur hinter die Tricks des Zauberkünstlers kam ich nicht. Ein ungeschriebenes Artistengesetz verbietet, ihm zuzuschauen, wenn er seine Requisiten aufbaut. Ist auch verständlich, seine Zaubertricks sind sein ganzes Kapital.

Damals parodierte ich einen Boxchampion, und mein Freund Sammy Drechsel kommentierte meine Pantomime im Rundfunkreporterstil, den er so perfekt beherrschte. In seiner «Lach- und Schießgesellschaft» trat ich 25 Jahre später über 200mal mit meinem Programm «Durch Zufall frei» auf. Auch er war im Herzen ein Circusmensch.

Was ich einst in Dresden als Bühnenmaler nebenbei geübt hatte, wurde jetzt zum Broterwerb: Ich habe jongliert. Mit Stäben, Stühlen und – was am schwierigsten ist – mit einem Blatt Zeitungspapier. Ich habe mimisch parodiert und stimmlich rezitiert. Was ich auch tat, ich war Freund unter Freunden. Ich habe mit den Trapez-Artisten im Wohnwagen Karten gespielt, während die Musik aus dem Circus-Zelt herüberwehte.

So wußten wir immer, wieviel vom Programm bereits abgelaufen war, denn jeder kannte die Takte der Einführungsmusik für die einzelnen Nummern. Wenn dann das wuchtige Ratatata kam, mit dem die Raubtier-Nummer angekündigt wurde, legten wir wie auf Kommando die Karten weg, lauschten auf jeden Ton, der aus dem Zelt kam, und spielten erst weiter, wenn Tusch und Schlußbeifall erklangen. Denn dann erst war sicher, daß alles gutgegangen war. Jedenfalls für heute.

Überall auf der Welt, wo im Circus gearbeitet wird, ist das so. Immer wenn die Nummern kommen, in denen es auf Leben und Tod geht, unterbrechen alle, ob Artisten oder Stallknechte, ihre Tätigkeit und warten und lauschen, bis der verdiente Beifall einsetzt. Diese Schweigepause ist die Ehrerbietung der Circusmenschen für jene von ihnen, deren Leben nicht nur von ihnen allein abhängt. Kommt dann dieser Artist nach seinem Auftritt in den Wohnwagen zurück, gibt es keine Sonderrechte mehr für ihn. Dann ist er so viel wert wie jeder andere.

So ähnlich die Arbeit in den verschiedenen Manegen ist, so deutlich unterscheidet sich ein Circus vom anderen. Jeder hat sein eigenes Gesicht, ob Krone, Sarrasani, Belli, der zauberhafte Roncalli oder die vielen anderen. Jeder hat ein spezielles Programm, das für ihn typisch ist.

Eine wunderbare Welt, geschaffen aus Flitter, Schweiß, Glamour, Musik, Fleiß und viel Phantasie. Eine Welt, die ihre eigenen Gesetze und ihre eigenen Stars hat. Zwei von ihnen hab ich näher kennengelernt: die beiden großen Clowns Grock und Charlie Rivel.

Nit m-ö-ö-ö-glich: Grock

Grock hieß bürgerlich Adrian Wettach. Er begann in einem Clown-Duo. Sein Partner hieß «Brick», deshalb nannte er sich Grock. «Brick und Grock – die beiden Clowns» stand im Programm. Grock, gebürtiger Schweizer, reiste immer mit seiner Frau, die nicht nur – und zwar sehr genau – die Kasse führte, sondern auch bei seinen Auftritten hinter der Bühne für die Geräuscheffekte sorgte.

Bei unserer ersten Begegnung stand nicht er, sondern ich auf der Bühne, und er war im Zuschauerraum. Im «Regina»-Hotel in München war's, 1950. Die Amerikaner hatten für die «Pfennigparade» gegen Kinderlähmung, diese verdienstvolle caritative Organisation, eine Wohltätigkeitsveranstaltung aufgezogen, zu deren Programm neben vielen anderen auch meine Pantomimen gehörten.

Nach meinem Auftritt setzte ich mich an einen der kleinen Tische im Zuschauerraum, um mir anzusehen, was die Kollegen zu bieten hatten. So sehr war ich bei dem, was auf der Bühne sich abspielte, daß mich ein älterer Herr dreimal anstoßen mußte, bis ich ihn wahrnahm. Seine Augen und vor allem der Mund, dieser breite Mund, kamen mir bekannt vor. Da fiel der Groschen! Es war Grock in Zivil. Er hatte meine Nummer gesehen, sie hatte ihm so gefallen, daß er mich spontan per Handschlag für seine Tournee engagierte.

Er war ein echter Schweizer, das merkte ich nicht nur an der Sprache, sondern auch daran, daß er ohne Scheu über das Finanzielle sprach: «Die Tournee dauert ein Vierteljahr, Sie bekommen dreihundert D-Mark pro Tag, das sind fast achtundzwanzigtausend D-Mark.»

Damit war ich ein hochbezahlter Artist. Ich hatte fürs erste ausgesorgt, nicht nur für die drei Monate. Nur Grock und ich standen auf dem Plakat – auch das war viel wert. Ich bestritt ganz allein die fünfzig Minuten des ersten Teils, er kam nach der Pause für eine Stunde.

Erst viel später hat mir sein Manager Curt Collin vorgerechnet, wie ich zu diesem Vertrag gekommen war. Ich begriff, daß Grock auch hierbei sehr genau zu rechnen verstanden hatte.

Collin war ein Mann, der jeden Artisten in Europa und die Spitzenstars der außereuropäischen Artisten kannte. Die besten davon gehörten zu seinem Stall. «Grock», hatte mir Collin gesagt, «vertrete ich seit zwanzig Jahren. Er bekommt von mir dreitausend DM am Abend – das ist viel Geld, nur er und Charlie Rivel bekommen diese Gagen. Aber trotzdem sind die beiden für mich die billigsten Artisten, denn wo sie auch auftreten, sind die Säle voll. Wenn ich dagegen fünfzehn Artisten für je zweihundert engagiere, kostet mich das auch dreitausend, aber ich habe nicht die Sicherheit, daß schon im Vorverkauf das Schild ‹Ausverkauft› an der Kasse hängt.»

«Schön und gut, aber warum hat er mich engagiert?»

«Weil er rechnen kann! Er muß ja von seiner Abendgage das Vorprogramm finanzieren, und für die fünfzig Minuten braucht er normalerweise einen Conferencier, drei, vier Hupfdohlen, einen Feuerschlucker oder Jongleur – auf jeden Fall sind ganz schnell achthundert bis tausend Mark weg –, Ihnen aber zahlt er nur dreihundert, also bleiben ihm zweitausendsiebenhundert.»

Das war zwar eine ernüchternde Rechnung, aber irgendwie imponierte sie mir, und da ich mich gut bezahlt fühlte und entschlossen war, meine Chance zu nutzen, ging ich mit Elan in das Engagement.

Die Tournee begann in Stuttgart. Im Opernhaus. Fünf Abende hintereinander waren angesetzt. Eigentlich waren es fünf Nächte, denn wir begannen um halb zwölf, vorher gehörte die Bühne «Aida», «Figaro» oder anderen Opern. Trotz der späten Stunde waren alle fünf Vorstellungen bis auf den letzten Platz ausverkauft. Nur auf den Namen «Grock» hin mit seinem weltberühmten Satz «Nit mö-ö-ö-glich!» und seinem genauso berühmten Ausruf «Huuuiiii». Ich glaube, es war sein erstes Auftreten nach dem Krieg in Deutschland.

Eine alte Artistenweisheit besagt: «Die erste Nummer ist die schwerste!» Das war meine. Ich hatte den Abend, wie das unter Artisten heißt, «aufzureißen». Allein und vor einem Publikum, das nur wegen Grock so lange aufgeblieben und bereit war, sich die Nacht um die Ohren zu schlagen. Statt Grock trat ihnen nun erst mal fast eine Stunde ein rothaariger Unbekannter gegenüber. Um diese Enttäuschung aufzufangen, half nur eins: Losgehen wie eine Rakete. Ich sorgte dafür, daß die Zuschauer fünfzig Minuten lang nicht aus dem Lachen herauskamen.

Meine Glanznummer war ein Kellner. Ich zeigte ihn erst, wie er vor, und dann, wie er nach der Währungsreform servierte. Vor dem Geldschnitt wurstig und unhöflich, danach schleimig, voll pomadisierter Servilität vor dem Portemonnaie des Gastes. Es war kurz vor Aufhebung der Lebensmittelrationalisierung, und «schwarz» essen – ohne Marken – war damals eine reichlich fließende Nebeneinnahmequelle auf Trinkgeld erpichter Kellner.

Als Abschluß brachte ich unmittelbar vor der Pause meinen Torwart vom 1. FC Schnakendorf. Wenn er muskelgeschwellt vor Kraft kaum laufen konnte und umständlich seine Sporthose in den richtigen Sitz zog, wenn er mit Chlorodont-Zähnen in die Fotoblitze lächelte und lange, lange seinem Abstoß nachschaute, dann jubelte das Haus über diesen eitlen Fußballritter. So angealbert, gingen die Zuschauer in die Pause.

Danach kam Grock, schüchtern, mit riesigem Koffer, in dem nur seine berühmte winzige Geige war. Seine Komik war von leiser, zarter Art. Im Alter hatte er sich noch mehr zurückgenommen, war noch dezenter geworden.

Das Publikum jedoch – angeheizt durch mich – war mit der Meinung in den zweiten Teil gekommen, daß es auch dort so deftig weitergehen würde. Es konnte seine Erwartungen nicht so schnell umschalten, Grock hatte es schwer. Jedenfalls schwerer als sonst. Der alte Varieté-Hase spürte das schon am zweiten Abend.

Dergleichen wird es immer wieder und überall geben, wo Menschen sich im Wettstreit um die Gunst des Publikums gegenüberstehen. Unterschiedlich ist immer nur die Art, wie sie darauf reagieren. Grock reagierte ganz offen.

Er kam am Nachmittag vor der fünften Vorstellung in Stuttgart zu mir: «Also, Herr Fröbe, wir müssen da mal ein offenes Wort miteinander reden. Ich kann Sie nicht mit auf Tournee nehmen, das geht nicht, wissen Sie, weil ... also, die Leute lachen so viel bei Ihnen, da habe ich es sehr schwer, nach der Pause daran anzuknüpfen. Ich freu mich ja, daß ein junger Mann solch einen Erfolg hat, aber ich muß doch auch an mich denken.»

So ungefähr drückte er sich aus und machte dann eine längere Pause. Offenbar war er darauf gefaßt, daß ich aufbrausen, auf meinen Vertrag pochen würde oder ihm anböte, meine erfolgträchtigeren Nummern wegzulassen, damit er im zweiten Teil die Stimmung im Publikum steigern könne.

Jahre später hat er mir erzählt, daß er damals in Stuttgart mit allem Möglichen gerechnet hatte, nur nicht mit der Antwort, die ich ihm gab:

«Ganz ehrlich, Herr Grock, wenn ich Sie wäre, würde ich genauso reagieren . . .»

Ich spürte seine Verwunderung und sagte: «Ich kann Sie völlig verstehen. Auch ich halte es für das Beste, wenn wir uns freundschaftlich trennen – denn ich bewundere Sie zu sehr.»

Nach der fünften Vorstellung fuhr ich von Stuttgart nach München zurück. Statt 28000 Mark hatte ich 1500 Mark verdient – aus eigenem Entschluß.

Grock hat dann die Tournee so fortgesetzt wie immer, mit Ballett, Zauberkünstler und Conferencier im Vorprogramm. Das hat ihn zwar wesentlich mehr gekostet, aber dafür war er im zweiten Teil unbestritten und mit Recht der King.

Jahre später gastierten wir beide in Essen. Jeder für sich. Er mit Vorprogramm im Varieté, ich mit meiner Ein-Mann-Show in einem Kabarett. Nach unseren Vorstellungen haben wir uns zusammengesetzt, und beim dritten Glas Wein gestand er mir: «Die fünf Abende mit Ihnen waren mir altem Circuspferd eine Lehre. Seitdem hab ich nicht nur aufs Geld geschaut, wenn ich jemanden für mein Vorprogramm engagiert hab, sondern auch darauf, daß er mir nur die Steigbügel hält und nicht selbst die Hohe Schule der Pantomime reitet.»

An diesem Abend hab ich gern die Zeche für ihn bezahlt.

Den anderen Clown von Weltklasse, Charlie Rivel, hatte ich schon als junger Mann in Dresden gesehen. Damals trat er noch mit seinen beiden Brüdern und seinen vier Kindern auf. Alle gleich gekleidet, aufgereiht wie die Orgelpfeifen bis zur kleinsten, Paulina, die damals gerade drei Jahre alt gewesen sein dürfte. Unvergessen, wenn diese Rasselbande in verschiedenen Tonlagen «Eine Brücke – Eine Brücke» intonierte.

Die Erinnerung an diese Nummer war so wach, daß ich mich wunderte, als ich Rivel viele Jahre später wieder sah, daß er nicht mehr die gleiche Nummer mit den Kindern brachte. Bis mir dämmerte, daß dies wohl kaum möglich sein konnte, denn inzwischen waren ja alle erwachsen. Paulina war ein reizvolles Fräulein geworden, und Juanito, sein Sohn, begleitete Papa Charlie am Klavier.

Anlaß für das Wiedersehen war ein Ehrenabend für ihn im Circus Krone im Jahre 1976. Ein Denkmal sollte für ihn aufgestellt werden. Smokings und Abendkleider beherrschten die Logen. Viele Schauspieler und Artisten waren unter dem Publikum, vor dem Rivel an diesem Abend auftrat.

Mitten in der Manege stand sein roter Wohnwagen, mit dem er so viele Jahre gereist war und der einen Ehrenplatz im Park seiner pompösen Villa bei Paris hatte. Ein Spotscheinwerfer richtete sich auf die Wohnwagentür, und heraus kam, langsam und zögernd, Charlie mit Stuhl und Gitarre. Er ging die drei Stufen der Treppe herunter und stand in der Manege, wie von einem anderen Stern. Ich glaube, in diesem Moment gab es niemandem im weiten Rund der Manege, der keine feuchten Augen bekam.

Er trug das Kostüm, das über Jahrzehnte sein Markenzeichen war: ein unförmiges, knöchellanges rotes Trikothemd und eine Perücke mit Glatze, roten Haarbüscheln links und rechts an den Schläfen.

Jeder Schritt, jede Bewegung saß, allein schon, was er veranstaltete, bis er endlich den Stuhl von der einen Seite erklommen hatte, nur um auf der anderen Seite genauso sorgfältig wieder abzusteigen, war ein unnachahmliches Kabinettstück bester Clown-Komik. Oder seine straffe, energische Bewegung mit dem linken Arm zum Ausgang, wenn er Mißbilligung ausdrücken wollte.

Ein großer Abend.

Hinterher hatte er uns in die Circus-Kantine gebeten. Wir mußten lange auf ihn warten. Als er kam, war klar, warum wir hatten warten müssen. Er kam im Frack und trug um den Hals den höchsten Orden seines Vaterlandes, den ihm der spanische König verliehen hatte.

Während der Wartezeit hatte ich mich mit Juanito, seinem Sohn, unterhalten. Er wollte «Goldfinger» kennenlernen, aber er duzte mich sofort, als er hörte, daß ich lange als Artist gearbeitet hatte. Für ihn war ich einer aus der großen Artistenfamilie.

Im Laufe des Abends kam es zu einem Gesellschaftsspiel – die beste Rivel-Kopie wurde gesucht. Da konnte ich natürlich nicht widerstehen. Ich machte mit und gewann. Das Wichtigste aber, was ich an diesem Abend gewann, war Charlie Rivels Freundschaft.

Wir trafen uns Tage später bei mir in Icking. Seine Zusage, zu mir zu kommen, verband er mit einer Bitte und einem Versprechen: «Lad soviel Kinder ein, wie bei dir Platz haben», und: «Ich bring die Familie mit, aber keine Sorge, wir sind absolut unkompliziert.»

Das stimmte. Als Karin, meine Frau, fragte, was jeder essen wolle, waren sich alle einig: Steak. Das ist ohnehin das Hauptgericht aller Artisten. Nur – jeder der Rivels wollte sein Steak anders, well done, medium, rare, english, und was der Varianten mehr sind. Meine Frau half sich damit, daß sie jedes Steak mit einem Zettel versah, auf dem stand, um welche Art Steak es sich handelte, damit jeder der unkomplizierten Rivel-Familie sein Steak bekam.

Was Rivel an diesem Nachmittag den Kindern bot, gehörte mit zum Rührendsten, was ich je von einem Künstler erlebt habe. Er brachte keine Clown-Vorstellung, er blieb im privaten Rahmen und erzählte und spielte die Geschichte seiner Geburt, wie sie ihm seine Mutter geschildert hatte. Er sprach spanisch, parlierte französisch und warf deutsche Sätze dazwischen. Gesten halfen, wo Worte fehlten. Wie gebannt, nein, wie hypnotisiert lauschten die Kinder. In dem Zimmer herrschte eine Stimmung wie Weihnachten, wenn aus dem Lukas-Evangelium die Geburt Jesu vorgelesen wird. Sogar seine quirligen Yorkshire-Hunde, die immer um ihn sein mußten, blieben brav in ihrer Tasche.

Ich war so beeindruckt, daß ich ihn später bei einem Glas Wein fragte, ob er nicht daran gedacht habe, etwas in dieser Art oder eine zweite Clown-Nummer einzustudieren.

In Charlies Antwort steckte das Wissen und die Erfahrung eines alten Artisten: «Weißt du denn nicht, wie schwer es allein schon ist, eine einzige Nummer aufzubauen. Und vergiß nicht: Jeden Abend stehe ich vor einem anderen Publikum.»

Bei meiner ersten Begegnung mit Grock war ich auf der Bühne, er im Zuschauerraum gewesen. So war es auch bei meiner letzten Begegnung mit Charlie Rivel. Er saß in der ersten Reihe, ich stand auf dem Podium. In Baden-Baden war's zu seinem 80. Geburtstag. Ich war eigens angereist, um ihm zu gratulieren.

Stefan von Baranski hatte für Rivel ein großes Geburtstags-programm arrangiert, zu dem unter anderem das «Orchester Walter Scholz» gehörte. Scholz ist als «Trompeter vom Schwarzwald» bekannt geworden.

Die Musiker saßen auf einem Podium, vor ihnen auf Stühlen an die tausend Zuhörer, Charlie Rivel mit seiner Tochter in der ersten Reihe. Kurz vor Beginn der musikalischen Darbietungen sagte Walter Scholz so ganz nebenbei: «Gert, das wäre doch eine Überraschung für Charlie, wenn du das Orchester dirigieren würdest.»

Solch einen Vorschlag darf man mir nicht machen! Da wird sofort der alte Circusgaul lebendig. Im nächsten Moment war ich auf dem Podium und ließ mir den Taktstock geben. Kurz abgeklopft und – zwei, drei – los! Natürlich als Parodie. Ich dirigierte nicht das Orchester, sondern paßte mich dem Orchester an. Spielte es einen Marsch, knallte ich die Hacken zusammen und marschierte zackig vor den Musikern, kam ein Flötensolo, setzte ich den Dirigentenstab wie eine Querflöte an die Lippen und parodierte den Alten Fritz, wie ihn Menzel auf seinem Bild «Das Flötenkonzert von Sanssouci» gemalt hatte. Alles improvisiert. Ich hatte so etwas noch nie gemacht, aber gerade weil es aus dem Augenblick geboren war, gefiel es. Der Beifall nahm kein Ende. Charlie winkte mich zu sich. Seine Tochter räumte ihren Platz neben ihm, und Charlie sagte in seinem holprigen Deutsch zwölf Worte, die für mich mehr wiegen als die meisten Auszeichnungen, die mir im Laufe meiner Schauspielerlaufbahn verliehen wurden.

Das war's, was Charlie Rivel sagte: «Gert, Grock mir gesagt: Du Charlie-Clown. Ick, Charlie, dir sagen: Du Gert-Clown.»

PS: Das Denkmal für Charlie Rivel steht noch immer vor dem Eingang des Circus Krone in der Marsstraße in München. Es hat einen kleinen Schönheitsfehler: Der für Charlie so typische ausgestreckte linke Arm zeigt nicht zur Manege, sondern zur – Toilette.

ZWISCHEN MÜNSTER UND MÜNCHEN

Haupt- oder Nebenrollen –
kein Unterschied

Die ersten, die einen schwergewichtigen Fröbe auf der Bühne erlebten, waren die Zuschauer des Stadttheaters Münster in Westfalen. Jede äußere Ähnlichkeit mit dem ausgemergelten Normalverbraucher war dahin. Ich wog jetzt in Kilo fast soviel wie vorher in Pfund.

Das war auch rein äußerlich eine gute Voraussetzung, in ein anderes Rollenfach zu wechseln. Niemand würde so leicht an die tragikomische Hopfenstange denken, wenn ich eine dramatische Rolle spielte. Aber auch innerlich fühlte ich mich reif für Charakterrollen, zum Beispiel für den schwachsinnigen Arbeiter Lennie in John Steinbecks «Von Mäusen und Menschen». Den spielte ich 1952 in Münster. Es war meine erste große Bewährungsprobe als Charakterschauspieler. Es galt, einen Menschen glaubhaft darzustellen, dem unser Mitgefühl gilt, obgleich er zum Mörder wird. Glaube ich dem Beifall und den Kritikern, ist mir dies geglückt. Zur Premiere gab es 43 Vorhänge, einige Tage später wurde ich zu Professor Dr. Dr. Hermann Volk gebeten. Diesem Philo- und Theologen war durch den Erzbischof die Beobachtung des Theaterlebens der Stadt Münster anvertraut worden. Eine wichtige Position im «schwarzen» Münster. Er bot mir die Intendanz des Stadttheaters an.

«Sehr ehrenvoll, aber ich bin evangelisch.»

«Wir suchen keinen Kirchenmann, sondern einen Theatermann für diesen Posten», war seine Antwort, die für die Toleranz und Größe dieses Geistlichen sprach. Es kam nicht dazu, aber der Professor und der Schauspieler sind dann oft durch die Umgegend von Münster geradelt.

Eines Tages las ich in der Zeitung, daß er zum Bischof

geweiht worden war. Doch dann verloren wir uns aus den Augen. Offenbar ging ich dem streitbaren Professor ebenso wenig aus dem Sinn wie er mir, denn als ich 1976 nach Mainz kam, wo mir als Ehrenpreis der Stadt in dem Cabaret «Unterhaus» der deutsche Kleinkunstpreis «Die Unterhaus-Glocke» verliehen werden sollte, fand ich im Hotel einen handgeschriebenen Brief des Bischofs vor, in dem er seine Glückwünsche und sein Bedauern aussprach, daß er leider nicht an meiner Ehrung teilnehmen könne. Er war nach Rom gerufen worden. Kardinal Volk war es übrigens, der 1976 jene Trauerrede auf Kardinal Döpfner in der Frauenkirche zu München hielt, die nicht nur Katholiken beeindruckte.

Neben der psychologisch diffizilen und schwierigen Rolle des Lennie spielte ich «zur Entspannung» in Münster zum ersten Mal auch den Theaterdirektor Striese in dem herrlichen Schwank «Der Raub der Sabinerinnen» von Franz und Paul Schönthan. So reizvoll die Aufgaben in Münster waren, es fehlte mir die Nähe zu den Produktionsstätten der deutschen Filmindustrie. In München, Berlin, Hamburg und Göttingen fand sich Anfang der fünfziger Jahre alles zusammen, was für den Film wichtig war. Also zog ich wieder einmal um. Zurück nach München. Dort gab ich Gastspiele und wartete, daß der deutsche Film nach mir rief. Er rief nicht.

Als mich im Februar 1953 nachts gegen halb zwei Telefonklingeln aus dem Schlaf riß, hielt ich das zuerst einmal für einen Juxanruf. München war mitten im Fasching, da war dergleichen an der Nachtordnung. Doch dieser Anruf war echt und dringend obendrein. Hans Schweikart, Intendant der Kammerspiele, meldete sich. Er hielt sich gar nicht bei einer Vorrede auf, sondern schilderte mir seine verzweifelte Situation: Heute bei der ersten Hauptprobe der Kortner-Inszenierung der «Tätowierten Rose» von Tennessee Williams hatte es einen handfesten Krach gegeben, und Hans Reiser, der die winzige Rolle eines «fliegenden Händlers» mit Bauchladen spielte, hatte mit einem

Zitat, das nicht aus diesem Stück, sondern aus Goethes «Götz» stammt, die Rolle hingeschmissen.

Reiser war bereits der vierte Schauspieler für diese Rolle gewesen, der die Faxen dicke hatte und auf die Mitwirkung in dieser Kortner-Inszenierung verzichtete. Hans Schweikart beschwor mich, diese Drei-Minuten-Rolle zu übernehmen. Er hatte sogar schon ausgerechnet, daß ich nach dem Auftritt in den Kammerspielen noch Zeit hatte, mich abzuschminken, um pünktlich nach der Pause im «Simpl» aufzutreten, der nur 150 Meter entfernt um die Ecke des Schauspielhauses lag. Dort spielte ich seit Neujahr meine Morgenstern-Interpretationen und hatte es damit zu einem gewissen Lokalruhm gebracht. Aber die Chance, in einer Kortner-Inszenierung, und wenn es auch nur ein einziger Auftritt war, zu spielen, war es mir wert, mich abzuhetzen.

Außerdem glaubte ich, mit Kortner ein besseres Auskommen zu haben als die meisten anderen Schauspieler, schließlich hatte ich ihn 1947 im Hotel «Bayerischer Hof» willkommen geheißen und ihm gesagt, wie glücklich wir über seine Rückkehr seien. Ich sagte Schweikart noch bei unserem nächtlichen Telefonat zu.

Es kam anders.

Als ich mich Kortner am nächsten Morgen auf der Probebühne vorstellte, konnte oder wollte er sich nicht mehr erinnern. Er kam sofort zur Sache und erklärte mir meine winzige Rolle mit allen Details: «Sie spielen einen Amerikaner, einen Händler, der von Stadt zu Stadt zieht und Krimskrams verkauft. Der Mann ist ein Nazi. Ein amerikanischer Nazi, die waren noch schlimmer als die deutschen. Wenn Sie auf die Bühne kommen, sind Sie total verschwitzt durch die Hitze und natürlich müde... Ich werde Sie entsprechend schminken lassen, da muß viel Vaseline in die Schminke. Der Hut sitzt Ihnen im Nakken...»

Allein den richtigen Sitz des Hutes haben wir drei, vier Stunden geprobt. Kortner ging es um Zentimeter: «Etwas nach

hinten. – Nein, etwas mehr nach vorn – bißchen nach links»,
und so weiter und so fort. Stundenlang ging das so.

An sich mag ich Genauigkeit in Kleinigkeiten, darin bin ich
überpenibel, fast bürokratisch. Wenn das so festgelegt ist, dann
ist das so, ich üb das dann, bis alles millimetergenau stimmt. Das
Schwierige bei Kortner war, daß er sich jeden Tag etwas Neues
einfallen ließ. Gerade hatte man alles exakt im Griff, was er sich
vorgestellt hatte, da kam er mit neuen Varianten.

Bei mir bezog sich das nicht etwa nur auf den Hut, nein, viel
schlimmer war, was er sich für meine Zigarre ausgedacht hatte.
Eines schönen Proben-Tages erklärte er: «Sie sind ein Mann aus
der Al Capone-Zeit, Sie müssen bei der Szene eine Zigarre im
Mund haben.»

Auch gut, werd ich mir eine Havanna ins Gesicht stecken.
Doch so einfach ging das bei Kortner nicht. Er hatte sich was
Besonderes ausgedacht: Ich sollte die Zigarre beim Sprechen
vom rechten Mundwinkel unten in den linken wandern und dort
blitzschnell nach oben wippen lassen, dann weiter nach rechts
oben – dann wieder nach unten – wieder nach links und so weiter
und so fort... Kortner ließ sich vom Requisiteur eine Kiste
Zigarren kommen, um es mir vorzumachen. Nach zehn Minuten gab er es auf, weil sich drei Zigarren aufgelöst hatten.

Nun macht mir solche Spielerei mit Requisiten Spaß, deshalb
sagte ich: «Herr Kortner, ich weiß, wie man das machen kann,
die Zigarre muß präpariert werden. Morgen zeig ich es Ihnen!»

Kortner knurrte ein «Probieren Sie's», und ich schnitzte mir
am Nachmittag eine Zigarre aus Lindenholz. Ganz originalgetreu, schließlich hatte ich das gelernt. Requisitenherstellung
gehört zur Ausbildung eines Bühnenmalers.

Meine Lindenholzzigarre, konisch geschnitzt, braun ange-
malt, vorn als Glut ein bißchen Flitterglitzer aufgeklebt, sah
täuschend echt aus. Als «Mundstück» hatte ich mir aus Heftpfla-
ster einen Knubbel um das Zigarrenende gewickelt, durch den
die Zigarre hinter den Zähnen einen Widerstand bekam, der

verhinderte, daß sie bei den Hinundher-Raufundrunter-Bewegungen herausfiel.

Am Abend bin ich die Maximilianstraße auf und ab gegangen, die Zigarre im Mund. Vor jedem Schaufenster blieb ich stehen und hab meinen Rollentext gebrabbelt und dabei die Zigarre von rechts nach links und von links nach oben und rauf und runter wandern lassen. Passanten, die mich dabei beobachtet haben, mußten glauben, ich sei nicht ganz dicht im Oberstübchen. Aber das war mir egal, nach sechs Maximilianpassagen gehorchte die Zigarre meiner Zunge. Kortner würde staunen.

Am nächsten Morgen konnte ich meinen Auftritt gar nicht erwarten. Kortner saß im Zuschauerraum, neben sich ein Tablett mit belegten Broten. Ich agierte, wie ich es mir im Textbuch notiert hatte:

«Rechts unten beginnen, mit der Zunge allmählich nach links schieben, nach dem dritten Satz mit der Zunge die Zigarre nach oben drücken, dann wieder die Zigarre nach rechts schieben.» Die reinste Zungenakrobatik. Es klappte fabelhaft. Stolz schaute ich mit einem halben Auge zu unserem Spielvogt. Das mußte ihn doch begeistern.

Was aber sagt Kortner? «Nein, nein – ich hatte gesagt, links oben beginnen.»

«Gern, Herr Kortner, das kann man natürlich auch, aber gestern hatten Sie angeordnet ‹rechts unten beginnen›.» Kaum hatte ich das ausgesprochen, da brüllte er schon los: «Man wird ja wohl noch was ändern dürfen!»

«Ändern ja, selbstverständlich, Herr Kortner, aber bitte nicht anschreien.»

Die Warnung, die in diesem Satz steckte, war unüberhörbar. Ich war in diesem Moment wirklich kurz davor, die Reihe der Kollegen, die es bereits vorgezogen hatten, die Probenarbeit, die mehr einem Dressurakt glich, vorzeitig zu beenden, um einen weiteren Abgang zu bereichern. Aber dann sagte ich mir: Er ist doch einer der Größten, so daß man als junger Schauspieler dankbar sein muß, mit ihm arbeiten zu dürfen. Seine Ausbrüche gehören nun mal dazu. Sie zu ertragen ist der Preis, den man zahlen muß.

Vier Wochen dauerten allein die Proben für meine kleine Rolle. Immer wieder fiel ihm dazu etwas Neues ein. So unterbrach er eines Morgens die Probe, weil er meinte, es könne für den Charakter dieses Mannes ein hübscher Farbfleck sein, wenn ich an einer bestimmten Textstelle rülpsen würde. Ich notierte: «rülpsen».

Es hat noch einige Wortwechsel zwischen uns gegeben. Erst als ich ihn darauf aufmerksam machte, daß ich diese Rolle nur Hans Schweikart zuliebe übernommen hatte und daß meine Auftrittszeit begrenzt sei, da ich sofort im Anschluß mit eigenem Programm im «Simpl» auftreten müsse, kam Ruhe in unsere Beziehung. Ich hab ihn dann sogar in den «Simpl» eingeladen. Er ist nicht gekommen.

Am 24. Februar 1953, einen Tag vor meinem vierzigsten Geburtstag, war Premiere. Es versprach ein großer Theaterabend zu werden, denn bei der Generalprobe hatte ich bereits erlebt, was Kortner aus den Schauspielern, vor allem aber aus seinen beiden Hauptdarstellern Maria Wimmer und Wilfried Seyferth, herausgeholt hatte.

Als es in den Gängen bereits klingelte und die ersten Türen geschlossen wurden, kam Kortner zu mir: «Jetzt können Sie spielen, wie Sie wollen.»

Ich weiß bis heute nicht, warum er so etwas kurz vor dem Premieren-Auftritt zu einem Schauspieler gesagt hat. Meine Antwort aber hab ich noch im Ohr: «Das werde ich auch tun, Herr Kortner.»

Ich spielte meine kleine Rolle und spürte schon, daß die Flasche Selterswasser, die ich kurz vor dem Auftritt getrunken hatte, zu wirken begann. Nach Selterswasser kann ich besonders gut rülpsen. Die Stelle, an der sich unser Regisseur einen Rülpser von mir gewünscht hatte, kam. Ich stand betrunken spielend an der Rampe. Jetzt müßte es passieren – aber auch ein Rülpser will richtig serviert werden.

Ich machte eine Pause – Stille im Theater – und jetzt erst ließ ich einen Rülpser aus den tiefsten Tiefen herausrollen. Ein Prachtexemplar von Rülpser. Szenenapplaus!

Am nächsten Tag hab ich ins Abendregiebuch geschaut, in dem alle besonderen Vorkommnisse eingetragen werden. Da stand: «Szenenapplaus bei Rülpser Fröbe.»

Das war mein schönstes Geburtstagsgeschenk.

NACH PARIS, DER FILME WEGEN

Ein grobes Wort und seine
guten Folgen

In den fünfziger Jahren habe ich oft an den Münchener Kammerspielen gastiert. Auch in sogenannten «Nebenrollen». Ich bin der Ansicht, daß es am Theater weder Haupt- noch Nebenrollen, sondern nur gute und weniger gute Schauspieler gibt. Ein guter Schauspieler überzeugt auch in einem einzigen kurzen Auftritt. Das ist es ja, was Theaterspielen so reizvoll macht.

Beim Film ist das schwieriger. Da bestimmen Großaufnahmen die Wichtigkeit einer Rolle, und eine Nebenfigur bleibt eine Nebenfigur. Ich hab es am eigenen Leibe erfahren. Wenn ich in meinem Tagebuch lese, welche Rollen ich angeboten und angenommen habe, graust mir noch heute. Trotzdem: Ich bedaure diese Zeit der Ein-Tages-Engagements nicht. Sie haben geholfen, daß ich nicht als «Otto Normalverbraucher»-Typ abgestempelt wurde. Ich habe relativ früh erkannt, wie leicht man beim Film in ein Klischee gezwängt werden kann, und mich um Differenzierung bei der Gestaltung auch kleiner Rollen bemüht. Ich war ein taubstummer Stallknecht in «Salto Mortale», zwei

Drehtage. Ich spielte mit schwarzer Lockenperücke einen venezianischen Gondoliere, der sächsisch sprach, in «Die vertagte Hochzeitsnacht», ein Drehtag. In «Ein Herz spielt falsch» traf ich O. W. Fischer wieder, der sich nun nicht mehr Otto Wilhelm schrieb, wie zu Zeiten, als ich mich mit ihm am «Deutschen Volkstheater» in Wien in der Titelrolle von «Trenck, der Pandur» abwechselte. In diesem Film spielte er die Hauptrolle – einen Heiratsschwindler, und war ausgezeichnet. Ich spielte einen Beschwipsten, der einen Brief zu überbringen hatte; ein halber Drehtag.

Ich war ein schrulliger Impresario in «Arlette erobert Paris»; ein Drehtag. So ging es weiter. Über zwei Drehtage kam ich nie hinaus. So klein wie meine Rollen wurde allmählich auch meine Hoffnung, mich beim Film profilieren zu können. Anrufe von Filmproduzenten nahm ich gar nicht mehr ernst. Als ein Produzent mir am Telefon die Zwei-Tage-Rolle eines Kapitäns auf einem Frachter mit blonder Fracht für Rio anbot, reagierte ich entsprechend: «Zwei Tage? Geht's denn nicht an einem Tag?»

Der Mann merkte die Ironie nicht. Er bedauerte, daß dies unmöglich sei, weil der Film in zwei Versionen gedreht würde und ich meine Rolle in Deutsch und in Englisch spielen müßte.

Der Film hieß «Mannequins für Rio», und natürlich ging es um Mädchenhandel. Damit wenigstens die Damen möglichst echt wirkten, rekrutierte man einige der «Mannequins» aus einschlägigen Etablissements. Gedreht wurde meine Szene nachts auf dem Freigelände der Bavaria in Geiselgasteig vor den Toren Münchens. Dort hatte man im Wasserbassin eine Schiffswand aufgebaut, von der aus ich zwei Sätze mit den Mädchenhändlern zu wechseln hatte.

Gegen halb drei Uhr nachts war die deutsche Version im Kasten. Sofort im Anschluß folgte die englische. Das Licht stand, die wichtigen Schauspieler wurden schnell nachgeschminkt, und los ging's. Genau dasselbe wie vorher, nur eben in englisch. «Okay, Boss», statt «Ja, Chef». Alles ging prima bis kurz vorm Schluß. Da hatte ich auf einmal Mattscheibe. Black out, um es in der englischen Version zu sagen. Ich blieb im Text stecken. Kamera und Ton liefen weiter. Ich aber wußte nicht weiter. Schrecklich. Ich machte mir Luft und sagte in die Nacht hinein «Scheiße!». So richtig voller Inbrunst.

Erstaunlich, wie laut ein Wort in der Nacht klingt. Schallendes Gelächter. Männliches Lachen. Die Komparsinnen waren viel zu müde, um zu reagieren. Das Lachen kam vom gegenüberliegenden Bassinrand. Als die Scheinwerfer verlöschten, sah ich, daß drüben vier, fünf Herren standen, alle picobello gekleidet.

Im zweiten Anlauf brachte ich meinen Text problemlos. Danach war ich abgedreht und ging in ein Zelt, das man aufgebaut hatte, damit wir uns aufwärmen und was Wärmendes trinken konnten. Natürlich gegen Bezahlung.

In dem Zelt traf ich die Herren wieder, denen mein ordinäres Extempore zu so viel Heiterkeit verholfen hatte. Sie parlierten französisch. Einer von ihnen im eleganten Kamelhaarmantel kam zu mir und stellte sich in fließendem Deutsch mit österreichischer Sprachfärbung als «Danzler, Filmeinkäufer» vor. Wir kippten ein paar Hochprozentige, er ließ sich meine Karte geben, weil er glaubte, für mich irgendwann in einem französischen Film etwas tun zu können.

Schnapsgespräch nach Mitternacht. Nur nicht ernst nehmen. Wer beim Film allen Versprechungen glaubt, kann gleich in die Klapsmühle ziehen. Die Regeln in dieser Branche sind ebenso einfach wie brutal: Wenn sie dich brauchen, schneiden sie dich vom Galgen, wenn du nicht gefragt bist, kannst du vor ihren Augen zugrunde gehen. Je früher man das begreift, um so besser.

Wochen und Monate gingen ins Land, ich vergaß Herrn Danzler, tingelte und bekam ernste Gewichtsprobleme. Ich näherte mich bedenklich der 200 Pfundmarke.

Als mal wieder partout keine Angebote kamen, beschloß ich, die Gardinen aufzuhängen, die mir meine Mutter genäht hatte.

Gerade hatte ich die Gardinen auf die Stange gezogen und brauchte sie nur noch aufzuhängen, da sagte mir meine innere Stimme: «Vier Tage hat das Telefon nicht geklingelt, wetten, daß es genau dann klingelt, wenn du mit einem Bein auf dem Bettrahmen und mit dem anderen auf dem Fensterbrett stehst und die Gardinenstange über deinem Kopf balancierst.»

Genauso kam es.

Fehlte nur noch, daß es eine Fehlverbindung war. Nein, ich wurde verlangt, vom Fernmeldeamt Frankfurt, für eine Voranmeldung aus Paris.

«Ja, selbst am Apparat.»

«Einen Moment, bitte!» Klick, klick, klick.

«Herr Fröbe, hier spricht Danzler – erinnern Sie sich?»

Ich erinnerte mich nicht.

«Sie haben – mein Gott, das ist nun fast schon ein Jahr her – mal ganz deutlich ‹Scheiße› gesagt...»

«Ach, wissen Sie, das ist ein Wort, das zu gebrauchen ich leider öfter Anlaß habe, können Sie es bißchen genauer sagen, wann?»

Er konnte. Ich entsann mich, und er bat mich umgehend, also morgen, nach Paris zu kommen. Er habe etwas Interessantes für mich.

«Morgen? Tut mir schrecklich leid, gerade morgen geht es nicht, da hab ich einen wichtigen Termin.»

Das war gelogen, aber ich wollte ihm nicht sagen, daß ich erst mal das Geld für die Reise auftreiben mußte. Wir einigten uns auf übermorgen. «Hotel Napoleon», Champs-Elysées.

An Fliegen war nicht zu denken. Viel zu teuer. Billiger als eine Bahnfahrt war damals die Reise mit dem eigenen Wagen. Ich hatte einen Adler-2000. Ein weitgereistes Stück. Er hatte schon kurz vor Moskau gestanden, aber er fuhr noch immer. Vorausgesetzt, es war Benzin im Tank. Das aber fehlte. In dieser Situation zahlte es sich aus, daß ich auch beim Tanken den Rat meines Vaters befolgt hatte und immer nur bei ein und derselben

Tankstelle getankt hatte, selbst wenn ich dafür einen Umweg hatte in Kauf nehmen müssen.

«Du wirst sehen», hatte mein Vater gesagt, «solche Treue zahlt sich aus. Wenn du mal was brauchst, wird er für dich auch da sein.»

Jetzt brauchte ich etwas, und meines Vaters Rat bewährte sich. Ich bekam den Tank bis zum Kragen vollgeschüttet und außerdem sechs ausgediente Wehrmachtskanister mit zusammen 120 Litern Sprit in den Kofferraum gepackt. Auf Kredit.

Ich kam bis kurz vor Ulm. Zweihundert Meter vor einer Autoreparatur gab der Adler seinen Geist auf. Pleuelstange kaputt. Das war so gegen acht Uhr morgens. Ich war um sechs losgefahren, um abends in Paris zu sein.

Die Reparatur dauerte acht Stunden – aber nur gegen Barzahlung. Ein Freund hat mir telegrafisch die dreihundert Mark überwiesen. Ich fuhr die Nacht durch. Höchstgeschwindigkeit 60 Kilometer. Mehr vertrug der Motor nicht. In Straßburg war ich so fertig, daß ich den Wagen an den Straßenrand fuhr, die Türen von innen verriegelte und, den Kopf aufs Steuerrad gelegt, einschlief.

Am nächsten Morgen weckte mich ein Polizist. Ich mußte ihn anhauchen, weil er vermutete, ich sei betrunken.

Gegen sechs Uhr rollte ich über die Champs-Elysées bis zum Etoile. Das «Hotel Napoleon» strahlte gediegene Pracht aus. Davor gaben sich Nobelautomarken ein Rendezvous. Verschämt fuhr ich gleich weiter und parkte meinen Rußland-Veteranen in einer Seitenstraße.

An der Rezeption war Monsieur Fröbe avisiert, man zeigte mir mein Zimmer. Es war schon mehr ein Boudoir. Alle Achtung. Kaum war ich allein, suchte ich in der Schranktür die Preistafel. Oweia, umgerechnet 190,– D-Mark. Das konnte ja heiter werden. Aber vorläufig kam ich nicht zum Nachdenken, denn Herr Danzler erwartete mich in der Halle.

Mit seinem amerikanischen Cabriolet fuhren wir zum Montmartre. Während der Fahrt drückte er auf einen Knopf, und das Verdeck schloß sich von selbst. Da ahnte ich etwas von der großen Welt, in die ich unversehens durch ein einziges deftiges Wort geschlittert war.

Danzler parkte, blieb aber im Auto sitzen: «Sehen Sie da drüben das Bistro? Da gehen Sie jetzt rein und tun so, als suchten Sie jemanden ...»

«Ja, und dann?»

«Gehen Sie nur, Sie werden erwartet.»

Das kam mir nun doch reichlich komisch vor. Wenn sich in Deutschland ein Schauspieler vorstellte, dann geschah dies im Büro oder in einer Hotelhalle, aber in einem Bistro?

Was blieb mir weiter übrig, ich tat, was Danzler mir gesagt hatte. In dem Bistro standen die Tische so eng wie in allen Bistros. Ich zwängte mich mit meiner Körperfülle durch die Stühle und tat so, als suche ich jemand. Keine Reaktion. Noch einmal durchs Lokal, dann ging ich wieder zum Ausgang. In diesem Moment lösten sich zwei Herren von der Bar und kamen auf mich zu. Beide feixten. Der kleinere sagte: «Monsieur Fröbe, vous êtes – Sie sind – formidable, aber für meinen Film überhaupt nicht zu gebrauchen.»

Aha, dachte ich, jetzt wiederholt sich, was ich in Berlin bei Günter Neumann hatte durchstehen müssen, als der sich auch nicht hatte vorstellen können, daß ich für seinen Otto Normalverbraucher die richtige Besetzung sei. Ich war präpariert, auch diesem Herrn meine vielfältigen Fähigkeiten vorzuführen.

Doch diesmal kam es anders. Jules Dassin – er war der kleine lebhafte Herr – erkläre mir, warum ich für seinen Film nicht in Frage käme: «Ich drehe einen Film um einen Juwelenraub. Vier Tresorknacker kommen durch die Decke in einen Tresorraum, einen davon sollten Sie spielen, wenn Sie sich aber mit ihrer ganzen Fülle und Wucht durch das Loch in der Decke zwängen, hab ich den größten Lacherfolg, und das ist das einzige, was ich in dieser Situation nicht gebrauchen kann.»

Dagegen war schwer etwas zu sagen. Deshalb wurde «Rififi» ohne mich gedreht. Carl Möhner spielte die Rolle, derentwegen ich nach Paris gefahren war.

Ich wollte gleich am nächsten Tag zurück, um die Kosten, die die Produktion übernahm, niedrig zu halten. Aber daraus wurde nichts. Jules Dassin und ich verstanden uns auf Anhieb. Er sorgte dafür, daß ich noch weitere acht Tage in Paris blieb. Gemeinsam gingen wir zum Fußball. Er feuerte «Racine» an, ich «Kaiserslautern» – das aber störte unseren Kontakt nicht, im Gegenteil. Zwei Tage lang machte man Probeaufnahmen von mir.

Zwei Tage für Probeaufnahmen! In Deutschland ist das eine Angelegenheit von ein bis zwei Stunden höchstens.

So sind sie dann meistens auch. Zuerst wird das arme Opfer bis zur Unkenntlichkeit geschminkt und frisiert, dann heißt es: «Setzen Sie sich mal da hin, drehen Sie mal den Kopf langsam nach links. Schauen Sie schnell zurück, schauen Sie mal nach rechts oben, ja danke. Nun stehen Sie mal langsam auf und setzen sich wieder hin. Danke, das war's, Licht aus!»

Solche Probeaufnahmen hab ich zigmal über mich ergehen lassen, der Erfolg waren dann Ein-Tages-Rollen. Bei dem, was Jules Dassin mit mir an Probeaufnahmen machte, wäre ich aus dem Staunen gar nicht herausgekommen, wenn ich die Zeit dazu gehabt hätte. Er forderte mich voll als Schauspieler, er stellte mich in Situationen, die ich zu spielen hatte.

Die erste: Ich sitze an einem Tisch, vor mir liegt eine Zeitung, darunter ein Revolver. Ich warte auf jemanden, der nicht merken darf, daß ich ihn erwarte, um ihn niederzuschießen. Das verlangt stummes Spiel, in Szenen wie dieser kann man eine Situation gestalten, Phantasie anbieten.

Die zweite: Ich stehe vor einem Waschbecken. Mit freiem Oberkörper muß ich mich waschen und so einseifen, daß ich vor Schaum nichts mehr sehen kann. Unerwartet kommt ein tolles Weib herein, setzt sich vor mich, schlingt mir das Handtuch um den Hals und zieht mich so zu sich herunter. Ich weiß nicht, will sie mich erdrosseln oder Liebe machen. Ich taste sie ab, sie reagiert, bis die Griffe und ihre Reaktionen immer eindeutiger werden. Eine knisternd-erotische Szene.

Vor der Rückfahrt versicherte mir Jules Dassin: «Gert, wir machen was zusammen.»

Er hat Wort gehalten. Wenn es auch gut drei Jahre dauerte, bis ich in seinem Film «Der Mann, der sterben muß» eine meiner profiliertesten Rollen spielte: den weißhaarigen Patriarchen eines griechischen Dorfes unter türkischer Herrschaft. Die Handlung des Films spielt während der Proben zu einem Passionsspiel, das in diesem Dorf Tradition ist. Ähnlich wie später in Sauras «Carmen»-Film vermengte sich auch in diesem die Realität mit den Rollen. Für mich bot der Film die Möglichkeit einer Charakterdarstellung und die längste Sterbeszene, die ich je gespielt habe. Sie dauerte sieben Minuten.

Nach der Gala-Premiere bat Staatspräsident René Coty uns Schauspieler in seine Loge. Als er mir die Hand schüttelte, sagte er: «Sie sehen an meinen roten Augen, wie sehr mich Ihre Darstellung ergriffen hat.»

Das war ein großes Kompliment, aber bei diesem Film bekam ich noch eines, das mich genauso beeindruckte. Es war unfreiwillig. Während einer Bahnfahrt erzählte mir ein Mitreisender voller Begeisterung von dem Film «Der Mann, der sterben muß», den er gerade im Kino gesehen hatte. Besonders hatte ihn die Darstellung eines unbekannten alten Schauspielers, offenbar ein Grieche, tief beeindruckt, der den Patriarchen spielte.

Als ich ihm sagte, daß ich diese Figur dargestellt habe, war er seiner Sache sicher: «Nein, da irren Sie sich, in dem Film haben Sie nicht mitgespielt.»

Ich hab ihn in seinem Glauben gelassen.

ANDERE LÄNDER – ANDERE METHODEN

*Erste Erfahrungen in franzö-
sischen Ateliers*

B itte Mittwoch um elf im Atelier», stand auf der Tagesdisposi-
tion, die ich Dienstag abend im Hotel für meinen ersten
Drehtag zu meinem ersten französischen Film vorfand.

Der Film hieß «Die Helden sind müde» und erzählte die
Geschichte einer Handvoll Männer, die nach dem Krieg keinen
Platz mehr in der neuen Gesellschaft finden und nun in Afrika
versuchen, sich neue Existenzen aufzubauen. Die müden Helden waren Curd Jürgens, Yves Montand und ich. Meine Rolle
war die des «Roten Hermann aus Dresden», der sich aus der
Ostzone – so hieß es damals noch – abgesetzt hat und nun in
Afrika die Uhren der Eingeborenen repariert. Diese Rolle hatte
ich bekommen, weil Yves Ciampi jene Probeaufnahmen gesehen
hatte, die Jules Dassin von mir gemacht hatte.

Zum ersten Mal in einem ausländischen Atelier – da fuhr ich
vorsichtshalber eine Stunde früher hin. Das war, wie sich zeigen
sollte, sehr vernünftig, denn so konnte ich mich vom ersten
Schreck erholen, bis ich vor die Kamera mußte.

Schuld am Schreck war eine Marmortafel, die in der Eingangs-
halle hing. Dreißig bis vierzig Photographien waren darauf
angebracht, so wie man das von südeuropäischen Friedhöfen
kennt. Auch hier handelte es sich um Tote. Jeder war namentlich
aufgeführt. Alles Angehörige der Atelierbelegschaft, die von der
SS erschossen worden waren. Eine Gedenktafel. Das war mein
Empfang. Curd und ich gehörten zu den ersten deutschen
Schauspielern, die nach dem Krieg in Frankreich drehten.

Marmorkühl war auch die Behandlung durch die Atelierarbeiter. Korrekt, aber kühl. Kein persönliches Wort. Wer
konnte, verdrückte sich, wenn ich kam. Curd ging es genauso,
nur konnte er mit seinem fließenden Französisch so manches

überbrücken. Eines jedoch muß ich klar sagen: Der Regisseur, der Produzent und die Kollegen waren vom ersten Moment an ohne Ressentiments. Yves Montand beispielsweise gab mir rührend Unterricht, damit meine französische Aussprache ihren Zwickauer Zungenschlag verlor.

Ich war mit dem Wagen nach Paris gefahren und hatte noch keine Gelegenheit gehabt, ihn waschen zu lassen. Mit allem Landstraßendreck stand er auf dem Ateliergelände. Er blieb so schmutzig bis zum Freitag, denn die ersten Drehtage vergehen rascher als die folgenden. Da ist an der Maske noch etwas zu ändern, dort fehlt am Kostüm eine Kleinigkeit, und der Kameramann braucht etwas länger, bis er weiß, wie er am besten das ihm fremde Gesicht ausleuchtet. Das erste Wochenende in Paris! Was macht Gert Fröbe? Dasselbe, was er auch zu Hause macht: Er geht auf den Fußballplatz. Wieder keine Zeit zum Wagenwaschen.

Am Montag schnappte ich auf, wie die Atelierarbeiter sich über das Fußballspiel unterhielten. Nicht anders als bei uns. Die einen lobten, die anderen schimpften auf den Schiedsrichter. Ich suchte meine Französisch-Brocken zusammen und bot in einer Drehpause an, den Fußballfans zu zeigen, wie sehr mir der Torwart der siegreichen Mannschaft imponiert hatte. Ja, und dann hab ich ihnen meine Torwart-Pantomime mit ein paar französischen Farbflecken vorgeführt.

Danach war das Eis gebrochen. Kein Wegdrehen mehr, wenn ich vorbeiging, kein Achselzucken, wenn ich etwas fragte. Als ich nach Drehschluß in meinen Wagen steigen wollte, mußte ich erst dreimal hinsehen. Blitzblank stand er da. Weit und breit niemand, der auf ein Trinkgeld oder ein «Merci» wartete. Lautlos war ich akzeptiert worden.

Im Laufe meiner Filmarbeit in Frankreich bin ich dann oft von Bühnenarbeitern nach Haus zur Familie eingeladen worden. Das war eine große Auszeichnung. Für gewöhnlich wird man ins Bistro eingeladen, aber nicht «en famille». Noch heute verbinden mich echte Freundschaften mit meinen französischen Copains.

So wie ich auch als einziger deutscher Schauspieler Mitglied der Französischen Schauspielergewerkschaft bin. Kein französischer Produzent, der mich für einen Film haben wollte, brauchte eigens dafür eine Sondergenehmigung zu beantragen. Ausgerechnet für mich nicht, der ich wegen mangelnder Französisch-Kenntnisse sitzengeblieben war.

Drehbeginn in Frankreich ist zwölf Uhr, dafür wird bis halb acht abends gedreht. Eine gute Einteilung, besonders gut für die Schauspielerinnen, die ausgeruht vor die Kamera kommen, während sie bei uns ab sechs Uhr morgens beim Maskenbildner sitzen müssen, damit sie um acht Uhr zur Aufnahme fertig sind. Das könnten wir doch auch bei uns einführen, hab ich lange Zeit propagiert, aber das geht nicht, weil viele Kollegen abends auf der Bühne stehen, und bei uns beginnen die Vorstellungen spätestens um acht, in Paris jedoch kaum vor halb zehn.

Nach Drehschluß verschwand ich immer sehr schnell in mein Hotel, denn ich lernte den Text für den nächsten Tag phonetisch von einer Cassette, die ein französischer Schauspieler für mich besprochen hatte. Außerdem – was sollte ich noch im Atelier?

Nach den ersten Drehtagen fragte mich unser Regisseur Yves Ciampi: «Sag mal, Gert, bist du sauer auf uns?»

«Keine Bohne, wie kommst du darauf?»

«Weil du nie abends mit zur Mustervorführung kommst!»

«Entschuldige, aber das dürfen doch nur Stars mit Sondergenehmigung!» Ich erzählte ihm, wie streng in deutschen Ateliers sortiert wird, wer in der Mustervorstellung sitzen darf. Helmut Käutner hat mich einmal erwischt, als ich mich zum Vorführer geschlichen hatte, um von dort aus die Muster zu sehen. Käutner, sonst doch so für leise Töne, war da ziemlich laut und unfreundlich geworden. Ciampi schüttelte nur den Kopf. Mir wurde klar, diese Geheimniskrämerei um Mustervorführungen ist eine typisch deutsche Unsitte. Ja, Unsitte, denn wie sagte

Ciampi so richtig: «Du und alle Schauspieler müssen dabei sein. Ihr spielt doch die Rollen, nicht ich. Ihr müßt euch doch kontrollieren. Heute gehst du aus einer Tür, aber erst in vier Wochen drehen wir irgendwo mit dir die Außenaufnahme, die genau an diese Szene anschließt, und beides muß doch im Spiel und im Tempo genau zueinanderpassen, das ist doch wichtig für dich und für den Film.»

In französischen Mustervorführungen sitzen oft bis zu vierzig, fünfzig Mitarbeiter. Maskenbildner, Beleuchter – sie alle wollen sehen, ob ihre Arbeit gut war oder was vielleicht noch zu verbessern ist.

Es nützt einem Schauspieler herzlich wenig, wenn er am nächsten Tag vom zweiten Kameraassistenten hört: «Gert, du warst prima in den Mustern!» Selber sehen muß man es! Ciampi wollte von mir wissen, warum bei uns die Schauspieler von diesen Vorführungen ausgeschlossen werden. Ich konnte nur orakeln: «Vielleicht weil man annimmt, daß Schauspieler und besonders Schauspielerinnen immer für jene Aufnahme plädieren, in der sie meinen, besonders gut auszusehen.»

Da schüttelte Yves Ciampi nur mit dem Kopf: «Aber das entscheiden doch letzten Endes wir, die Regisseure, und nicht ihr Schauspieler!»

So unterkühlt die Arbeit begann, um so herzlicher wurde sie von Tag zu Tag. Als ich abgedreht war, gab der Produzent ein Abschiedsfest. Händeschütteln, Zuprosten und die üblichen leeren Versprechungen über zukünftige Pläne, die vergessen sind, noch bevor die letzten Gläser vom Tisch geräumt wurden. Dieser Abend war anders. Vielleicht empfand ich es auch nur so, weil ich wußte: Morgen früh um sechs ist diese schöne Zeit Vergangenheit. Ich werde in mein Auto steigen, zurück nach München fahren. Kein Mensch erwartet mich dort, während hier aus wildfremden Menschen Freunde geworden sind.

So ungefähr hab ich es dann auch in einer kleinen Rede ausgedrückt. Und wenn auch der französische Satzbau nicht immer korrekt gewesen sein mag, so spürten doch alle, daß jedes Wort von Herzen kam. Darauf kam es schließlich an.

Monsieur Fraumont, unser Produzent, schaute stumm zu mir über den Tisch, dann zog er ein dünnes Kroko-Etui aus dem Jackett, reichte es mir mit den Worten: «Ich finde, Gert, Freunde sollten sich sooft sehen wie möglich. Damit die Trennung zwischen uns nicht zu lang wird, hab ich dir was ins Etui gesteckt.»

Als ich es öffnete, hatte ich zwei Verträge für zwei weitere Filme in der Hand. Die Gage für den zweiten war höher als die für den jetzigen und die für den dritten wiederum höher als die für den zweiten. Noch ehe ich alles so recht begreifen konnte, fuhr mein Produzent fort: «Dein nächster Film steht übrigens schon fest, wir drehen ihn in Japan. Und damit du dort nicht auf dumme Gedanken kommst, nimmst du deine Frau auf Produktionskosten mit.»

Am nächsten Morgen um sechs bin ich nicht losgefahren. Ich war noch gar nicht im Hotel. Wir haben die ganze Nacht gelacht, geweint, getrunken. Viel getrunken. Ich fuhr zwei Tage später...

JAPANISCHES WUNDER
Tokios Bühnenarbeiter wissen,
was sie wert sind

Mein zweiter französischer Film hieß «Taifun über Nagasaki». Er war die erste französisch-japanische Coproduktion nach dem Krieg und wurde ausschließlich in Japan gedreht. Viereinhalb Monate lang.

Der Film erzählte die Liebesgeschichte eines französischen Touristen, der sich zwischen einer Japanerin und einer Französin entscheiden muß. Jean Marais, die zauberhafte Kishi Keiko und Danielle Darrieux waren dieses Dreieck. Ich spielte einen

Deutschen, einen Kaufmann namens Ritter, der mit einer Japanerin verheiratet ist und ganz im Geist des Fernen Ostens lebt. Er will nie mehr nach Europa zurück.

Am Ende der Dreharbeiten ging es mir ähnlich wie diesem Kaufmann Ritter: Ich war verzaubert. Japan schien mir das Paradies unserer Zeit. Diese Höflichkeit, Herzlichkeit und Zärtlichkeit hatten mich in ihren Bann gezogen. Der Abschied von Japan war wie das Erwachen aus einem wunderschönen Traum. Dabei waren die Dreharbeiten alles andere als ein Zuckerlecken. Wenn man für einen Film engagiert wird, in dessen Titel das Wort «Taifun» vorkommt, dann weiß man von Anfang an, daß die eigentlichen Hauptrollen die Feuerwehrleute und die Windmaschinen spielen. So war es auch in Tokio. Wochenlang waren Feuerwehren mit sechs, sieben Schläuchen auf dem Gelände. Sie spritzten Wasserfontänen, die von Flugzeugmotoren durcheinandergewirbelt wurden. So kraftvoll waren die Wassermassen, daß sie die Ziegel von den Atelierdächern rissen.

Noch schlimmer ging es im Atelier zu. Wir waren klitschnaß, und von den Beleuchterbrücken hagelte es Glassplitter, weil nicht zu vermeiden war, daß Wasserstrahlen die schweren Scheinwerfer trafen, deren heiße Glasscheiben zerplatzten.

Gegen diese entfesselten Elemente hatten wir anzuspielen. Das fordert einen, da steigert man sich. Und das muß man auch, um gegen diese Natur-Action zu bestehen. Ich entsinne mich einer Szene mit Danielle Darrieux, in der ich ihr beibringen muß, daß ihr Freund (Jean Marais) beim Taifun umgekommen ist. Sie spielte die Reaktion so emotional, warf sich mir so echt weinend an die Brust, daß auch mir die Tränen kamen. Es war so stark, daß wir diese Szene nur einmal gedreht haben. Wir hätten es auch nie wieder so echt hinbekommen. Seit dieser Szene verbindet uns beide wahre Freundschaft.

Um meine Rolle möglichst überzeugend zu spielen, bin ich viel mit Japanern zusammengewesen. Bei Veranstaltungen und auch in Familien, denn ich habe ja laut Drehbuch eine japanische

Familie, mit der ich japanisch spreche. Also hab ich eigens dafür Japanisch gelernt, nur phonetisch, aber auch das kommt gleich nach Flöhehüten. Sprechen Sie doch mal: Bokuka ki mi ni franze go ochjeta koto kojanté naikane.

So mußte ich die Hälfte meiner Rolle sprechen. 52 Sätze! Ich selbst! Kein japanischer Synchronsprecher. Wahrscheinlich hatte mein Japanisch einen original sächsischen Akzent, aber das störte nicht, ich spielte ja einen Europäer.

Überall, wo der Film lief, sprach ich mein eigenes Japanisch, nur bei uns wurden alle Szenen von einem anderen Sprecher deutsch synchronisiert. Nur in Deutschland spricht der Mann und Vater mit seiner japanischen Familie deutsch. Dafür hatte ich jeden Abend zwei Stunden Japanisch gepaukt.

Jeder Film geht einmal zu Ende, auch dieser, dessen Aufnahmezeit nicht um Tage, sondern Wochen überzogen worden war. Außer den üblichen Schwierigkeiten bei den Actionszenen hatte es auch noch Schaden am Filmnegativ bei einigen Szenen mit Jean Marais gegeben. Ausgerechnet er aber hätte schon längst in Jugoslawien bei einem anderen Film sein sollen.

Die beschädigten Szenen mit ihm mußten zusätzlich zu dem normalen Pensum am letzten Drehtag in den Kasten, denn am nächsten Morgen um sieben mußte Jean Marais im Flugzeug sitzen, sonst kam eine saftige Konventionalstrafe auf den französischen Produzenten zu. Also Überstunden, wenn nötig bis sechs Uhr morgens.

Bis neun Uhr abends lief alles glatt. Dann aber ließen die rund vierzig japanischen Atelierarbeiter alles stehen und liegen und versammelten sich in einer Ecke des Ateliers. Kein lautes Wort fiel. Kurzes Getuschel, und schon kam der Dolmetscher zum Regisseur Yves Ciampi, verbeugte sich tief, der Dolmetscher lächelte, Ciampi lächelte zurück und erwartete eine japanische Abschiedsrede. Statt dessen sagte der freundlich lächelnde Dolmetscher: «Wenn Sie gestatten, Ciampi-San, dann werden wir jetzt nach Hause gehen!»

Jetzt lächelte nur noch der Dolmetscher. Der Produzent eilte herbei, drohte und bat, erklärte, warum diese Überstunden gemacht werden müßten. Der Dolmetscher verbeugte sich und lächelte. Sicher, verkündete er, das sei alles richtig, aber die Arbeiter seien nicht gefragt worden, ob denn auch sie Lust hätten, Überstunden zu machen, und – leider – sie hätten keine. Jetzt war wenigstens klar, was der Grund für die Arbeitsniederlegung war: die Kommunikation zwischen französischen und japanischen Produzenten hatte offenbar nicht geklappt. Der Japaner hatte versäumt, die zu erwartenden Überstunden anzusagen.

In solchen Situationen hilft am ehesten Geld. Der französische Produzent bot doppelten Lohn. Der Dolmetscher bedankte sich im Namen seiner Kollegen, aber sie müßten leider auf ihrem Standpunkt beharren.

«Dreifacher Lohn», das war immer noch weniger als die zu erwartende Konventionalstrafe.

«Großen Dank, aber wir nicht gefragt, wir gehen.»

Die Situation schien ausweglos. Jean Marais hatte genau wie ich jetzt erst erfahren, daß versäumt worden war, den Arbeitern Bescheid zu sagen. Für ihn zählte jede verlorene Minute doppelt. Um so bewundernswerter war, was er tat. Er bat den Dolmetscher, folgendes den Arbeitern zu übersetzen: «Ich verstehe, daß ihr nach Hause wollt. Eure Frauen warten und werden ungeduldig. Schuld hat der Produzent, der es euch nicht rechtzeitig gesagt hat. Da ich aber morgen früh fliegen muß, möchte ich mich jetzt für über vier Monate guter Zusammenarbeit bedanken. Dem Film werden nun ein paar Aufnahmen fehlen, schade, aber nicht zu ändern. Ich jedenfalls scheide nicht im Ärger, im Gegenteil, dieser Aufenthalt in Japan ist für mich besonders wertvoll und schön gewesen. Sayonara.»

Kaum war der letzte Satz übersetzt, liefen die vierzig Arbeiter wie in einem Hühnerhaufen durcheinander und redeten in ihren hohen Stimmen aufeinander ein. Es klang, als liefe ein Tonband zu schnell ab, und dann – wie auf ein Zeichen – drehten sich alle zu Jean Marais, verbeugten sich, und der Dolmetscher verkündete, man sei übereingekommen, weiterzuarbeiten. Blitzschnell waren alle wieder auf ihren Positionen, wir konnten drehen. Vier Stunden später war alles im Kasten, der Sake floß in Strömen, und vom Atelier aus gaben alle Jean Marais das Geleit zum Flughafen.

Eine hübsche kleine Geschichte. Ihre Pointe kommt noch: Zwei Tage später, am Freitag, war Lohnzahlung. Jeder der Arbeiter holte sich seine Tüte im Lohnbüro ab. In dieser Woche waren die Tüten dicker als sonst, es gab ja, wie versprochen, für die Nachtarbeit den dreifachen Lohn.

Da haben alle – alle! – sich ihren normalen Lohn aus der Tüte genommen und das, was darüber war, ihrem japanischen Produzenten vor die Füße geworfen. Über den Dolmetscher ließen sie uns Europäer wissen, daß das, was sie getan hätten, aus Verehrung und Freundschaft für Jean Marais-San geschehen sei und nicht für den Produzenten, dessen Geld sie nicht einmal anfassen wollten.

Von allem, was ich bei der Arbeit in einem Film-Atelier erlebte, hat mich dies am meisten beeindruckt. Es hat schon seinen Grund, daß ich mich in Japan so wohl gefühlt habe.

DIE TRAUBENEXPLOSION
Was bei dem Film «Kavaliere» alles in die Hose ging

Einer meiner fünfzehn französischen Filme hieß «Charmants Garçons», zu deutsch «Kavaliere». Er ist mir aus vielerlei Gründen besonders in Erinnerung. (Wobei ich absichtlich das Wörtchen «gut» vor «Erinnerung» ausgelassen habe.)

Dabei begann alles so erfreulich, ich hatte die längste Sprech-
rolle in diesem Film. Das mir, der ich zweimal wegen Französisch sitzengeblieben war. Außerdem stand mein Name erstmals
in Frankreich über dem Titel, und das bei einer hervorragenden
Besetzung mit Daniel Gélin, Henry Vidal, François Périer und
vor allem Zizi Jeanmaire. Mit ihr mußte, nein durfte ich laut
Drehbuch heftig, aber leider hoffnungslos flirten. Doch auch
das alles waren nicht die Ursachen, daß dieser Film mir unvergessen bleibt.

Zizi spielte das, was sie ist: eine exzellente Tänzerin, die ich als
trottliger Millionär mit dem Charme meines Bankkontos einzu-
fangen versuche.

Da ein Bankkonto, und sei es noch so hoch, optisch nicht sehr
ergiebig ist, wurde meine Rolle mit all den Attributen ausgestat-
tet, die in der Klischee-Vorstellung zu einem Millionärsleben
gehörten: Motorjacht, entsprechende Kapitänskleidung, Lu-
xussuite in einem Nobelhotel.

Ein wichtiger Schauplatz der Handlung war die Halle des
Hotels «Negresco» in Nizza. Da wir dort vier Wochen zu
drehen hatten, war sie originalgetreu im Atelier nachgebaut
worden. In dieser Dekoration hatte ich in Kapitänsuniform mit
weißer Hose zu spielen.

Eine weiße Hose war schon seit meiner Kindheit ein Wunschtraum gewesen. Mein Vetter von der anderen, der reichen
Fröbe-Linie hatte damals bereits eine. Wie hab ich den beneidet!
Jetzt endlich bekam ich auch eine. Vom besten Schneider in
Paris. Jean Marais hatte mir dessen Adresse genannt. Er hatte
sein Atelier in der Nähe des «Napoleon», in dem ich während
der Atelieraufnahmen wohnte. Monsieur Alfons, der Schneider,
nahm Maß, den Bauch gleich zweimal, weil er meinte, er habe
sich geirrt. Nein, ich hatte wirklich 1 Meter 32 Bauchumfang.
Ich war überpenibel bei dieser Wunschhose. Erst nach der
dritten Anprobe habe ich sie abgenommen. Sie wurde mir ins
Hotel geliefert. Dort hing sie nun, und ich konnte es gar nicht

erwarten, daß die Szene mit der großen Party im «Negresco» gedreht wurde.

Endlich war es soweit. Ich war «auf Abruf» disponiert. Mit anderen Worten, ich konnte bis zwölf Uhr mittags unternehmen, was ich wollte, danach mußte ich telefonisch erreichbar sein. «Auf Abruf» setzt man einen Schauspieler, wenn nicht sicher ist, ob man das Drehpensum so schafft, daß er an diesem Tag noch vor die Kamera muß.

In diesem Fall war das wirklich nicht abzusehen, denn unser Regisseur Henry Decoin, ein vornehmer Herr mit Menjou-Bärtchen, hatte sich für die Party-Szene etwas Besonderes einfallen lassen: Das Luxuspublikum sollte nicht von Komparsen dargestellt werden, sondern von der echten Pariser Schickeria. Die meisten dieser Schnicky-Schnuckies sahen darin einen Jux und hatten zugesagt. Offen blieb die Frage, wie sie sich vor der Kamera bewegen würden. Deshalb «stand by», zu deutsch «Auf Abruf», für uns Schauspieler.

Es war ein schöner warmer Frühsommer-Vormittag, ich schlenderte durch Paris, kaufte an einem Obststand eine Tüte der saftigsten Weintrauben und fand das Leben schön. Kurz vor zwölf war ich im Hotel, legte mich auf mein breites Bett, aß weiter die herrlichen Trauben, und da es recht heiß war, schlief ich ein.

Irgendwann weckte mich Telefonklingeln: «Monsieur Fröbe, Ihr Wagen wartet, Sie werden geholt!»

Da war keine Zeit zu verlieren. Ins Hemd geschlüpft, in die weiße Hose gestiegen, Blazer übergezogen, keß die blaue Seglermütze aufgesetzt und ab zum Wagen. Schminken ist bei meiner Gesichtshaut nicht nötig, in keinem meiner Filme bin ich geschminkt worden. Als ich durch die Hotelhalle ging – nein, schritt –, kam ich mir unwiderstehlich vor. Vor dem Hotel stand der Produktionswagen. Der Fahrer pfiff durch die Zähne, als er mich in diesem Aufzug sah. Ja, die weißen Hosen!

Wir fuhren an den Tuillerien entlang – ich spürte ein menschliches Rühren –, dann die Ausfahrt nach St. Cloud – jetzt war wieder Ruhe im Bauch – der Wagen hielt vorm Atelier – es fing wieder an, in mir zu rumoren.

In der Hotelhallen-Dekoration war ein kaltes Buffet aufgebaut, darum gruppierte sich die elegante Welt von Paris. Henry Decoin hatte mit Recht für diese Szene auf Berufskomparsen verzichtet, bei diesen Damen und Herren stimmten Benehmen, Bankkonto und Kleidung.

Mit meiner weißen Hose und dem Blazer fühlte ich mich wie einer aus diesem Kreis – doch da fing es schon wieder an! Handkuß nach links, Winken nach rechts, alles ganz vornehm, nur mir, mir ging es gar nicht vornehm.

Wir probten die Szene, in der Zizi Jeanmaire in einem Traum von Kleid mich wegen meiner großkotzigen Aufdringlichkeit abblitzen läßt. Ich brauchte nur noch den Satz zu sagen: «Ich bin sehr traurig, Madame.»

Selten hat sich ein Drehbuchdialog so mit dem gedeckt, was ich auch in Wirklichkeit empfand. Ich ahnte, was mir in der nächsten Sekunde passieren würde. Ich schaute ängstlich zu Zizi, nein, noch blieb alles in mir ruhig.

Als alles «en tour» war, das Licht stand, der Ton und die Kamera liefen und die Klappe geschlagen worden war, passierte es. Die Trauben machten sich Luft, explodierten. Angesichts fünfzig hochkarätiger «Komparsen», in Tuchfühlung mit Zizi Jeanmaire p-f-i-f-f ich mir in die Hose. Die Hautevolee von Paris staunte über diesen Regie-Einfall.

Zizi schaute mich verwirrt an, das war doch nicht der Dialog, wie er im Drehbuch stand ...

Ich aber dachte nur: «Die schöne weiße Hose!»

Wo überall in der Welt ich bisher gefilmt hatte, habe ich mich immer als Kollege unter Kollegen gefühlt. Ob meine Partner aus Frankreich, Italien, England oder Amerika kamen – es waren Schauspieler wie ich, und Schauspieler kennen keine Grenzen. In diesem Moment jedoch fühlte ich mich nur noch als Deutscher. Zizi war blitzschnell davongeflattert, abgesondert stand ich in der vornehmen Dekoration. Sinnigerweise wickelte man mich in eine französische Militärdecke. Die sind nicht grau wie unsere, sondern khakifarben.

Ein Taxi sollte mich sofort ins Hotel zum Hosen-Wechsel bringen, doch der Chauffeur hielt sich die Nase zu und weigerte sich, mich zu fahren.

Ein Lieferwagen der Produktion setzte mich schließlich am Hintereingang des Hotels ab. So kam es, daß ich auch in diesem Film keine weiße Hose trage, sondern eine schwarze. Zizi bekam von ihrem «beschissenen» Partner den schönsten Rosenstrauß, den ich in Paris auftreiben konnte.

Seit diesem Zwischen- und Durchfall esse ich während der Dreharbeiten nie mehr rohes Obst.

Der Mensch hat ja die schöne Gabe, alles Unangenehme möglichst rasch zu vergessen, so ging es auch bei mir. Als ich zu Weihnachten von Henry Decoin, unserem Regisseur, ein Päckchen bekam, dachte ich: Toll, daß der an mich denkt. Als ich ausgepackt hatte, hielt ich eine Filmrolle in der Hand, etwa hundert Meter. Seltsames Weihnachtsgeschenk.

Ich hab sie mir nach den Feiertagen im Schneideraum angesehen. Am liebsten hätte ich nach den ersten Metern stoppen lassen. Die Kamera war ja damals weitergelaufen, und nun sah ich noch einmal die Szene mit meiner wunderschönen weißen Hose, die plötzlich nicht mehr weiß war. Henry Decoin hatte sie natürlich in Farbe kopieren lassen...

PS: In meinem Testament steht – und meine Frau weiß das auch –: Wenn ich einmal nicht mehr da bin, dann darf diese Szene gezeigt werden. – Als mein letzter Gruß an mein geliebtes Publikum.

DEUTSCH-FRANZÖSISCHE VERSTÄNDIGUNG
Yvettes Geständnis bei den Dreharbeiten

In meiner «französischen Zeit» habe ich in vielen Kriminalfilmen gespielt, und meist die Schurken. Das brachte mir glänzende Kritiken im Ausland – Bösewichte kann ein Schauspieler besser nuancieren –, von den deutschen Filmmogulen aber bekam ich deshalb den Stempel «Kein Sympathieträger» aufgedrückt.

Meine Mutter klagte: «Gert, spiel doch nicht immer so böse Rollen, die Nachbarn zeigen deshalb schon mit Fingern auf mich.»

«Muddel», hab ich ihr gesagt, «schau, du freust dich doch, wenn die Menschen wegen mir ins Kino gehen, aber wegen meiner Schönheit, da hat sich noch keiner eine Eintrittskarte gekauft, ich muß ihnen was bieten – und wenn es ein Schurke ist, vor dem man sich fürchtet.»

Im übrigen bin ich der Ansicht, daß weichherzige, gutmütige Menschen die besten Interpreten von Schurken auf der Bühne und im Film sind. Ein Blick zurück in die Theater- und Filmgeschichte bestätigt meine Meinung. Für einen Schauspieler bietet die Darstellung von Schurken meistens interessantere Möglichkeiten.

Die Lieblingsrolle der Schauspieler in Schillers «Räuber» ist nicht der edle Karl Moor, sondern Franz, «die Kanaille», und die schönste Rolle in Goethes «Faust» ist nicht der gelehrte Professor, sondern sein diabolischer Gegenspieler Mephisto.

Einer der französischen Krimis, in dem ich 1962 spielte, hieß «Der Mörder». Er wurde dann in «Der Schatten der Laura S.» umgetitelt, was immer ein Beweis ist, daß der Film beim Publikum nicht ankam.

Umtiteln ist das letzte Allheilmittel. Die Verleiher probieren es immer wieder, obgleich meines Wissens eine Umtitelei außer

Kosten noch nie etwas gebracht hat. Filme gehen oder gehen nicht – niemand kann genau sagen, warum.

Die Erfolgsvoraussetzungen für den «Mörder» waren gut. Er basierte auf einem Roman von Patricia Highsmith, und Regie führte Claude Autant-Lara, der mehrere Erfolgsfilme inszeniert und mit dem ich zwei Jahre zuvor bereits «Die Nacht der Liebenden» gedreht hatte.

In diesem Film spielte ich die Titelrolle, also den Mörder. Es ging um den – fast – perfekten Mord an der Ehefrau und dessen Aufdeckung durch einen zweiten Mord. Ich hatte mir für die Rolle eine Brille mit sehr dicken Gläsern verpassen lassen, was dem Kameramann Gelegenheit für interessante optische Einfälle bot. Nur sehen konnte ich nichts. Als Lösung bohrte man in jedes der beiden Gläser ein winziges Loch – das war mein «Guckloch», wenn ich Treppen steigen oder auf schmalen Wegen gehen mußte.

Die Außenaufnahmen wurden in der Nähe von Nizza gedreht. Dort hatte ich auch an einem Bahndamm den zweiten, mich überführenden Mord zu begehen. Mein Opfer war eine besonders reizende französische Kollegin. Sie hieß – ach was, nennen wir sie einfach Yvette. Yvette und ich sprachen auch in den Drehpausen französisch miteinander, und vor der Mordszene hatte ich ihr gesagt, wie schwer es mir falle, meine Hände um einen so zarten Hals wie den ihren zu legen, um sie zu erdrosseln. Sie hatte mit einem «Encouragez» (Nur Mut!) geantwortet.

Unser Regisseur wollte aus der Szene optisch etwas Besonderes machen. So sollte sie ablaufen: Die Kamera erfaßt in der Totalen einen heranratternden Zug, schwenkt auf den Bahndamm, in dessen Gras ich mit Yvette liege und schmuse. In dem Augenblick, da der Zug vorüberdonnert, erdrossele ich sie. Der Lärm der Zuggeräusche überdeckt ihren Angstschrei. Danach schwenkt die Kamera wieder auf die Geleise, so daß die Schlußlichter des Zugs noch zu sehen sind. Alles in einer Einstellung durchgedreht. Das allein verlangt schon von Kamera und Schauspielern Millimeter-Präzision, aber die eigentliche Schwierigkeit bestand darin, daß dieser Zug nur einmal am späten Abend vorbeifuhr. Wir konnten zwar mit der Stoppuhr probieren, aber drehen konnten wir nur einmal, ging es schief, war eine neue Aufnahme erst am nächsten Tag möglich.

Wir probten und probten. Immer wieder warf ich Yvette ins Gras, küßte sie und erdrosselte sie auf ein Zeichen des Regisseurs. Endlich stimmten alle Bewegungen mit dem gestoppten Zeitablauf überein. Der Zug konnte kommen.

Verständlich, daß sich zwei Schauspieler bei so vielen hautnahen Proben auch menschlich näherkommen. Außerdem war Yvette von madonnenhafter Schönheit. Dieser Typ als Opfer eines Mörders bringt das Publikum noch stärker gegen den Mörder auf. Das war beabsichtigt.

Nur noch Sekunden, dann mußte der Zug am Horizont auftauchen. Engumschlungen liegen Yvette und ich im Gras neben dem Bahndamm. Zuggeräusche aus der Ferne. Näher, immer näher kommen sie. Gleich werden die Wagen an uns vorbeidonnern. Ich weiß, jetzt schwenkt die Kamera vom Gleis herunter auf uns, ich würge Yvette. Sie schreit, doch ihr Angstschrei geht unter im Rattern des Zugs. Ihre Augen werden starr, ihr Gesicht, ihr Hals sind zerkratzt und blutig. Der Maskenbildner hat ganze Arbeit geleistet. Ich liege auf ihr. Unter meinem mächtigen Körper haucht sie ihr Leben aus. Wir beide wissen: unser Spiel war auf die Sekunde perfekt, aber wir müssen unbeweglich liegen und warten, bis die Kamera nach oben geschwenkt ist und die Schlußlichter des Zuges erfaßt hat. Dann erst wird der Regisseur mit seinem «Fini» die Szene beenden. Es sind nur Sekunden, doch sie wollen kein Ende nehmen.

In dieser Situation, in der Nervenanspannung, Körperwärme und der Duft des Grases sich vermischen, flüstert mir Yvette, die bisher nur französisch mit mir gesprochen hatte, auf deutsch ins Ohr: «Im Arsch ist's duster!» Genau diese Worte, keines mehr, keines weniger. Ich war baff. Vor Lachen fiel ich erneut über sie.

Warum hatte dieses Zaubergeschöpf mir über die ganze Drehzeit hinweg verschwiegen, daß sie deutsch konnte und offensichtlich sogar Redensarten, die man nicht auf Höheren Töch-
terschulen lernt?

Yvette konnte nicht deutsch, weder das der Internate noch das
der Straße. Nur diesen einen Satz konnte sie. Ein deutscher Soldat, mit dem sie im Kriege befreundet gewesen war, hatte ihn ihr
beigebracht. Sie glaubt übrigens noch immer, daß er «Ich liebe
dich» bedeutet. Ich brachte es nicht übers Herz, sie aufzuklären.

ZWEI KOLLEGEN – ZWEI WELTEN

Gustaf Gründgens und ein
Ungenannter

Hamburg 1963. Hotel «Vier Jahreszeiten». Zur Premiere des
Wolfgang Staudte-Films «Die Dreigroschenoper» nach
Bert Brecht, in dem ich den Peachum spielte, war ich nur einen
Tag und eine Nacht an der Alster. Ein gedrängtes Programm war
abzuwickeln, mit Pressekonferenz, Interviews, Autogramm-
stunden, so daß ich diesmal nicht dazu kam, Ulrich Erfurth
anzurufen. Er war damals in allen Theaterfragen die rechte Hand
von Gustaf Gründgens. Zwischen Uli und mir bestand eine
Abmachung: Wenn ich nach Hamburg kam, meldete ich mich
bei ihm, weil «der Chef», Gustaf Gründgens, mich kennenlernen wollte. Dieser Wunsch war nicht neu, sondern ging schon
auf Gründgens' Düsseldorfer Zeit zurück. Damals hatte er die
«Berliner Ballade» gesehen und mich für sein Deutsches Schauspielhaus engagieren wollen.

Es hatte weder damals noch später geklappt, da ich inzwischen zu Deutschlands Film-Reisenden Nr. 1 geworden war.
Aber nun sollte es wenigstens einmal zu einem privaten Treffen
kommen. Das zu arrangieren, dienten die Telefonate zwischen

Uli und mir. Wir beide waren seit gemeinsamen Aufführungen an den Kammerspielen in München befreundet. Immer wenn ich mein Kommen in Hamburg avisierte, war Ulis Antwort: «Mensch, Gert, hast du ein Pech. Er ist wieder nicht da.» Allmählich hielt ich alles für unverbindliche Komplimente.

Vor dieser Premieren-Stippvisite hatte ich versäumt, mich zu melden, und in Hamburg kam ich vor lauter Hektik auch nicht dazu. Kurz vor dem Rückflug stand ich morgens an der Rezeption und beglich letzte Rechnungen. Der Wagen zum Flughafen stand bereit, es ging wieder einmal um Minuten. Da öffnete sich eine der Fahrstuhltüren gegenüber der Rezeption, und heraus kam Gustaf Gründgens. Mit seinem federnden, beschwingten Gang kam er so zielstrebig auf mich zu, als seien wir verabredet. Er mußte, kaum daß die Tür sich geöffnet hatte, mit einem Blick den Raum überflogen und mich erkannt haben.

Nach drei, vier Schritten blieb er etwa zwei Meter von mir entfernt stehen, machte mit dem rechten Arm eine große Geste, die sowohl ein Kompliment wie ein Abschiedwinken sein konnte, und sagte: «Sie eilen von Erfolg zu Erfolg, ich aber wehe schon langsam von der Bühne des Lebens hinweg», drehte sich im Zeitlupentempo mit einer kleinen Verbeugung zu meiner Frau zur Drehtür und verschwand. Sie drehte sich noch, als er bereits auf der Straße stand. Erst jetzt fiel mir auf, daß wir uns nicht einmal die Hand gegeben hatten.

Wochen später, am 7. Oktober 1963, starb er auf Manila.

Zwei, drei Monate danach war ich in München bei Axel von Ambesser eingeladen. Unter den Gästen war auch Marianne Hoppe. Als wir beide etwas abgesondert von den anderen in einer Ecke Platz gefunden hatten, hab ich ihr meine so lange geplante, dann doch so zufällige Begegnung mit dem «Chef» erzählt. Sie lauschte den Worten nach, die ich in seiner Diktion gesprochen hatte, und nickte: «Ich hör ihn förmlich, genauso hat er's gesagt. Wissen Sie, er wußte damals schon, welches Ziel er so nah vor sich hatte. Ihre Begegnung war für ihn so etwas wie der Schlußakkord einer geistigen Verbindung. Da war es überhaupt nicht wichtig, ob sie sich die Hand gegeben haben oder nicht. So ein Satz, wie er zu Ihnen gesagt hat, war seine Art von Respekt vor der Arbeit eines anderen.»

An diesem Abend wurde mir die Bedeutung dieser kurzen Begegnung im Hotel «Vier Jahreszeiten» ganz bewußt: ein ganz Großer des deutschen Theaters hatte sich mit diesem einen Satz im Vorübergehen von uns, von der nachfolgenden Schauspielergeneration verabschiedet ...

Im Dezember 1965, nachdem «Goldfinger» und «Die tollkühnen Männer» gerade in Deutschland angelaufen waren, lag eines Tages unter der Autogrammpost ein Brief aus einem Gefängnis.

Ich vermutete eine Anfrage wegen einer Lesung vor Gefangenen, doch als ich das Schreiben in der Hand hielt, stand da lediglich in recht flüssiger Schrift:

> *Sehr geehrter Herr Fröbe,*
> *Lecken Sie mich am Arsch*
> Unterschrift

Diese nicht seltene Aufforderung handschriftlich aus einem Gefängnis zu erhalten, war dann doch so ausgefallen, daß ich den Gefängnisdirektor anrief.

Der lachte nur, als ich ihm den Namen nannte, der unter den fünf Worten stand: «Sie brauchen nicht weiterzureden, ich weiß schon, welche Aufforderung in dem Brief steht.» Und dann erzählte er mir: «Herr Fröbe, der Mann, der Ihnen geschrieben hat, ist ein Kollege von Ihnen. Er ist nicht ganz richtig im Kopf, aber auch wiederum nicht so verrückt, daß wir ihn in eine geschlossene Anstalt geben müßten. Wir lassen ihn im Garten arbeiten, und er ist lange Zeit brav und harmlos. Nur in bestimmten Intervallen dreht er durch und schreibt solche Briefe, immer mit diesem Text, danach fühlt er sich besser.»

Nun wußte ich Bescheid und bedankte mich für die Auskunft.

Der Gefängnisdirektor hatte sogar ein Trostpflaster für mich: «Übrigens, Herr Fröbe, es wird Sie vielleicht freuen, wenn ich Ihnen sage, daß unser Freund seine Briefe nur an prominente Kollegen schreibt! Es ist also quasi eine Auszeichnung!»

Falls es wirklich ein Kompliment war, dann das seltsamste, das mir je gemacht wurde.

HIMMLISCHES
VERGNÜGEN IN ENGLISCHEN ATELIERS
«Goldfinger», «Die tollkühnen Männer»
und die Queen

So geht's beim Film: Das Produzentengespann Harry Saltzman und Albert Broccoli planten in London nach «Doktor No» und «Liebesgrüße aus Moskau» ihren dritten James-Bond-Film. Die Titelrolle, den Supergangster Auric Goldfinger, sollte Orson Welles spielen. Doch zwischen dem Wunsch der Produzenten und dessen Realisierung lagen die hohen Gagenforderungen von Orson Welles.

Da entsann sich «Cubby», vor Jahren in dem Film «It happened in broad daylight» einen Kindermörder gesehen zu haben, dessen Spiel ihn beeindruckt hatte. «Cubby» muß erklärt werden. Diese Bezeichnung ist das englische Wort für «Gemüse» und wurde zum Branchenspitznamen für den Produzenten Broccoli, weil dessen Familienname so lautet wie der eines italienischen Gemüses. Er hatte in New York in dem Film «Es geschah am hellichten Tag» mich als Kindermörder gesehen und meinte, ich könne auch Supergangster Goldfinger spielen. Wozu doch Negativ-Rollen gut sein können! So bekam ich das «Goldfinger»-Angebot und – lehnte ab.

Ich habe die Rolle dann doch gespielt. Dies ist allein der Beharrlichkeit der Produzenten und den Argumenten meiner Frau

Beate zu verdanken. Zuerst sah ich in der Rolle nichts weiter als einen überdimensionalen Bösewicht. Da ich keinen der beiden James-Bond-Filme gesehen hatte, lud die Produktion meine Frau und mich nach London ein und zeigte uns beiden ganz allein in einem großen Kino diese beiden Filme. Danach war ich noch entsetzter über das, was da alles an Mord- und Folterszenen zu sehen war. Nein, das war kein Film für mich.

Doch Beate hatte ein paar handfeste Gegenargumente: «Begreifst du denn nicht, daß kein Mensch diese Stories ernstnimmt. Das sind Märchen für Erwachsene, und James Bond ist der Superman aus den Comics. Außerdem: Wann hast du schon als Heavy und Bösewicht die Chance, daß deine Rolle die Titelrolle ist?»

Ich fuhr ins Büro von Saltzman und Broccoli, entschlossen, den Vertrag zu unterschreiben. Aber den gab es noch gar nicht. Dazu sind beide viel zu ausgefuchste Produzenten, die obendrein die Kunst, sich gegenseitig die Bälle zuzuspielen, perfekt beherrschen. Das aber wußte ich damals noch nicht, so wie ich auch keine Ahnung hatte, daß Saltzman für die harten und schwierigen Fälle zuständig ist, während Broccoli die Streicheleinheiten zu verteilen hat.

Wenn einer aus der Produktion oder von den Schauspielern ins Direktionsbüro bestellt wurde, war seine erste Frage: «Wer von beiden will mich sprechen?» Je nach der Antwort wußte er, was auf ihn zukam.

Bei meinen ersten Verhandlungen hatte ich es mit beiden gleichzeitig zu tun. Und beide taten so, als hätten sie keinen blassen Schimmer, was man mir an Gage zahlen könne. Als das Versteckspiel lange genug hin- und hergegangen war, sagte ich – und meinte es auch: «Meine Herren, wenn Sie sich so gar nicht entscheiden können, dann beteiligen Sie mich doch einfach mit 5 Prozent an dem Film.» Ich hielt das für ein kulantes Angebot.

Noch nie habe ich zwei Menschen so lange und so heftig

lachen gesehen wie nach diesem Satz. Saltzman fing sich als erster: «Nee, dann nehmen wir doch lieber Orson Welles.»

Da hab ich dann ganz schnell unterschrieben.

So hart die Verhandlungen waren – von dem Moment an, da ich zum Team gehörte, wurde ich umhätschelt, und das Beste war gerade gut genug.

Die besten Schneider für Hemden, Anzüge und Mantel. Den besten Golfpro für die Szene auf dem Golfplatz. Ich hatte allerdings nur zwei Stunden bei ihm. Die übrige Zeit spielte er mit Sean Connery, der ein ebenso begeisterter wie guter Golfer ist.

Die riesigen Manschettenknöpfe, die ich als Goldfinger trage, waren aus echtem Gold und eigens für diese Rolle entworfen, genau wie der mächtige Ring an meinem Finger. Auch bei meinen Partnerinnen war von der Unterwäsche bis zum Breitschwanz-Anzug alles erste Klasse.

Broccoli, der sanfte der beiden, fragte mich, ob ich besondere Wünsche hätte. Ich erzählte ihm von meiner Fußball-Leidenschaft und daß ich zum Wochenende gern großen englischen Fußball sehen würde.

Er versprach, das zu arrangieren, und ich rechnete damit, am Freitag eine Eintrittskarte in der Garderobe vorzufinden. Es lag keine Karte auf dem Schminktisch. Aber jeden Samstag rollte ein Rolls-Royce mit livriertem Chauffeur vor mein Penthouse und fuhr mich zum jeweils interessantesten Spiel. Mitunter bis Manchester oder Oxford.

Ein Wort zur Atmosphäre bei den Dreharbeiten. Nicht nur der Regisseur Guy Hamilton, alle – von den Kollegen über das Kamerateam bis zu den Arbeitern – gaben einander das Gefühl gegenseitiger Hilfsbereitschaft.

Am ersten Drehtag holten mich fünf Herren in meiner Garderobe ab und begleiteten mich ins Atelier. Ich war verständlicherweise nervös. Kaum stand ich im Atelier, kam unser Regisseur Guy Hamilton auf mich zu und begrüßte mich herzlich. Meine

Unruhe legte sich. Aber nur für den Bruchteil von Sekunden, denn in diesem Moment ging ein Blitzgewitter auf Hamilton und mich los. Die Fotografen der wichtigsten Blätter der Weltpresse schossen sich ihre Schnappschüsse von Mister Goldfinger.

Für Minuten glich das Atelier einem Tollhaus. Alles rannte und rief durcheinander. Ich war völlig verwirrt und gestand Guy Hamilton, daß ich auf einen so turbulenten Empfang nicht vorbereitet gewesen sei. Am liebsten wäre ich wieder in meine Garderobe verschwunden. Guy Hamilton reagierte ganz fabelhaft. Er faßte mich freundlich um die Schulter und sagte: «Gert, wir alle sind hier, um dir zu helfen, mach dir keine Gedanken, wir haben genügend Zeit, damit du dich eingewöhnen kannst.» Das tat wohl, das beruhigte mich.

Nach dem dritten Drehtag sahen wir die ersten Muster. Wenn ich «wir» schreibe, dann stimmt dies. Alle waren in dem kleinen Vorführraum versammelt. Nicht nur Regisseur, Kameramann und Cutter, auch wir Schauspieler, die beiden Produzenten, der Maskenbildner, bis zu den Bühnenarbeitern.

Links neben mir saß Sean Connery, neben ihm Harry Saltzman, dann Albert Broccoli. Ich meinte, alle müßten hören, wie mir vor Aufregung das Herz bis zum Hals klopfte. Würde das, was jetzt gleich von mir auf der Leinwand zu sehen sein würde, vor den kritischen Augen der Produzenten, des Regisseurs und meiner Kollegen bestehen?

Da – die erste Szene von mir als Goldfinger! Stille im Vorführraum, doch plötzlich spürte ich, daß mir jemand am rechten Knie fummelte. Connery? Nein, der hatte die Arme verschränkt und schaute nach vorn. Harry Saltzmans Hand war es. Er hatte über Connery weggelangt, klopfte mir auf das Knie. Na, Mahlzeit, das konnte nichts Gutes bedeuten! Als ich zu ihm hinschaute, blickte er mich an und zeigte mit dem Daumen nach oben. Da wußte ich – ich war durch.

Ich habe mich oft gefragt, wie ich zu dem Riesen-Erfolg

gerade in dieser Rolle gekommen bin. Es muß ja einen Grund gegeben haben, daß der «Daily-Express» Goldfinger-Fröbe als «Jedermanns Lieblingsschurken» bezeichnete und der «Daily Mirror» schrieb: «Sie werden ihn bestimmt nicht als Goldfinger vergessen. Er ist der einzige Deutsche, der in der Lage ist, England zu erobern.»

Vielleicht ist dies eine Erklärung für den Erfolg: Ich habe versucht, in einer unglaubwürdigen Handlung, die in einer nicht realen Welt spielt, einen Menschen zu zeichnen, der sehr viele negative Eigenschaften hat, von denen aber jeder jede einzelne bei irgend jemandem, vielleicht sogar bei sich selbst, schon einmal entdeckt hat. So wurde Goldfinger vorstellbar.

Am häufigsten bin ich gefragt worden, wie denn der Schluß-kampf zwischen James Bond und mir in der Flugzeugkabine technisch gemacht worden ist. Zur Erinnerung: Ein Pistolen-schuß zerschmettert das Kabinenfenster, wir beide schweben schwerelos im Flugzeug, und ich werde durch den Sog aus dem Fenster gezogen. Das würdige Ende eines unwürdigen Groß-gangsters.

Wenn wir durch den Druckabfall in der Kabine schweben, dann hängen Connery und ich wie Marionetten an Drähten, und als ich schließlich aus dem Fenster gesaugt wurde, lag ich – für die Kamera unsichtbar – auf einem Schlitten, den Arbeiter von draußen mit einem kräftigen Ruck durchs Fenster zogen. Mit meinem Bauch hatte ich ganz schöne Probleme, mich durch das schmale Kabinenfenster zu zwängen. Ein geschwollenes Steiß-bein und ein halbes Dutzend blauer Flecken haben mich noch lange an diesen spektakulären Ausstieg aus dem Film erinnert.

Ein Jahr nach der Premiere rief mich Broccoli an, um mir mitzuteilen, daß «Goldfinger» bereits 45 Millionen Dollar ein-gespielt hatte. Ich habe gar nicht erst auszurechnen versucht, wieviel auf meinen Anteil entfallen wären, wenn ich statt einer Gage die fünfprozentige Beteiligung bekommen hätte.

Noch während der Aufnahmen zu «Goldfinger» erhielt ich von der «20th Century Fox» einen Vertrag für den Film «Die tollkühnen Männer in ihren fliegenden Kisten», der unmittelbar im Anschluß produziert wurde. Doch so ganz ohne Schwierigkeiten ging das nicht, denn als Ausländer darf man höchstens 180 Tage in England arbeiten. Das ist eine Auflage des Finanzamts. Hält man sich nicht daran, muß man wie ein Engländer Steuern zahlen und verliert die Vorteile eines «Gastarbeiters». Meine 180 Tage waren jedoch für die Dreharbeiten für «Goldfinger» fast verbraucht.

Was also tun? Mein Produzent wußte Rat: «Gert, du drehst Freitag nur bis Mittag, dann fliegst du aus London weg, egal wohin, nur raus aus England. Am Montagvormittag kommst du zurück und drehst ab Mittag, denn bei der Berechnung der 180 Tage zählen die Tage der Aus- und Einreise nicht mit. Mit anderen Worten: Freitag, Samstag, Sonntag und Montag werden nicht auf die 180 Tage angerechnet.» Wie sagte doch sein englischer Anwalt zu mir: «Ich beuge gern das Recht, aber ich breche es nie.»

Viele Wochenenden flog ich deshalb von London nach München. Es war jene Zeit, in der eine Zeitung schrieb: «Gert Fröbe muß viel Geld verdienen, denn er kommt jedes Wochenende eigens zum Fußballspiel von London nach München.»

Während die 180-Tage-Klausel mit diesem Stempeltrick umgangen werden konnte, war die zweite Schwierigkeit «hausgemacht». Wir hatten bei «Goldfinger» gut drei Wochen überzogen, und Regisseur Ken Annakin mußte sein Drehpensum für die «Tollkühnen Männer» so legen, daß alle Aufnahmen ohne mich vorgezogen wurden. Das Gute dabei war, daß beide Produktionen im selben Atelierkomplex stattfanden. Ich konnte sogar meinen Garderoberaum behalten, und die Anproben für die Uniform des preußischen Kavallerie-Obersten von Holstein liefen neben den Goldfinger-Dreharbeiten.

An einem Dienstag abends um neun Uhr war ich als Goldfinger abgedreht, die Kopieranstalt mußte Überstunden machen, damit noch in der Nacht geklärt werden konnte, ob das Negativ mit meinen Aufnahmen in Ordnung war. Um zwei Uhr kam der Anruf: Alles okay. Ich konnte also am nächsten Morgen als tollkühner Oberst vor die Kamera.

An der ganzen Aufregung und den Mehrkosten für die Nachtarbeit in der Kopieranstalt waren nur meine Haare schuld. Für die neue Rolle mußte mir ein echt preußischer Militärhaarschnitt verpaßt werden, so mit Sardellen-Scheitel und links und rechts um die Ohren alles kahl rasiert, als Mr. Goldfinger schmückte mich dagegen ein Bürstenhaarschnitt. Da ich gottlob keine Schminke brauche, war ich am nächsten Morgen bereits voll im Wichs mit säuberlich gezogenem Scheitel.

Bis zu meinem Drehbeginn hatte ich noch ein paar Stunden Zeit, da dachte ich mir: Zeig dich doch in der neuen Maske den Kollegen vom «Goldfinger»-Team, die im Nachbarstudio noch Szenen mit James Bond drehten. Kaum gedacht, schon getan, die Pickelhaube aufgestülpt, das Monokel vors Auge geklemmt, und schon war ich auf dem Weg zum Superagenten 007.

Als das Rotlicht neben der Ateliertür erlosch, was anzeigt, daß eine Aufnahme beendet ist, stolzierte ich in perfektem Stechschritt durch die Atelierhalle. Grüßte zackig nach links, nach rechts. Es war eine Riesengaudi. Da ritt mich der Teufel, und ich machte mit uff tata uff tata, Täterä und Tsching Bum eine ganze Militärkapelle nach. Nur mit dem Mund.

Ein kleiner rundlicher Herr, den ich noch nie gesehen hatte, folgte mir auf Schritt und Tritt, dabei klatschte er den Takt mit.

«Was war das?» wollte er wissen.

«Deutsche Militär-Musik.»

«Großartig, das bauen wir in den Film ein.»

Des Rätsels Lösung: Der kleine Herr war Ron Goodwin, der die Musik für die «Tollkühnen Männer» schrieb. Er war so begeistert, daß ich meine Vokal-Kapelle auch unserem Regisseur vorpusten mußte. Ken Annakin war ebenfalls angetan, und dieses Täterä wurde das Erkennungsmotiv für meinen Pickel-hauben-Oberst Manfred von Holstein.

Bei keinem anderen Film hatte ich in so vielen trickreichen Szenen zu spielen wie bei den «Tollkühnen Männern». Nun bin ich zwar nicht dafür, daß man zuviel verrät, wie was beim Film gemacht wird, man geht ja in einem guten Restaurant auch nicht in die Küche und schaut in die Kochtöpfe. Aber beim Lesen des Drehbuchs zu diesem Film stießen wir Schauspieler immer wieder auf Szenen, bei denen wir uns sagten: Das liest sich ja ganz hübsch, aber das ist doch nie zu realisieren. Und dann wurde doch alles Wort für Wort realisiert. Da dergleichen in absehbarer Zeit kaum noch einmal mit dem gleichen Aufwand geschehen kann, werde ich doch ausnahmsweise den Deckel vom Filmtrick-Kochtopf heben.

Der Aufwand und die Perfektion begannen bereits bei den «flying machines», den alten Flugzeugen. Sie wurden Origina-len nachgebaut, die aus den verschiedenen Museen in der ganzen Welt zusammengesucht worden waren. Vier Stück von jedem Typ. Zwei mit Motor, zwei ohne. Die mit Motor konnten richtig fliegen, allerdings nur bis Windstärke 3.

Im Drehbuch stand: «Und nun läuft Oberst von Holstein zwanzig Meter übers Wasser». Daß dies möglich sei, hatte ich bisher nur in der Bibel gelesen. Wie das ein preußischer Kavalle-rie-Oberst mit blankgewichsten Stiefeln zuwege bringen sollte, der noch dazu an einem Flugzeug hängt, war mir schleierhaft.

Wochen und Wochen ist an diesem Wasserspaziergang gear-beitet worden. Von gut einem Dutzend hochbezahlter Speziali-sten. Zuerst einmal wurde gefilmt, wie die alte Kiste über den Kanal flog. Dann machte man aus einem Hubschrauber Film-aufnahmen vom Kanal, so wie er sich aus der Sicht der tollküh-nen Männer zeigte. Also Wellengang und Wasserfarbe aus Flug-Höhe der «Fliegenden Kisten».

Das Wasser im Bassin auf dem Atelier-Freigelände wurde mit vielen Litern Farbe eingefärbt und der Wellengang durch fünf

Wasserpumpen erzeugt, die das Wasser in Bewegung setzten. Das Wasserbassin der Pinewood-Studios hat Ausmaße, wie sie sich jede mittlere Stadt für ihr Freibad nur wünschen kann. Allerdings ist es flacher, nur fünfzig Zentimeter tief. In diesem Bassin werde ich über das Wasser laufen, aber nicht etwa auf einem Steg, der unter dem Wasserspiegel angelegt wird, o nein, so leicht und billig machen es sich die Filmleute nicht.

Doch der Reihe nach: Erst einmal mußten die Aufnahmen gemacht werden, wie ich die Maschine mit der Heeresdienstvorschrift (HDV) in der Hand fliege, obgleich ich noch nie einen Steuerknüppel in der Hand gehabt habe.

Den Jux mit der HDV hab ich von mir aus beigesteuert, unser Regisseur wußte gar nicht, daß es so etwas bei der deutschen Armee gab. Es hat mich immer besonders gefreut, wenn in einem deutschen Kino bei der Szene, in der ich aus der HDV vorlese «Paragraph eins: Hinsetzen mit dem Gesicht nach vorn», ein kräftiger männlicher Lacher kam. Dann wußte ich, das war ein ehemaliger Landser, der sich an den idiotischen Text dieser Vorschrift erinnerte.

Im Film geht es dann so weiter: Eine Möwe streift mich, und mein Exemplar der HDV fliegt mir aus der Hand, ich versuche es zu angeln, dabei dreht sich durch mein Gewicht die Maschine und fliegt mit den Rädern nach oben weiter, während ich unter ihr im Gestänge der Tragfläche hänge. Das wird zuerst einmal am Himmel in einer Totalen aufgenommen. Man sieht, wie die Maschine ins Trudeln kommt und der Pilot herausfällt, sich aber am Gestänge anklammern kann. Das macht für mich Gott sei Dank ein Stuntman.

In diese Totale werden dann die Nahaufnahmen mit dem Schauspieler – in diesem Falle mit mir – eingeschnitten. Wir Schauspieler brauchen deshalb nicht in die Luft zu gehen, unsere Szenen werden auf der Erde gedreht – in meinem Fall über dem Bassin, dessen Wasser original kanalfarben eingetrübt wurde. Doch vorher sind erst wieder einmal die Techniker gefordert: Zuerst muß um die Riesenwasserfläche ein Rundhorizont aus Kunststoffplatten gebaut werden, gut und gern acht Meter hoch. Der stößt mit seiner unteren Kante an den Wasserspiegel. Da er genauso eingefärbt wird wie das Wasser, ist so die optische Vortäuschung einer Wasserfläche möglich, die bis zum Horizont reicht. Der Wellengang bei der Aufnahme über dem Kanal war achtzig Zentimeter hoch, also brachten die fünf Pumpen das Wasser im Bassin in genau die gleiche Wallung.

Nun aber kann endlich gedreht werden! Nein, noch lange nicht. Jetzt werden erst einmal rechts und links vom Bassin, aber außerhalb des Kamerawinkels, zwei Kräne errichtet. Riesenkräne, wie sie beim Hochhausbau benutzt werden, der eine höher als der andere. Entfernung zwischen beiden ungefähr sechzig Meter. Sie sind durch ein Stahlseil verbunden, auf dem eine Laufkatze befestigt ist, ähnlich jenen, die bei Skiliften benutzt werden. An dieser Laufkatze wird mein Flugzeug befestigt und ich, denn ich hänge ja darunter.

Die Befestigung allein ist ein kleines technisches Wunderwerk. Das Flugzeug hängt an so dünnen Stahlseilen, daß man sie schon aus kurzer Entfernung mit bloßem Auge nicht mehr sehen kann. Um ganz sicher zu sein, daß sie auch durch einen unverhofften Lichtstrahl nicht aufblitzen, werden die Drähte im Farbton des Rundhorizonts eingepudert.

An diesen dünnen Drähten hängen das Flugzeug und ich mit meinen 135 Kilo plus Uniform, Stiefel und Helm. Unsere Rutschpartie führt vom hohen zum niedrigeren Kran. Die Kamera ist so postiert, daß der Eindruck entsteht, als verlöre das umgekippte Flugzeug immer mehr an Höhe. Kurz über dem bewegten Wasser beginne ich zu strampeln, ein paar Meter weiter tauchen meine Stiefel zum ersten Mal ins Wasser, ich laufe weiter, das Wasser schwappt in die Stiefel, ich sinke mehr und mehr, bis ich nur noch mit Kopf, Monokel und Helm herausschaue, die schwarz-weiß-rote Fahne schwenke und verkünde:

«Es gibt nichts, was ein deutscher Offizier nicht kann!» Und dabei sauf ich ab.

Wann ich zu strampeln beginne, wann ich das erste Mal mit dem Wasser in Berührung komme, wann ich eintauche – das bleibt nicht etwa dem Zufall oder mir überlassen, das ist genau festgelegt und durch Zeichen am Bassinrand markiert. Viel Tüftelei, Arbeit und Aufwand, um die zehn Worte des Drehbuchs «Und nun läuft Oberst von Holstein zwanzig Meter übers Wasser» so zu realisieren, daß in der ganzen Welt von dieser Szene gesprochen wurde.

Nachdem ich das Geheimnis um einen großen Trick gelüftet habe, will ich auch einen kleinen nicht verschweigen. Als preußischer Oberst trage ich natürlich ein Monokel, und zwar im rechten Auge. An einem Drehtag hatte ich derartige Schmerzen auf der rechten Gesichtshälfte, daß ich das Monokel vor das linke Auge klemmte – keiner hat es bis heute bemerkt. Einmal habe ich sogar – allerdings aus Jux – eine Szene so gespielt, als hätte ich ein Monokel im Auge, ohne eines eingeklemmt zu haben. Jeder war überzeugt, ich hätte eines getragen, bis ich es noch einmal demonstrierte.

«Die tollkühnen Männer» war ein Film, wie ich ihn mir wünschte. Heiter, international, ein hervorragendes Drehbuch, großartige Kollegen und eine Bombenrolle für mich.

Auch als der Film schon längst abgedreht war, wurde ich immer wieder an ihn erinnert. Erste angenehme Überraschung: Der Film wurde für die Royal Performance, für eine Vorführung vor der Königlichen Familie im feudalen Londoner Astoria-Kino ausgewählt.

Eine große Auszeichnung und ein festliches Ereignis. Alle Schauspieler wurden der Queen vorgestellt, und für jeden hatte sie einen Satz parat, der ihr sicher von einem Hofmarschall vorher aufgeschrieben worden war. Als ich meine Verbeugung gemacht hatte, fragte sie, natürlich auf englisch: «Was spielen Sie denn als nächstes?»

Da ich bereits den Vertrag für «Tschitti tschitti bäng bäng» unterschrieben hatte und wußte, daß ich in diesem Märchenfilm um die Erfindung eines Wunderautos, das jedoch nie funktioniert, den Baron Banburst spielen würde, antwortete ich:

«Einen Baron, Majestät.»

«Einen guten oder einen bösen?»

«Einen deutschen, Majestät.»

Pause. Dann ein nachdenklich gehauchtes, höchst majestätisches «Aha», durch dessen Betonung sowohl Interesse wie Verwunderung klang. Die Queen schritt zum nächsten. Vielleicht dachte sie an die enge Verwandtschaft der Königlichen Familie mit deutschen Adelshäusern?

Bei solchen Vorführungen gibt es eine Erfrischungspause für die Königliche Familie, die sich für eine halbe Stunde in einen separaten Raum zurückzieht. Die Zuschauer und wir Schauspieler flanieren inzwischen im Foyer und in den Gängen. In der Pause werden die ersten Eindrücke registriert, wie der Film allgemein ankam und vor allem, wie die Mitglieder der Königlichen Familie reagiert hatten.

Bei den «Tollkühnen Männern» verkündete mir unser Produktionsleiter strahlend, Prinz Philip habe bei einigen Szenen mit mir – er ist ja gebürtiger Deutscher – ganz unvornehm laut gelacht. In diesem Augenblick kam ein Hofbeamter und ließ mich wissen, seine Königliche Hoheit Prinz Philip wünsche mich zu sprechen. Nun, dergleichen widerfährt einem nicht alle Tage. Ich war entsprechend aufgeregt.

Der Prinz empfing mich in dem hübschen kleinen Raum, der für die Ehrengäste eingerichtet war. Champagner und Kaviarhäppchen wurden gereicht. Small talk zwischen dem Prinzen und mir. Nach ein paar unverbindlichen Bemerkungen unterbrach er sich mitten im Satz und sagte auf deutsch: «Ich vergaß, Sie sind ja Deutscher, da können wir uns doch deutsch unterhalten.» So geschah es denn auch. Der Prinz sprach mit angelsächsischem, ich mit sächsischem Akzent deutsch. Er hatte ja erst 1947 bei seiner Heirat mit Elizabeth II. die britische Staatsbürgerschaft erworben.

Der Prinz hatte eine Frage: «In dem Film ist aus der Luft die Landschaft zwischen Windsor Castle und London zu sehen, die kenne ich ziemlich gut, weil ich die Strecke oft im Hubschrauber zurücklege, aber im Film sind einige hübsche Seen zu sehen, die habe ich noch nie bemerkt.»

Prinz Philip hatte sehr genau beobachtet, denn diese Seen existierten nur einige Wochen. Sie waren eigens für den Film angelegt worden. Mit Traktoren hatte man Wiesen ausgebaggert, fünfzig Zentimeter tief, diese Mulden wurden dann mit Plastikplanen ausgelegt und mit Wasser aufgefüllt. Weil das aber aus der Luft viel zu künstlich ausgesehen hätte, wurden Zehntausende von Flaschenkorken zermahlen und braun-grünlich eingefärbt. Diese Korkkrümel schwammen dann auf den Plastikseen und gaben ihnen eine «echte» Färbung.

Prinz Philip schüttelte den Kopf über diesen Aufwand für eine Täuschung, die im Film nicht mal eine Minute zu sehen ist. Aber solche Kleinigkeiten entscheiden eben, ob ein Film groß oder klein wirkt.

Zweite angenehme Überraschung: Als der Film in New York Premiere hatte, war auch Kardinal Spellman anwesend, damals Erzbischof von New York. Nach der Vorstellung bei einem Gala-Dinner sagte er: «Mister Fröbe, Sie sind der erste, der es fertiggebracht hat, daß man über einen deutschen Soldaten lachen kann. Und darauf können Sie, aber auch Ihr Land, mit Recht stolz sein.» Das, fand ich, war in damaliger Zeit, Anfang der sechziger Jahre, eine wohltuende Äußerung.

Dritte – allerdings unangenehme – Überraschung: In Deutschland lief der Film zwar Wochen und Monate in den Kinos, fand aber nicht nur Zustimmung. Besonders meine Rolle löste seltsame Reaktionen aus. Verwundert las ich beispielsweise in Nr. 42 des «Spiegel» aus dem Jahre 1965 in einem Leserbrief unter anderem:

«Die Darstellung eines deutschen Teilnehmers am internationalen Wettflug London – Paris in dem von Ihnen genannten (englischen) Film «Die tollkühnen Männer in ihren fliegenden Kisten» als unerfreulichen, grobschlächtigen und rüpelhaften Typ verärgert. Die Feststellung jedoch, daß es der deutsche Schauspieler Gert Fröbe ist, der sich für eine derart diffamierende Darstellung bereitstellte, schockiert und läßt tieftraurige Rückschlüsse auf die Person und den Charakter dieses Mannes zu.

Düsseldorf

Helmut Reiss»

Wem soll ich nun glauben? Dem Kardinal Spellman oder dem Herrn Reiss?

PS: Offenbar hat Herr Reiss nicht bemerkt, daß sich in diesem – im besten Sinne internationalen Film – alle Nationen selbst durch ihren eigenen Kakao ziehen. Wir Deutschen werden es wohl nie lernen...

STREIFLICHTER AUS DEUTSCHEN ATELIERS
Mal Gauner, mal Mörder, mal Räuber –
aber nie böse

So verrückt ist die Filmbranche: Nachdem ich mir in Frankreich und England einen Namen erspielt hatte, wurde ich auch für deutsche Filme engagiert, denn nun glaubten deutsche Produzenten, auf meinen Namen hin die Filme besser (oder überhaupt) nach Frankreich verkaufen zu können. Bei den meisten war das schon von der Story her ein holder Traum.

Natürlich spielte ich in deutschen Filmen keine Hauptrollen, aber nun stieg ich doch immerhin schon zum Gegenspieler von Hans Albers oder Heinz Rühmann auf.

In «Das Herz von St. Pauli» war Albers – selbstverständlich! –

234

der Rechtschaffene, ich der Böse. Nach der Premiere in Hamburg kam die damals übliche Verbeugung der Mitwirkenden. Erst kamen Albers und die guten Menschen im Film. Dann kündigte Albers an: «Ja, und jetzt kommt noch der Lump aus dem Film.» Ich trat auf – und bekam besonders herzlichen Applaus. Da riß Hans die Initiative wieder an sich: «Ja, meine Damen und Herren, im Film spielt er zwar den Lumpen. Aber menschlich und künstlerisch konnten wir uns von ihm 'ne Scheibe abschneiden.»

Umgekehrt wurde ein Stiefel draus – wir alle konnten von ihm, dem nicht mehr ganz so blonden Hans, lernen, was Natürlichkeit im Spiel, Disziplin bei der Arbeit und Humor in allen Lebenslagen betraf. Er war der letzte große Star der alten Garde.

Von ihm hab ich auch gelernt, keine Scheu vor «Negern» zu haben. Ich bin Schauspieler, kein Gedächtniskünstler. «Neger», also mit Dialogtext beschriebene Schiefertafeln, benutzen, heißt ja nicht, keinen Text gelernt zu haben. Sie sollten nur der Auffrischung des Gedächtnisses dienen. Und wieviel Ausdrucksmöglichkeiten hat ein Schauspieler im Film – zum Beispiel bei einer Großaufnahme, wenn er in seinem Gehirn nicht erst nach dem Text suchen muß. Große Kollegen wie Jean Gabin, Marlon Brando und Hans Albers sahen das schon richtig.

Unvergessen bleibt mir auch, daß Heinz Rühmann mich für eine komische Episodenrolle in seinem Film «Der Pauker» wünschte und sein Regisseur Axel von Ambesser ihm sagte: «Einverstanden, aber Sie wissen, Fröbe wird handfeste Komik bieten.» Rühmann ließ sich nicht abschrecken. Noch heute gehört die Szene zwischen ihm als pedantischem Lehrer und mir als Catcher, der mit der deutschen Sprache auf Kriegsfuß steht, mit zu meinen Lieblingsrollen.

Rühmann lehrte *mir* in diesem Film den richtigen Gebrauch von *mir* und *mich*, während ich ihm beibrachte, wie man jemanden aufs Kreuz legt. Wörtlich, versteht sich.

Im selben Jahr standen wir noch einmal vor der Kamera, und zwar in einer Filmart, in der ich einschlägig «vorbelastet» war: in dem Kriminalfilm «Es geschah am hellichten Tag» nach einem Stoff von Friedrich Dürrenmatt. Rühmann als Kommissar Matthäi überführte mich als Kindermörder.

Mörder-Rollen bringen zwar Anerkennung bei Fachleuten, aber zum Publikumsliebling wird man dadurch mit Sicherheit nicht. Das spürte ich an den Angeboten, die in den nächsten Jahren aus Deutschland kamen. Ich schien für alle Zeiten als Schurke vom Dienst abgestempelt. Um diesem Klischee zu entgehen, griff ich begeistert zu, als mir ein Drehbuch vorgelegt wurde, bei dem ich zum ersten Mal das Gefühl hatte, es könne daraus ein Film werden, der aus den Niederungen deutscher Lustspiele herausragte.

Selbstverständlich sollte ich in «Der Gauner und der liebe Gott» den Gauner spielen, aber einen komischen. Die Rolle des Geldschrank-Knackers Paule Wittkowski schien wie für mich geschrieben. Später erzählte mir Curth Flatow, daß er tatsächlich beim Drehbuchschreiben immer nur mich in dieser Rolle gesehen habe – ohne daß ich von der Produktion dafür vorgesehen war.

Zwei Worte zur Story: Ein Geldschränker auf der Flucht vor der Polizei kommt in Besitz einer Soutane und taucht als «Amtsbruder» in einer Landpfarrei bei einem jungen Vikar (Karlheinz Böhm) auf. Der Ganove versucht, den lieben Gott auszutricksen, aber statt dessen wird er auf listigen Umwegen auf den Pfad der Tugend geführt. Das hört sich moralinhafter an, als es im Spiel auf der Leinwand kam. Der Film und ich erhielten in- und ausländische Preise.

Doch nicht deshalb berichte ich davon, sondern weil die Erinnerung an die Dreharbeiten mit einem Erlebnis verbunden ist, das mich tief betroffen hat.

Axel von Ambesser führte bei diesem Film Regie. Wir kannten uns von der Arbeit beim «Pauker», waren aber noch per

«Sie». Ich spürte, die unmittelbare Herzlichkeit mir gegenüber kam von ihm nicht. Wir hatten keinen Ärger, aber wir blieben auf Distanz. Ich nahm mir vor, ihn bei passender Gelegenheit nach dem Grund zu fragen, denn in unserem Wesen und in unseren Einstellungen waren wir uns ähnlich. Bevor ich dazu kam, das Thema anzuschneiden, hat er selbst davon gesprochen. Aus freien Stücken und in einer Offenheit, die mich rührte.

An einem der ersten Drehtage saßen er, Lucie Englisch, Karlheinz Böhm und ich während einer Umbaupause beisammen und gingen der Lieblingsbeschäftigung vieler Schauspieler nach: Wir hechelten die Kollegen durch. Lucie Englisch wollte von unserem Regisseur wissen, was er denn von Klaus Kinski halte, diesem Geniebaby, von dem damals viel Wesens gemacht wurde.

Axel von Ambesser winkte ab und sagte – ich glaube, ich hab es noch fast wörtlich im Gedächtnis: «Liebe Freunde, ich werde keine Prognosen mehr stellen, ich habe mich schon zu oft geirrt. Am meisten gleich nach dem Kriege, als ich unter Erich Engel der zweite Mann an den Kammerspielen war. Damals sagte Engel zu mir: ‹Drüben im ‚Simpl‘ tritt ein neuer Mann auf, schauen Sie ihn sich mal an.› Das tat ich und sagte Engel aus ehrlicher Überzeugung ‹Der ist nichts für uns›. Ich hab ihn nicht einmal, sondern mehrmals abgelehnt, weil Engel immer wieder nach ihm fragte. Falls ihr immer noch nicht wißt, wer das war – er ist unser jetziger Hauptdarsteller Gert Fröbe.»

Mir wurden die Augen feucht. Daß jemand so offen und in Gegenwart des Betroffenen von seiner einstigen ablehnenden Haltung sprach, war mir noch nie begegnet und ist mir auch nie wieder untergekommen. Seit diesem Tag duzen wir uns, und es ist nicht das schnelle Du unter Schauspielern, sondern Ausdruck wirklicher Freundschaft.

Auch beruflich fühle ich mich ihm mehr verbunden als anderen Regisseuren. Wir sprechen beide dieselbe Sprache, wir werfen uns die Bälle zu, und er hat genau wie ich Freude an einer guten Klamotte. Bei diesen vielen Übereinstimmungen gab es überhaupt keinen Zweifel – wir mußten Freunde werden.

Kaum war «Goldfinger» in Deutschland erfolgreich angelaufen, stapelten sich bei mir die Angebote deutscher Filmproduzenten. Was boten sie mir wohl an? Lauter Goldfingerchen. Die Begleitbriefe glichen sich, als wären sie fotokopiert: «Leider haben wir nicht so viel Geld wie die Amerikaner, aber wir versprechen ... wir schwören...»

Ich ersparte den Herren einen Meineid und lehnte alle Goldfinger-Doubles ab. Aber in vielen anderen deutschen Filmen habe ich gespielt, und an einige erinnere ich mich gern. Jeder Schauspieler arbeitet lieber im eigenen Lande, schon weil um ihn herum in seiner Sprache gesprochen, geflucht und gelobt wird. Meine Arbeit im Ausland hatte es mir in den sechziger Jahren ermöglicht zu vergleichen, wie bei uns und wie im Ausland gespielt wird. Was mir bei meinen ersten Anfängen im deutschen Film gar nicht so deutlich geworden war, das fiel mir nun fast bei jeder Dialogszene auf: dieses Klipp-Klapp-Sprechen in deutschen Filmen. Ist das Stichwort gefallen, schon schießt der Partner seinen Dialog ab. Kaum einer nimmt sich Zeit, die Worte des Partners erst einmal in sich aufzunehmen, ehe er antwortet. Nein, gleich muß der eigene Satz herausgesprudelt werden. Man weiß ja doch, was man zu sagen hat, es steht im Drehbuch vorgeschrieben.

Was für die Bühne gilt, gilt für den Film doppelt: Schauspielerei besteht zu fünfzig Prozent aus Zuhören, erst daraus entwikkelt sich die andere Hälfte, das Sprechen. Denn erst wenn ich richtig zuhöre, kann ich aus der Art, wie ich angesprochen wurde, den Ton entwickeln, in dem ich antworte.

Jetzt scheint sich allmählich diese moderne Art des Dialogspiels auch in unseren neuen Filmen und bei jungen Schauspielern mehr und mehr durchzusetzen.

Mehr als bei ausländischen Filmen suchte ich mir bei deutschen Stoffen, die in deutschen Ateliers realisiert wurden, die Anregungen für meine Rollengestaltung im eigenen Bekanntenkreis. So hatte ich mir für die Rolle des Hauslehrers Dr. Jüttner in der berühmten Kostümschnulze «Alt Heidelberg» einen meiner Professoren aus dem Gymnasium in Zwickau zum Vorbild genommen. Er war für mich der Inbegriff eines deutschen Professors, mit aller Güte, mit aller Strenge, mit aller Schrulligkeit, kurz mit allem, was zu dieser Figur gehört.

Ein Jahr nach der Arbeit an diesem Film – 1960 – besuchte ich meinen damals 86jährigen Professor und erzählte ihm, daß er mein Vorbild für den Dr. Jüttner gewesen sei. Gerührt entgegnete er: «Ach, mein Junge, das wäre aber wirklich nicht nötig gewesen!»

Wie schwierig es mitunter ist, sich ein objektives Bild der eigenen Leistung zu verschaffen, erlebte ich bei dem Film «Ich tötete Rasputin». «Le Figaro» hatte geschrieben: «Gert Fröbe ist der beste Rasputin, den ich je gesehen habe (trotz Harry Baur).» Die drei Worte in Klammern waren dabei das Wichtigste, denn ihren Harry Baur stellen viele Franzosen noch heute über Emil Jannings.

Mit solcher Kritik ausgerüstet, ging ich frohgelaunt in die deutsche Uraufführung, um mir anzusehen, wie die deutsche Synchronisation ausgefallen war. Meine Hochstimmung hielt bis zum nächsten Morgen, da las ich in einer Boulevardzeitung: «Gert Fröbe als Rasputin ist eine Mischung aus Rhinozeros und Neandertaler.»

Wohl dem Kollegen, der an solchen Tagen eine so patente Frau an seiner Seite hat wie ich. Sie tröstete mich: «So eine Mischung soll dir erst mal einer nachspielen.»

Als es mit dem deutschen Film immer weiter bergab ging, kam eine Kommission von Produzenten und Verleihern auf die unselige Idee, eine Liste aufzustellen, in der festgehalten wurde, wieviel jeder Filmschauspieler an Gage verdienen durfte. Das war nicht neu. Solche Listen hatte es schon unter Goebbels gegeben, und sicher hätten einige ihrer Wiederentdecker auch gern die damaligen Praktiken neu aufleben lassen, die festlegten, welcher Schauspieler positiv und welcher negativ oder überhaupt nicht in der «Kunstbetrachtung» – so nannte man damals die Kritik – erwähnt werden durfte.

Mich ärgerte diese Liste. Aus Prinzip, weil wir Schauspieler dadurch wie Schweinefleisch an der Börse notiert wurden, ohne Differenzierung nach der Leistung in der jeweiligen Rolle, aber ich ärgerte mich auch privat, weil ich mich falsch eingeschätzt fühlte. Schließlich hatte ich mehr internationale Erfolge vorzuweisen als die meisten anderen. Für mich kam diese Gagenstop-Liste der Ablehnung Fröbes durch deutsche Produzenten gleich. Nach dem Motto: Der verdient genug im Ausland, also kann er bei uns ruhig für weniger spielen oder es ganz lassen.

Inzwischen sind viele Jahre ins Land gegangen. Den deutschen Film alter Prägung gibt es nicht mehr, und die einstige Gagenstop-Liste kann ich mir nur noch mit Rührung betrachten. Wie viele, die da aufgelistet sind, haben bereits die Bühne des Lebens verlassen! Andere wären froh, böte man ihnen heute auch nur einen Bruchteil ihrer damaligen Gage.

Aus einem Papier, das ich aus Protest aufbewahrte, ist ein nostalgisches Dokument geworden. So viel waren 1961 deutsche Schauspieler den Produzenten wert:

100 000 Mark: Lilli Palmer, Nadja Tiller, Ruth Leuwerik, Liselotte Pulver, Caterina Valente, Hardy Krüger, O. W. Fischer, Heinz Rühmann, Curd Jürgens und Freddy Quinn.

75 000 Mark: O. E. Hasse und Peter Alexander.

70 000 Mark: Hansjörg Felmy und Marika Rökk.

65 000 Mark: Carlos Thompson und Peter van Eyck.

60 000 Mark: Martin Held, Hans Albers, Walter Giller und Hannes Messemer.

50000 Mark: Marianne Koch, Luise Ullrich, Sonja Ziemann, Sabine Sinjen, Eva Bartok, Cornelia Froboess, Gert Fröbe, Karlheinz Böhm und Heinz Ehrhardt.

45000 Mark: Ulla Jacobsen, Rudolf Prack und Hans Joachim Kulenkampff.

40000 Mark: Ewald Balser, Mario Adorf, Rudolf Schock, Peter Kraus, Paul Hubschmid und Fred Bertelmann.

35000 Mark: Marianne Hold, Maj-Britt Nilsson, Bernhard Wicki, Hans Söhnker, Ivan Desny, Willy Birgel, Johannes Heesters, Wolfgang Preiss, Horst Frank und Joachim Hansen.

Alle in der «Gagenliste» nicht genannten Schauspieler erhielten eine Gage unter 30000 Mark.

Meinen Gruß allen Kollegen, die mich damals bei meinem Ein-Mann-Sturmlauf gegen Katalogisierung in Preiskategorien offen oder leise unterstützten. Der Gagenstop verschwand noch rascher und unrühmlicher, als er ins Leben gerufen worden war. Bleibt nur zu hoffen, daß dies auch in Zukunft das Schicksal aller Versuche mit Zwangsmaßnahmen bleibt.

1. PS: Romy Schneider, Maria Schell und Horst Buchholz fehlten auf der Liste. «Sie können gegenwärtig nicht eingestuft werden», hieß es.

2. PS: Trostpflaster für meine Eitelkeit: Damals, von 1962 bis 1966, stand ich bei der Bambi-Wahl als zweiter beliebtester Schauspieler hinter Heinz Rühmann, der den Bambi mit Recht über ein Jahrzehnt «gepachtet» hatte. Als «Heavy» und Bösewicht vor einem Liebhaber par excellence wie O. W. Fischer zu stehen – das hat mich schon gefreut.

Dank an alle, die mir ihre Stimme gaben.

Bei einer Rolle, die ich gern spielen wollte, hatte ich mich schon damit abgefunden, daß sie ein anderer spielte. Da sorgte wieder der Zufall dafür, daß alles anders kam. Artur Brauner hatte 1968 für 460000 DM in Amerika die Rechte an Vicky Baums Roman

«Menschen im Hotel» erworben und plante ein Remake des berühmten Greta-Garbo-Films. Die fünf prächtigen Rollen dieses Stoffes sollten mit fünf großen Namen besetzt werden.

Daß den Buchhalter Kringelein Rühmann und den Hochstapler Baron Gaigern O. W. Fischer spielen mußten, lag auf der Hand, aber der Generaldirektor Preysing, ein Bankrotteur, der mit gefälschten Bilanzen arbeitete, hätte mich interessiert. Nicht weil ich unbedingt meiner Schurken-Galerie eine weitere Figur hinzufügen wollte, sondern weil in dem amerikanischen Film Wallace Beery diese Rolle gespielt hatte. Ich bewundere Beery noch heute, aber als Direktor Preysing hatte er mich enttäuscht. Er hatte diese Figur so klischeehaft deutsch mit Hackenzusammenschlagen und «Jawohl»-Sagen angelegt. Das paßte – fand ich damals – weder zur Figur noch zum Stil des Films. Heute möchte ich mich korrigieren – wahrscheinlich war dies Anfang der dreißiger Jahre die richtige Art, einen deutschen Geschäftsmann darzustellen.

Die Rolle des Direktors Preysing bekam ein exzellenter Schauspieler: Martin Held. Bereits 1939 hatten wir beide als Anfänger auf der Marburger Freilichtbühne im «Sommernachtstraum» gemeinsam auf der Bühne gestanden.

Doch dann klingelte eines Tages das Telefon, und mir wurde die Rolle Preysing angeboten. Was war geschehen? Zuerst war der vorgesehene Regisseur Curtis Bernhardt ausgefallen, dann erkrankte der Drehbuchautor, schließlich meldete jeder der Stars Änderungswünsche für seine Rolle an. Erfolg: Der Drehbeginn mußte Wochen um Wochen verschoben werden, bis er so weit nach hinten gerutscht war, daß Martin Held nicht mehr länger ältere Bühnenverpflichtungen hinausschieben konnte. So kam es, daß ich als zwielichtiger Firmenchef nach genau zehn Jahren wieder Sonja Ziemanns Partner wurde, die das «Flämmchen», die Hotelsekretärin, spielte. Bereits 1949 hatten wir in meinem zweiten Film, «Nach Regen scheint Sonne», zusammen gespielt und waren zum Schluß ein Paar geworden. Davon konnte diesmal keine Rede sein. Aber ein ganz persönliches Happy-End hatte dieser Film für mich.

Nach der Premiere im Münchener Gloria-Palast schrieb Joachim Kaiser in seiner, sich vom Film distanzierenden Kritik: «Die Gerechtigkeit gebietet übrigens zu bemerken, daß Fröbes Vitalität einige der fesselndsten, ja, virtuosen Sequenzen des Films zu danken waren.»

Als die deutsche Filmproduktion sich in der Themenwahl so beschränkt hatte, daß mir nur die Wahl blieb, nackt oder als Indianer zu spielen, erfüllte ich mir einen alten Herzenswunsch und übernahm die Hauptrolle in einem Kinderfilm.

Die Arbeit an einem Kinderfilm ist für einen Schauspieler zwar nicht so herzerfrischend wie eine Bühnenrolle in einem Märchenstück, weil der unmittelbare Kontakt zu den Kindern fehlt, aber um so größer ist dann die Freude, wenn man später unerkannt in einem Kino unter Kindern sitzt und ihre Reaktionen miterlebt.

Ich spielte den Räuber Hotzenplotz nach Otfried Preußlers Erzählung. Wochenlang hüpfte und schnaufte ich durch die fränkischen Wälder bei Wolframs-Eschenbach, bis zur Unkenntlichkeit durch die Hotzenplotz-Maske verändert: Kohlschwarzer Rauschebart rund ums Gesicht, riesiger Räuberhut, eine Nase, groß wie ein Rettich, und einen Bauch, so dick, daß ein Gürtel mit sieben Säbeln um ihn herum paßte, dazu Füße von Schuhkarton-Format.

Den letzten Anstoß, diese Rolle zu übernahmen, gab meine Tochter Beate. Damals, 1973, war sie gerade sechs und wollte unbedingt wissen, ob es diesen Räuber Hotzenplotz, den sie vom Vorlesen kannte, wirklich gibt. Hauptsächlich ihr zuliebe habe ich ihn zu Leinwandleben erweckt.

Möglicherweise haben nicht nur Kinder an die Existenz dieses furchterregenden Räubers geglaubt, denn bei den Außenaufnahmen ereignete sich eines Tages Unvorhergesehenes:

In einer Szene rannte ich als Hotzenplotz vor Freude laut brüllend durch einen Wald und fuchtelte dabei wild mit meinem Säbel. Mitten im schönsten Rennen sah ich, daß einige Ami-Jeeps am Waldrand stoppten, und die GIs breakfast-brake, Frühstückspause, machten. Weil ich so schön in Schwung war, sprang ich über den Graben und hüpfte mit meinem Hotzenplotz-Humpelgang durch die Reihe der Jeeps und gröhlte mein «Ohohahoho».

Den Amis blieb der Bissen im Mund stecken. Aber noch ehe alle mitbekamen, was hier – im wahrsten Sinne – gespielt wurde, war ich wieder im Wald verschwunden. Wahrscheinlich hat dann dieser oder jener nach Hause geschrieben: «Nun habe ich in Old Germany sogar einen echten Räuber gesehen.»

EIN GUTER DEUTSCHER MIT SCHLIMMEN FOLGEN

«Brennt Paris?» – ein Interview und
Schatten der Vergangenheit

In dem Film «Brennt Paris?» bekam ich zum ersten Mal Gelegenheit, eine authentische Figur, den deutschen General von Choltitz, darzustellen. Da er damals noch lebte, begnügte ich mich nicht damit, alle Fotos und Dokumente zu studieren, die ihn betrafen, sondern suchte auch persönlichen Kontakt.

General von Choltitz war aus dem 100 000-Mann-Heer hervorgegangen, jener «Reichswehr», die nach dem Versailler Friedensvertrag Deutschland zur Aufrechterhaltung von Ruhe und Ordnung zugebilligt worden war. Ein typischer Berufssoldat, wie es ihn in allen Armeen gibt: korrekt, standesbewußt, mit einem sicheren Gefühl für das, was aus seiner Sicht gut oder schlecht ist.

Durch eine Tat, richtiger, durch eine Befehlsverweigerung,

ragt von Choltitz aus der langen Reihe von Offizieren mit ähnlichem Werdegang heraus: Als Stadtkommandant von Paris hat er Hitlers Befehl, Paris im Sommer 1944 in Brand zu stecken, nicht ausgeführt, sondern auf dessen ins Telefon gebrüllte Frage «Brennt Paris?» mit «Jawohl, mein Führer» geantwortet. Das war eine Lüge, um eine richtige Entscheidung zu decken.

Einen Deutschen zu verkörpern, der den Mut zu solcher Eigeninitiative in einer Diktatur gehabt hat, war für mich mehr als eine weitere Rolle in dem langen Maskenzug meines Lebens, es war auch eine menschliche Verpflichtung.

Die Besetzungsliste dieses Films, der Hitlers Frage «Brennt Paris?» zum Titel hatte, war mit Namen bestückt, von denen viele allein ausreichten, um einen Film «nach Hause zu tragen», wie es im Verleiherjargon heißt, wenn ein Star genug Zugkraft hat, viele Zuschauer ins Kino zu locken. Jean-Paul Belmondo, Alain Delon, Kirk Douglas, Glenn Ford, Yves Montand, Anthony Perkins, Michel Piccoli, Orson Welles – um nur einige der männlichen Mitspieler zu nennen.

Sie alle hatten unterschrieben, daß sie mit alphabetischer Nennung einverstanden seien – etwas anderes wäre bei einem solchen Aufgebot von Starnamen gar nicht möglich gewesen. Für einige der französischen Kollegen war die Mitwirkung in diesem Film und die Rolle, die sie verkörperten, mit persönlichen Erinnerungen verbunden. Sie hatten der Resistance angehört, wie unser Regisseur René Clement und Yves Montand, mit dem ich seit meinem ersten französischen Film «Die Helden sind müde» freundschaftlich verbunden bin.

Als mein erster Drehtag kam, hatte ich noch nicht die richtige Art gefunden, ein Monokel so zu tragen, daß es nicht affektiert wirkte. Daran lag mir aber, denn ich wollte den General von Choltitz so sehr wie möglich vom Klischee des deutschen Militaristen befreien. Für Männer wie ihn war das Monokel das Statussymbol einer militärischen Elite, nicht ein komisches Requisit wie bei meinem Oberst in den «Tollkühnen Männern».

Ich behielt deshalb das Monokel in der Tasche und wartete ab, wie René Clement reagieren würde, wenn ich die erste Einstellung ohne Einglas spielte. Er sagte nichts. Auch in der Mustervorführung vermißte niemand das Monokel. Nicht einmal der militärische Sachverständige. Am letzten Drehtag erschien ich erstmals mit Einglas im Atelier.

«Um Himmels willen, Gert», rief René Clement und schlug sich an die Stirn, «Laß das Ding weg, jetzt ist es zu spät, außerdem paßt es nicht zu der Art, wie du den General gespielt hast...»

So kam es, daß dem General von Choltitz im Film eine kleine persönliche Eigenheit fehlt.

Als ich Jahre später mal wieder in Sammy Drechsels «Lach- und Schießgesellschaft» auftrat, kam nach der Vorstellung eine Dame, so um die vierzig, zu mir. Sie tat etwas heute Ungewöhnliches: Bei der Begrüßung deutete sie einen Knicks an. An solchen Kleinigkeiten erkennt man Vertreterinnen einer Generation, die als Backfische in Internaten erzogen worden sind. Sie war die Tochter von General von Choltitz. Nach einigen Nettigkeiten über den Vortragsabend erklärte sie, daß sie hauptsächlich gekommen sei, um mir für die Darstellung ihres Vaters zu danken, und zwar im Namen der ganzen Familie.

«Aber in einer Äußerlichkeit war sie nicht ganz korrekt», deutete ich an.

«Ja, sein Monokel fehlte. Wir waren ja so froh darüber, das war nämlich die einzige Marotte, die wir an unserem Vater nicht besonders schätzten.»

Zum familiären Lob kam das offizielle: der Film «Brennt Paris?» wurde zum Oscar nominiert. Jean Planchais schrieb in «Le Monde»: «Wie Gert Fröbe den General v. Choltitz verkörpert, ist exzellent», und Dieter Strunz formulierte in der «Berliner Morgenpost»: «General Fröbe rettet Paris und zugleich den Film.»

Grund genug für mich, rundum zufrieden zu sein, bis auf eine

folgenschwere Kleinigkeit ... Nach einem anstrengenden Drehtag war ich gleich ins Hotel gefahren und früh ins Bett gegangen.
Wie ich grade so vor mich hindöste, klingelte das Telefon.

Beate, meine Frau, hob den Hörer ab, und ich hörte bald
heraus, daß mein Agent in London am anderen Ende war. Das
Gespräch zog sich in die Länge, Beate wurde immer kleinlauter,
sagte schließlich nur noch «Ja, aha, jaja». Nach zwanzig Minuten etwa legte sie auf, kniff die Lippen aufeinander, schaute mich
an und sagte: «Du bist weltweit verboten.»

Folgendes war geschehen: Einige Tage zuvor hatte ich einem
englischen Reporter in einer Drehpause ein Interview gegeben.
Wir saßen im Freien, ich in voller Generalsuniform, denn ich
mußte ja gleich weiterdrehen. Im Verlauf unseres angenehmen
Gesprächs fragte der Reporter mich locker und ohne besonderes
Gewicht: «Wie hätten Sie sich denn an der Stelle von General
von Choltitz verhalten?»

«Das weiß ich nicht, ich war Schütze Arsch, ich hatte nicht zu
entscheiden, ob ich Paris anzünde oder nicht, und jetzt bin ich
Schauspieler, der einen Mann darstellt, der damals sein Leben
riskierte, als er entschied, es nicht wie befohlen anzuzünden.»
Nur um meiner Antwort noch eine persönliche Note zu geben,
erzählte ich, daß ich ein paar Jahre in der Partei war, was mich
aber nicht daran gehindert hatte, eine Jüdin und deren Sohn in
Wien zu verstecken.

Ich erzählte das ohne Arg, denn beides – die vierjährige
Parteizugehörigkeit wie meine Hilfe für Mutter und Sohn waren
bereits 1946 bei der Entnazifizierung aktenkundig gemacht worden. Der Reporter bedankte sich für das Gespräch und verabschiedete sich mit den Worten: «Mister Fröbe, Sie sind der erste
Deutsche, der mir gegenüber zugegeben hat, in der Partei
gewesen zu sein.»

Ich ging ins Atelier zurück, hatte sofort zu drehen und vergaß
das Gespräch, bis an jenem Abend des 30. November 1965 mein
Agent aus London anrief, weil an diesem Tag der «Daily Mir-

ror» mit der Schlagzeile erschienen war: «Of course I was a Nazi said the good Samaritan Goldfinger.» Dazu ein Foto von mir als General mit Ritter- und Hakenkreuz und allem Klimbim.

Nach dieser Veröffentlichung begann ein Kesseltreiben gegen mich. Sooft ich auch versicherte, niemals «Of course», also «natürlich», gesagt zu haben – es wurde mit Achselzucken quittiert.

Zwar lief im Atelier alles weiter wie bisher. Aber nachdem die Pariser Boulevardpresse den Artikel des «Daily Mirror» nachgedruckt hatte, natürlich mit Fotos von mir, konnte ich nur noch mit hochgeschlagenem Mantelkragen und tief in die Stirn gezogenem Hut über die Straße gehen. Das Hotel betrat ich von nun an durch den Personaleingang, weil in der Halle die Fotoreporter lauerten.

Nun, inzwischen ist alles ausgestanden, und ich könnte zur Tagesordnung übergehen. Aber ich finde, daß es zu einem Lebensbericht gehört, seinem Leser auch über diesen Ausschnitt seines Werdegangs Rechenschaft abzulegen.

Ich war in der Tat in der «Partei». Relativ früh bin ich eingetreten – 1933. Ich war einer jener vielen Sachsen, denen vorgeworfen wurde, quasi über Nacht ihre Gesinnung gewechselt zu haben. Nicht die Gesinnung wechselte damals so schnell, sondern die Zustände bei uns im sächsischen Kohlenpott um Zwickau. Weil ich mit Leib und Seele Sachse bin, liegt mir sehr daran, diesen sächsischen «Gesinnungswechsel» ins richtige Licht zu rücken. Das Jahr 1933 begann für uns damit, daß uns, den «wohlhabenden» Fröbes, eines von ihren fünf Zimmern genommen und einer siebenköpfigen Bergarbeiterfamilie gegeben wurde. Mein Vater war wütend, was denen «da oben» einfiel, aber ich mit meinen neunzehn Jahren fand das fabelhaft.

Von heut auf morgen bekamen die Bergarbeiter statt achtzehn Reichsmark vierundsechzig in die wöchentliche Lohntüte, und die Kohlehalden um Zwickau wurden immer kleiner, weil keine englische Kohle mehr importiert werden durfte. Auch das gefiel den Arbeitern und uns jungen, idealistischen Burschen. Die nackte Existenznot schien mit einem Mal nicht mehr gottgewollt, sondern abwendbar.

Und wer dachte denn schon weiter als die nächsten paar Monate, höchstens bis Weihnachten?

Als ich in Dresden für zwanzig Mark im Monat Bühnenmaler-Lehrling am Staatstheater war, wären mir beinahe meine 1,86 Meter zum Verhängnis geworden. Das war genau die Größe für die SS. Essen, Wohnen, Kleidung, alles frei und dann noch 250 Mark im Monat auf die Hand – so lautete das Angebot. Ich kann die jungen Leute verstehen, die damals zugegriffen haben. Mich bewahrte meine Liebe zum Theater davor.

1936 ereignete sich wieder einer jener «Zufälle», die mich auf jenen Lebensweg geschubst haben, der mir vorbestimmt war. «Zufällig» traf ich Onkel Fritz auf der Prager Straße in Dresden. Ein entfernter Verwandter, der zu Besuch nach Dresden gekommen war, alles Mögliche zu erledigen hatte, mit Sicherheit nur eines nicht: den Gert zu besuchen. Von dieser Begegnung berichtete Onkel Fritz meiner Mutter. Sie hat mir später erzählt, was er gesagt hat: «Alma, der Gert brennt vor Begeisterung fürs Theater, aber er ist so dünn geworden, er hat bestimmt Hunger.»

Wie reagiert eine Mutter, der man sagt, daß ihr Kind hungert? Wenn sie weder mit Geld noch mit Lebensmitteln helfen kann, überlegt sie, wo es eine Einsparungsmöglichkeit gibt. Ihr fiel nur eine Ausgabe ein: die zwei Mark Monatsbeitrag für die «Partei». Meine Mutter muß dem Ortsgruppenleiter meine finanzielle Situation so herzzerreißend geschildert haben, daß der ihrem Antrag auf Aufhebung meiner Mitgliedschaft stattgab. Ich hatte zwei Mark im Monat mehr, und dafür war ich meiner Mutter dankbar. Erst ein Jahrzehnt später wurde mir richtig bewußt, wie unendlich dankbar ich ihr sein mußte.

Dazwischen liegt jene Episode, die ich dem englischen Reporter als Beispiel erzählt hatte. Nicht wert, viele Worte darüber zu machen, andere haben mehr unter gefährlicheren Umständen getan.

Es muß 1942 gewesen sein, da erhielt ich ins Deutsche Volkstheater in Wien einen Brief in weiblicher Handschrift etwa folgenden Inhalts:

«Sehr geehrter Herr Fröbe, ich bin eine begeisterte Zuschauerin und hätte so viele Fragen an Sie. Kommen Sie doch wenn möglich am Mittwoch nachmittag um vier an die Endstation der Straßenbahnlinie 49. Ich würde mich freuen, wenn Sie die Zeit einhalten könnten.»

Die Unterschrift war nicht genau zu entziffern.

Briefe dieser Art erhalten Schauspieler gelegentlich. Sie tun ihrer Eitelkeit gut. Meist sind es frustrierte Frauen, die auf diese Art ihre erotischen Tagträume abreagieren. Allerdings war es ungewöhnlich, ein Treffen an der Endstation einer Straßenbahnlinie vorzuschlagen.

Meine Neugier war stärker als mein Mißtrauen, und ich war um vier Uhr zur Stelle. Schon von weitem sah ich eine Frau und glaubte auch gleich zu wissen, warum sie mich an einen so entlegenen Platz bestellt hatte: sie war sehr klein, und ich vermutete, es wäre ihr vielleicht peinlich, sich mit mir in einem Kaffeehaus zu treffen.

Es war wieder einmal alles ganz anders. Diese Frau lebte mit ihrem zwölfjährigen Sohn ohne Anmeldung und ohne Lebensmittelkarten in Wien. Mal hier, mal dort. Sie war Jüdin, ihr Mann nach der damaligen Sprachregelung «Arier». Er war verhaftet worden, als er SS-Leuten den Zutritt zur Wohnung verwehrt hatte. Sie konnte mit ihrem Sohn fliehen. Irgend jemand hatte ihr meinen Namen genannt, und nun bat sie mich, ihr und dem zwölfjährigen Sohn zu helfen. Ich erkundigte mich vorsichtig bei Kollegen und erfuhr, daß außer mir auch andere von diesem Schicksal wußten und sicher auch schon geholfen

hatten. Es lag in der Natur der Zeit, daß darüber nicht gesprochen wurde.

Ich half mit Geld und Lebensmitteln. Engeren Kontakt bekamen wir paradoxerweise erst, als im Zuge des «Totalen Krieges»
alle Theater geschlossen und ich zu einer anderen Wehrmacht-
Einheit außerhalb Wiens versetzt wurde. Da dadurch meine
Wohnung freistand, gab ich ihr den Schlüssel. Dort lebte sie mit
ihrem Sohn von nun an. Sie hatte noch eine zweite Möglichkeit
bei einem Journalisten, aber in dessen Wohnung konnte sie nur,
wenn er Nachtdienst hatte.

Diese Geschichte um Stella Blumental und ihren Sohn hatte
ich dem englischen Reporter erzählt. Er fand sie nicht so bemer-
kenswert wie die Tatsache, daß ich vier Jahre lang in der Partei
gewesen war – einer von sieben Millionen. Das war dem «Daily
Mirror» eine Schlagzeile wert.

Die Folgen dieser Veröffentlichung waren für mich verhee-
rend, aber auch die Produzenten meiner Filme hatten darunter
zu leiden. Als erstes Land reagierte Israel. Dort gab es ein
Gesetz, nach dem von ehemaligen deutschen Partei-Mitgliedern
auch die «bildlich fixierte Einfuhr» verboten war. «Goldfinger»,
«Die tollkühnen Männer» und der deutsche Episodenfilm «Das
Liebeskarussell» wurden verboten. Später hörte ich, daß «Goldfinger» noch eine Woche nach Verbotsverkündigung in Tel Aviv
gespielt worden war – für dreifache Eintrittspreise.

Meine Produzenten, allen voran Harry Saltzman, der selbst
Jude ist, versuchten mir zu helfen, wo es nur ging. Schließlich
wurde sogar die MPEA eingeschaltet. Die Motion Picture Ex-
port Association ist für den Vertrieb amerikanischer Filme in der
ganzen Welt zuständig. Ihr Präsident, Fred Gronich, rief mehrmals aus New York bei mir an, sprach englisch und ließ sich
Detail-Informationen geben, denn er mußte dem Jüdischen
Weltkongreß Rede und Antwort stehen.

Als am 17. Dezember 1965 in der Frankfurter Allgemeinen
Zeitung eine Glosse über mich unter der Überschrift «Der

Schurke» erschien, dachte ich beim ersten Blick, daß nun auch in der deutschen Presse gegen mich Front gemacht werden würde, doch dem war nicht so, vielmehr wurde in dieser Glosse klar und deutlich gesagt, wie billig es ist, etwas auszubuddeln, was längst bekannt und erledigt war, denn – wörtlich – «es folgert sich nur zu leicht, wie sehr Pgs. für schurkische Rollen prädestiniert sind».

Aber weder die journalistische noch die amerikanische Schützenhilfe hatte Erfolg, jüdische Organisationen forderten vehement das Verbot von Filmen mit mir auch in den USA. Wenn das erreicht werden würde, blieb mir nur eines: den Beruf wechseln. Eine kleine Pension aufmachen oder ähnliches.

Hilfe kam von unerwarteter Seite: von Mario Blumental, Stellas Sohn. Seine Mutter war 1962 verstorben. Er aber lebte, inzwischen 37jährig, als kaufmännischer Angestellter in Wien. Auf der Israelischen Botschaft gab er unaufgefordert eine eidesstattliche Erklärung ab, in der es u. a. heißt: «Fröbe hat meiner Mutter und mir wahrscheinlich das Leben gerettet. Er hat uns in ärgster Not versteckt und mit Lebensmittelkarten versorgt.»

Diese Erklärung ging an das Außenministerium in Tel Aviv. Ich war wie erlöst, konnte mir aber denken, daß es noch Wochen, wenn nicht Monate dauern würde, bis diese Erklärung von allen Instanzen geprüft und ich rehabilitiert war.

Inzwischen stand Weihnachten vor der Tür, und meine Frau und ich hatten beschlossen, es so zu feiern, als hätten wir allen Kummer bereits hinter uns.

Wir wohnten damals in Caslano an der schweizerisch-italienischen Grenze in einem kleinen Haus. Im Wohnzimmer stellte ich unseren Weihnachtsbaum auf und schmückte ihn mit einer Art Goldlametta, das in Girlanden spiralförmig um den Baum lief. Christbaum schmücken ist seit eh und je meine höchstpersönliche Aufgabe – das darf kein anderer.

Am Heiligen Abend, so gegen vier Uhr nachmittags, klingelte das Telefon. Eine deutsche Stimme meldete sich, mit einer Sprachfärbung, als riefe jemand aus meiner Heimat, also aus der Gegend um Zwickau, an.

Das Gespräch kam aber nicht aus der DDR, sondern aus New York. Am Telefon war der Präsident der MPEA, der bisher mit mir immer nur englisch gesprochen hatte.

Mr. Gronich sprach deutsch, zum ersten Mal. Dies und der Zeitpunkt seines Anrufs waren genau überlegt. Das war's, was er mir am Heiligen Abend 1965 sagte: «Herr Fröbe, ich vermute, Sie bereiten sich in diesen Stunden auf einen deutschen Weihnachtsabend vor, und ich rufe gerade jetzt an, weil ich Ihnen eine Weihnachtsfreude machen kann. Wir mußten Ihnen in den letzten Monaten weh tun, weil wir Ihren wie alle Fälle genau prüfen müssen, zu oft sind wir angelogen worden. Heute kann ich Ihnen sagen: Alle unsere Ermittlungen sind so großartig für Sie, so daß ich Ihnen versichern kann, für Sie ist der Spuk vorbei. Sie werden nicht nur eine Stufe, Sie werden eine ganze Treppe hinauffallen. Außerdem: Ihr Fall war der Anstoß, daß dieses Gesetz in Israel abgeschafft wird, wonach keine Filme mit Deutschen, die mal in der Partei waren, laufen dürfen. In diesem Sinne: Frohe Weihnachten!»

Mir sind die Tränen nur so heruntergelaufen. Ich war fix und fertig, noch nie hatte ich erfahren, daß die Befreiung von einer inneren Last so schmerzlich schön sein kann.

Es wurde das schönste Weihnachten meines Lebens.

SCHICKSALE, WIE SIE NICHT IM DREHBUCH STEHEN

Drei Filme – drei Sprossen auf
meiner Lebensleiter

Ich muß mich korrigieren. Nicht «Brennt Paris?» hatte die Besetzung mit den meisten Starnamen, sondern ein Film, in dem ich drei Jahre zuvor mitgespielt hatte. «Der längste Tag», der Film von der Landung der Alliierten wurde 1962 gedreht, und in diesem Film waren von John Wayne, Sean Connery, Robert Mitchum, Richard Burton, Henry Fonda fast alle beteiligt, die im internationalen Starometer ganz oben standen.

Diesen Film verdränge ich jedoch meist in meinen Erinnerungen, denn außer der Tatsache, daß ich in ihm für meine kleinste Rolle die höchste Gage bekam, weiß ich herzlich wenig von den Dreharbeiten: Ich spielte einen Versorgungsfeldwebel, der gemächlich auf einem Maulesel dahintrottet, als die Invasion beginnt. Aus. Kein Dialog, keine spektakuläre Aktion. Drehzeit: drei Stunden. So klein meine Rolle war, sie hatte verhängnisvolle Folgen. Nicht für mich, sondern für einen Kriegskameraden, der bei Wien lebte und mich in der Nacht nach der Wiener Premiere dieses Films durch einen Anruf aus dem Schlaf riß. Das war ihm widerfahren:

Bei der täglichen Fahrt von seiner Wohnung außerhalb Wiens in die Innenstadt hatte er an der Außenfront eines Premierenkinos gelesen: Gert Fröbe in «Der längste Tag». Grund genug für ihn, seine Frau anzurufen und ihr zu eröffnen, daß sie beide heute in Wien ins Kino gehen würden, «da kannst du mal sehen, mit wem ich beim Kommiß auf einer Stube gelegen habe!».

Die Frau war eigens zum Friseur gegangen, er hatte ein frisches Hemd angezogen, beide waren mit einem Taxi zum Kino gefahren, und dann tauchte sein Stubenkamerad von einst in dem Film gar nicht auf. Er war so wütend, daß er sich erst mal ein paar hinter die Binde gekippt hatte, und so angefeuert, hing er an die bereits gehabten Unkosten auch noch das Geld für ein Ferngespräch nach Icking in Oberbayern ran, um richtig Dampf abzulassen. So bekam ich, aus dem ersten Schlaf gerissen, die geballte Ladung seiner Enttäuschung zu hören. Er war nicht davon abzubringen, daß ich in diesem Film überhaupt nicht mitgespielt hatte.

Auch mein Hinweis, daß er vielleicht gerade hatte niesen müssen, als ich meinen Sekundenauftritt hatte, überzeugte ihn nicht.

Der Anruf hatte mich aufgescheucht, und ich ging der Sache nach. Dabei stellte sich heraus, daß der Kinobesitzer offenbar meinen Namen für publikumsträchtiger gehalten hatte als die Namen internationaler Top-Stars wie John Wayne, Robert Mitchum, Henry Fonda, Richard Burton, Sean Connery, Curd Jürgens, Mel Ferrer und ... und ... und.

Zweifellos hatte der Kinobesitzer den Film, in dem ich nun wirklich nichts zu sagen hatte, vorher nicht gesehen.

Meine blutigste Rolle spielte ich 1965 in einem Kostümschinken der «20th Century Fox». «Sturm über Jamaica» hieß der Film nach dem Roman von Richard Hughes. Anthony Quinn war mein Gegenspieler als Piratenkapitän. Allerdings war ich in meinen schauspielerischen Mitteln sehr beschränkt. Als stummer holländischer Frachterkapitän war ich sein Gefangener und lag mit auf den Rücken gefesselten Händen an Deck seines Seeräuberschiffs.

Eine meiner Szenen war die Konfrontation mit Anthony Quinn in dessen Kajüte. Ich mußte von Deck aus über eine schmale, steile Leiter in die Kajüte steigen, wo Quinn auf mich wartete.

Im Drehbuch las sich das ganz einfach, beim Drehen zeigte sich, daß die Realisierung auf erhebliche Schwierigkeiten stieß. Normalerweise steigt man mit zu den Sprossen gewandtem Gesicht auf oder ab, so daß man sieht, wohin man seinen Fuß beim nächsten Schritt setzen muß. Mir aber waren die Hände auf dem Rücken gefesselt, ich konnte nur mit dem Rücken zur Leiter absteigen, das aber bedeutete, daß ich immer nur mit dem Absatz Halt auf der Sprosse suchen konnte. Jeder Schritt war ein Abenteuer.

Als das der Regisseur Alexander Mackendrick erkannte, legte er diese Aufnahme auf meinen letzten Drehtag und ließ die Szene von drei Kameras aufnehmen, damit er sie auf jeden Fall im Kasten hatte, auch wenn mir dabei etwas passieren sollte – denn Schiffsleitern sind sehr steil!

Das war sehr umsichtig für die Produktion; was ich dabei empfand, möchte ich lieber nicht schreiben . . .

Mein letzter Drehtag kam. Wir drehten auf einem alten Segelschiff. Der Bildausschnitt für die Treppenpassage war gut gewählt. Der Treppe gegenüber saß Anthony Quinn auf einem Sessel, der auf einem Podest stand, so daß er im Bild war, wenn von mir zuerst die Füße, dann die Beine, schließlich Körper und Kopf erschienen. Gut gedacht. «Die 236ste zum ersten.» Die Klappe wurde geschlagen.

«Ton ab.»

«Kamera läuft.»

«Action please.»

Meine Füße erschienen im Bild, meine Beine und – da trat ich daneben und fiel der Länge nach mit dem Gesicht auf die Kante des Podests, auf dem Anthony Quinn saß. Ein Blutstrom spritzte mir aus dem Mund, ich stöhnte. Es schmerzte mörderisch, aber ich spielte meine Szene zu Ende.

Bei jedem europäischen Film wäre die Szene sofort abgebrochen worden – nicht bei den Amerikanern. Anthony Quinn und die Kameraleute erlebten nicht einmal eine Schrecksekunde. Jedenfalls ließen sie es sich nicht merken. Ganz cool agierten sie weiter. Erst als die Einstellung im Kasten war, wurde ich untersucht und verbunden. Vier meiner Zähne mußten einzeln eingesammelt werden.

Am nächsten Tag wurde ich zu Darryl Zanuck ins Büro bestellt. Er empfing mich mit der unvermeidlichen 8-Dollar-Cigarre im Mund, gratulierte mir zu der realistischen Darstellung in dieser Szene, die er gerade in den Mustern gesehen hatte, und überreichte mir einen Scheck über 10000 Dollar, um mein Gebiß zu vervollständigen. Das war genausoviel wie meine Gage.

Mit diesen Jamaica-Zähnen beiß ich mich heute noch durch.

Die Erinnerung an die Dreharbeiten zu einem anderen Film ist gleich mit drei höchst unterschiedlichen Ereignissen verbunden. Der Film heißt «Monte Carlo Rallye» und wurde 1969 in und um Rom gedreht. Sein englischer Titel «Those Daring Young Men in Their Jannty Jelopies» verrät, was mit diesem Film um eine Oldtimer-Rallye beabsichtigt war, nämlich eine Wiederholung des Erfolgs von «Die tollkühnen Männer in ihren fliegenden Kisten».

Drehbuchautor und Regisseur waren denn auch dieselben wie bei den «Fliegenden Kisten». Der Engländer Terry-Thomas und ich waren jedoch die einzigen Schauspieler, die bereits im Fliegerfilm mitgewirkt hatten.

Mein deutscher Partner war diesmal Peer Schmidt. Wir beide waren ein Gaunerduo, das aus Versehen die Rallye gewinnt. Der Sieg aber wird uns zum Verhängnis, weil wir bei der Siegerehrung von der Polizei erkannt werden.

In diesem Film stehe ich in einer Dialogszene ganz eng bei Jack Hawkins, der in England durch seine Rollen als Scotland Yard-Inspektor sehr beliebt war. Es hatte seinen ebenso makabren wie rührenden Grund, daß er so dicht bei mir – wie bei allen seinen Dialogpartnern – stehen mußte.

Jack hatte eine furchtbare, für einen Schauspieler dreifach furchtbare Krankheit: Er konnte nach einem operativen Eingriff nicht mehr sprechen. Damit er weiter beschäftigt werden konnte, hatten sich Regisseure und Produzenten etwas einfallen lassen: Bei allen Dialogszenen stellte er – unsichtbar für die Kamera – seinen Fuß auf einen seines Partners. Nachdem er seinen Text in gutturalen unartikulierten Lauten herausgewürgt hatte, drückte er mit seinem Schuh auf den des Partners, und dieser wußte: dieser Druck war mein Stichwort, jetzt muß ich antworten oder reagieren. Ist es verwunderlich, daß ich im vergangenen Jahr im Krankenbett besonders oft an das Zusammenspiel mit Jack Hawkins gedacht habe?

Als ich eines Abends von Cinecitta, der römischen Atelierstadt, ins Hotel kam, reichte mir meine Frau mit leuchtenden Augen einen Zettel: Federico Fellini hat anrufen lassen und mich an einem drehfreien Tag in sein Büro gebeten.

Wir kannten uns aus Berlin von der Arbeit bei der Verfilmung von Hermann Sudermanns «Jons und Erdme», in der Fellinis Frau Giulietta Masina die Hauptrolle gespielt hatte und ich einen desertierten russischen Matrosen. Das war zehn Jahre her. Um so größer war meine Freude, daß er offenbar meine Frau und mich nicht vergessen hatte.

Bei unserer Besprechung stellte sich heraus, daß es ihm nicht nur um ein privates Wiedersehen ging, sondern auch um eine Zusammenarbeit. Er bot mir eine Rolle in seinem nächsten Film «Satyricon» an.

«Du kannst dir aussuchen, was du spielen willst – einen Dichter oder einen Clown.»

«Da brauch ich nicht zu überlegen, den Clown natürlich.»

In acht Wochen sollte Drehbeginn sein, und ich war zu diesem Termin «durch Zufall frei».

Wir redeten noch eine Weile über dies und das, und er schaute mich dabei von allen Seiten kritisch an. Ich fand das ziemlich seltsam, doch plötzlich sagte er: «Nee, du spielst die Hauptrolle.»

Er sagte es nicht nur, er meinte es auch, schmiedete sofort Pläne, entwarf eigenhändig Kostüme. Ich überlegte, ob ich mir in Rom eine Wohnung mieten sollte. Doch schon eine Woche später mußten alle Berufspläne zurückgestellt werden. Beate wurde krank und mußte nach Icking zurück. Ich besuchte sie an jedem drehfreien Wochenende.

Die Ärzte waren optimistisch. «Machen Sie sich keine Sorgen, wir kriegen Ihre Frau schon wieder auf die Beine.» Das sagten sie auch noch an einem Sonntag im September, als ich Beate mit Blaulicht nach Starnberg ins Krankenhaus bringen lassen mußte.

«Nun geh schon, so schnell wirst du mich nicht los», sagte sie, als sie mich aus ihrem Krankenzimmer schickte.

Sie wußte, daß ich die 14.40-Uhr-Maschine nach Rom erreichen mußte. Es waren ihre letzten Worte an mich.

Für diesen Montag war das dickste Drehpensum aller Drehtage angesetzt: die Siegerehrung für Peer Schmidt und mich, weil wir mit unserem Mercedes Cabriolet ungewollt die Rallye gewonnen hatten.

500 Komparsen waren bereits seit zwei Uhr nachts am Drehort, vierzig Kilometer von Rom entfernt. Drehbeginn war sechs Uhr morgens, weil unser Regisseur Ken Annakin die Szene unbedingt bei Sonnenaufgang aufnehmen wollte. Da aber der Film um die Jahrhundertwende spielte, mußten so viele Bärte und Perücken geklebt werden, daß dafür vier Stunden notwendig waren.

Kurz nach sechs probierte ich eine Szene mit dem großartigen französischen Komiker Bourvil. Er hatte mir einen Siegerkranz umzuhängen, und da ich noch nie mit einem Kranz um den Hals gespielt hatte, probierten wir die Szene ohne Kamera.

Mitten in unserer Probenarbeit nahm mir jemand den Kranz ab. Ich war perplex: «Was soll denn das, wir drehen doch gl...» ich habe den Satz nicht zu Ende gesprochen. In dreißig Metern Entfernung sah ich die Public-Relations-Dame aus dem Hilton. Wir gingen aufeinander zu, und sie sagte nur: «We got a call from Starnberg...» Ich winkte ab, sie brauchte nicht weiterzusprechen, ich wußte, was das bedeutete. Ich hatte meine Hoteladresse hinterlassen für den Fall der Fälle. Ich konnte nur sagen: «Laßt mich mal ein bißchen allein, ich bin gleich wieder da.»

Ich ging zur Seite. Das Erstaunliche in solchen Situationen ist, daß man das Furchtbare und Endgültige nicht glaubt. Man kann es nicht begreifen. Gestern hatte ich doch noch ihre Hand gehalten, mit ihr gesprochen und nun «We got a call...»

Ken Annakin kam und drückte mir stumm die Hand: «Gert, wir können abbrechen.»

«Und die 500 Komparsen? Nein, meine Frau war selbst ein Profi, die würde das nicht verstehen, ich werde drehen, solange ich Kraft habe. Wenigstens diese Massen-Szenen.» Seltsam, in diesem Moment habe ich an Anni Rosar gedacht, die 1943 auf die Bühne mußte, obgleich sie eben erst erfahren hatte, daß ihr Sohn gefallen war. Damals fand ich es unmenschlich, nun, da ich selbst betroffen war, lachte ich auf Kommando schallend, schwenkte den Rallye-Pokal, küßte und wurde geküßt. Lache, Bajazzo!

Bis zwei Uhr mittags habe ich durchgehalten, dann ging nichts mehr. Es war, als steckte ein Pfeil in meiner Brust, der sich immer tiefer bohrte. Von Minute zu Minute wurde mir bewußter, was die Nachricht «Beate ist tot» für mich bedeutete.

Die Produktion bat Peer Schmidt, mich ins Hotel und zum Flughafen zu begleiten. Auf unserer Fahrt nach Rom ging eines jener trockenen Gewitter nieder, wie sie für diese Gegend typisch sind. Vor uns lag Rom in gespenstisch weißem Licht, darüber ein pechrabenschwarzer Himmel mit zuckenden Blitzen und Donner, aber kein Tropfen Regen. Unheimlich.

Das blieb so bis zum Flughafen Leonardo da Vinci. Gewitter ohne Regen. Peer Schmidt checkte für mich ein, während ich in der großen Abflughalle auf und ab ging. Plötzlich hielt mir jemand von hinten die Augen zu, und eine Männerstimme sagte auf englisch, aber mit italienischem Akzent: «Rat mal, wer ich bin?» Verärgert drehte ich mich um. Da stand mir Fellini gegenüber. Und draußen krachte und donnerte es. Er wollte seinen Hauptdarsteller überraschen.

Ich schaute ihn an und sagte nur: «Beate ist gestorben.» Er wurde blaß, nach einer Weile machte er eine große Verbeugung und ging stumm. Er wußte, daß nun ein anderer die Hauptrolle in «Satyricon» würde spielen müssen. Jahre und Jahre hörten wir nichts voneinander, bis wieder einmal ein «Zufall» die Weichen stellte.

Der Direktor des Kempinski in Berlin, Hartmut Zunk, rief mich in Hamburg an: «Gert, es brennt, mir hat soeben ein Kollege von dir für heute abend abtelegrafiert, du mußt die nächste Maschine nehmen und um acht Uhr bei einem Firmenjubiläum mit deinem Vortragsprogramm auftreten.» Zunk und ich sind Freunde. Ich lasse Freunde nicht im Stich. Drei Stunden später stand ich in den Kempinski-Festsälen vor den Gästen dieser Firma in meinem traditionellen schwarzen Pullover.

Hinterher sagte Zunk: «Gert, ich weiß noch gar nicht, wie ich dir danken soll, auf jeden Fall feiern wir erst mal bei einem guten Essen und gutem Wein.» Er hatte im Hotel-Grill einen Tisch bestellt, und wir konnten hoffen, dort ziemlich ungestört zu sein, weil an diesem Abend ein großer Empfang der Filmfestspiele im Maison de France stattfand.

Denkste!

Von der ganzen hinteren lederbespannten Wand des Grills war eine Tafel gedeckt, für ungefähr zwanzig Personen. Alles Filmleute, die Giulietta Masina, Gina Lollobrigida. Am Kopf der Tafel Federico Fellini. Irgend etwas bei dem offiziellen Empfang hatte ihm mißfallen, und er war kurzentschlossen mit Freunden und Bekannten in den Kempi-Grill umgezogen.

Noch einmal ganz genau: Fellini ist an einem Abend im Kempinski, an dem er eigentlich woanders sein sollte. Ich bin am selben Abend im Kempinski, obgleich ich vier Stunden vorher noch keine Ahnung davon hatte.

Nur dumme Menschen nennen das Zufall.

Fellini hatte gerade begonnen, seine Suppe zu löffeln, und wer ihn kennt, weiß, wie intensiv und gern er ißt. Ich dachte: Stör ihn jetzt nicht, begrüß ihn nach dem Essen. Da ging zwischen zwei Löffeln Suppe sein Blick zu unserem Zweier-Tisch. Den Löffel weglegen und aufstehen war eins.

Mitten im Restaurant fielen wir uns in die Arme. Zwei, die erst jetzt richtig merkten, wie sehr sie sich die ganze Zeit vermißt hatten. Während der Umarmung sagte er mir ins Ohr: «Gert, du kannst bei mir noch immer den Clown spielen.» Er hatte unser Gespräch in Rom über all die Jahre nicht vergessen.

GRUSS UND DANK AN MEINE REGISSEURE
Was wären wir Schauspieler ohne sie?

Oft bin ich von Journalisten gefragt worden, welchen Regisseur ich für den größten halte. Eine törichte Frage. Jeder Regisseur, der diesen Namen wirklich verdient, hat seinen höchst persönlichen Stil, mit dem er sich der Realisierung eines Stoffes nähert. Keiner ist besser, nur anders.

In einem jedoch unterscheiden sich die einzelnen Regisseure: in ihrer Einstellung uns Schauspielern gegenüber. Für einige sind wir lediglich notwendige Übel, Objekte für die Kamera, andere Regisseure geben ihnen bei einem Film Vorrang vor allem anderen. Unnötig zu sagen, daß jenen unsere besondere Sympathie gehört.

Ich verbeuge mich vor Yves Ciampi, der mich 1955 für «Die Helden sind müde» nach Paris holte und damals im französischen Fernsehen erklärte: «Diesen Herrn Fröbe müssen Sie sich merken, denn er wird im französischen Film noch eine große Rolle spielen.»

Ich ziehe dankbar meinen Hut vor Jules Dassin, meinem Freund und «französischen» Entdecker, der mir in «Der Mann, der sterben muß» eine große Charakterrolle anvertraute und Reportern prophezeite: «Gert Fröbe gehört zu den letzten Vollblutkomödianten unserer Zeit – er ist eine Sehenswürdigkeit. Eines Tages wird er einen Film allein füllen. Nur einen Gegenspieler muß er finden.»

Ich danke Luchino Visconti für die Rolle des Pater Hoffmann in seinem «Ludwig»-Film und dafür, daß er mich die Szenen voll ausspielen ließ, auch wenn der Film dadurch zu lang wurde und zwei meiner Szenen wegfallen mußten. Wir hatten vom ersten Tag an Kontakt. Daran war meine damals fünfjährige Tochter Beate schuld. Sie hatte während der Vorbereitungen für meine Rolle öfter den Namen Visconti gehört, ohne sich eine rechte Vorstellung machen zu können, wer oder was das war. Als ich mit ihr ein paar Tage vor Drehbeginn in den Circus ging und der Ansager eine «Miss Conti», das Wunder am fliegenden Trapez, ankündigte, strahlte Beate: «Daddy, jetzt kommt dein Visconti.» Luchino Visconti hat sich sehr über die Geschichte amüsiert, bat aber Beate, nie am fliegenden Trapez arbeiten zu müssen.

Ich grüße Don Sharp, den Australier, der die Action-Szenen der «Tollkühnen Männer» drehte und «Tolldreiste Kerle in rasselnden Raketen» inszenierte. Er nahm mich für die Rolle des schrulligen Raketen-Professors, obgleich er bei unserer Vorbesprechung in einem Hotel bei Nizza Zweifel hatte, ob ich die Rolle durchstehen würde, da ich alle paar Minuten aufstand und weglief. Unserem Produzenten hat er damals erklärt: «Wenn er bei den Dreharbeiten auch so eine schwache Blase hat, sehe ich schwarz.»

Dear Don, es war nicht die Blase, es war das Fußballspiel Deutschland–Frankreich, das im Fernsehen übertragen wurde. Um mich über den Stand zu informieren, lief ich ständig in die Küche. Da stand ein Fernseher.

Ein herzliches Hallo zu Richard Brooks, dem amerikanischen Autor und Regisseur («Saat der Gewalt», «Kaltblütig»). Bei ihm lernte ich eine neue Form des Rollenstudiums für den Film «Dollars» kennen. Er gab mir weder Drehbuch noch Rollenauszug, sondern erklärte mir lediglich: «Du spielst einen Bankdirektor. Der aber kennt auch im Leben die Kunden nicht, die im Laufe eines Tages an den Schalter kommen. Jeden behandelst du so, als sei er ein besonders lieber Zeitgenosse. Jeden, ganz gleich ob Komparse oder Hauptdarsteller wie Warren Beatty und Goldie Hawn.» Das hatte viel für sich. Ich spielte völlig unbelastet, weil ich das Drehbuch nicht kannte und nicht wissen konnte, daß Warren Beatty einen Schurken darstellte.

Von jedem meiner Regisseure habe ich gelernt. Viele haben mir den Weg in Regionen geebnet, in die vorzustoßen ich vorher nicht einmal geträumt hatte. Mit allen hab ich gern gearbeitet, die interessanteste Arbeit aber war für mich die unter der Regie von Ingmar Bergman bei dem Film «Das Schlangenei».

Meine Rolle war die des Kriminalkommissars Bauer, der im Berlin der zwanziger Jahre eine mysteriöse Mordserie aufzuklären versucht. Diesmal war ich endlich mal nicht Gejagter, sondern Jäger. Eine Szene machte mir Kopfzerbrechen: Ich hatte eine Art Selbstgespräch zu führen – der Text dazu füllte vier Seiten. Und das in englisch. So eine lange Solosprechszene hatte ich im Film noch nie gespielt, und ich wußte, daß Bergman solche Szenen am liebsten in einer Einstellung durchspielen läßt; womit er jedem Schauspieler entgegenkommt, denn nur so kann er einen Text richtig entwickeln und aufbauen, jedenfalls viel besser als bei den üblichen Kurzstrecken-Einstellungen.

Ich schwankte zwischen der Freude über die schauspielerischen Möglichkeiten einer so langen Einstellung und der Angst hängenzubleiben. Schon bei unserer ersten Begegnung, Wochen vor Drehbeginn, erzählte ich Bergman von meinen Sorgen. Er winkte ab: «Aber, lieber Herr Fröbe, bis zu der Szene haben wir ja noch lange Zeit. Die kommt frühestens in vier Wochen dran.»

«Ja, schon. Ich wollte es auch nur gesagt haben, nicht daß Sie dann enttäuscht sind.»

«Wie sollte ich enttäuscht sein! Ich hab schon zigmal versucht, Sie zu bekommen, immer hieß es, der ist leider besetzt. Jetzt endlich hat es geklappt, und ich freue mich auf unsere Zusammenarbeit.»

Der Film wurde in München bei der Bavaria gedreht, die Szenen mit mir standen erst für die zweite Produktionswoche auf dem Drehplan. Als ich jedoch zur Kostümprobe auf dem Gelände war, wollte ich einmal ins Atelier schauen, um zu sehen, wie Bergman Regie führt. Ich kam bis zum Eingang. Im gläsernen Empfangskasten, der sonst immer leersteht, saß ein recht energischer Herr, der mir klarmachte, daß ich nur mit Sondergenehmigung ins Atelier könne.

«Erlauben Sie mal, nächste Woche steh ich hier vor der Kamera!»

«Ich weiß, Herr Fröbe, aber Herr Bergman hat angeordnet, daß nur die im Atelier sein dürfen, die für die jeweilige Szene gebraucht werden.»

Der brave Mann bat um ein Autogramm und versicherte im selben Atemzug, daß er sofort entlassen würde, wenn er eine Ausnahme mache. Bergman habe sogar aus eigener Tasche alle Schlösser an den Außentüren ausbauen und durch neue ersetzen lassen. «Er will keine Journalisten oder Zuschauer bei der Arbeit.» Das kann ja heiter werden, dachte ich und sah mich schon im Geiste die Stechuhr drücken, wenn ich das Atelier betrat.

Ein Irrtum. Bergmans Maßnahme war nicht gegen die Schauspieler gerichtet, sondern diente deren Abschirmung. Wie sehr er seine Schauspieler liebte, hatte er am Morgen des ersten Drehtages bewiesen. Er hatte etwas getan, was ich bei keinem anderen Regisseur erlebt hatte. Der gesamte Stab war ins Atelier gebeten worden. Da standen nun Produktions- und Aufnahmeleiter, Fahrer, Scriptgirl, Maskenbildner, Kostümberaterin, eben alles, was zu einem Filmstab gehört, und Ingmar Bergman sprach zu ihnen: «Ich bin also der Ingmar Bergman, und wir machen jetzt einen Film zusammen. Ich weiß, daß ich die besten Mitarbeiter habe, unser Architekt ist der Oscar-Preisträger Rolf Zehetbauer, für die Kostüme ist Charlotte Flemming verantwortlich und an der Kamera steht noch ein Oscar-Preisträger, Sven Nykvist – dafür bin ich dankbar. Sie alle aber habe ich heute ohne Schauspieler hierhergebeten, weil mir daran liegt, eines vor Drehbeginn ganz klar zu sagen: Wir alle sind zwar mitverantwortlich, daß der Film gelingt. Wichtiger aber als wir alle sind die Schauspieler.

Denn, meine Damen und Herren, wenn eines Tages dieser Film abgedreht ist, und Sie schon wieder bei einer neuen Produktion arbeiten, dann sind es nur noch die Schauspieler, deren Bilder und deren Spiel, die diesen Film repräsentieren. Von uns, von Ihnen und mir, spricht dann keiner mehr. Daran bitte ich Sie immer zu denken. Ich habe mir meine Schauspieler mit großer Sorgfalt ausgesucht und erwarte von Ihnen, daß Sie mithelfen, die Schauspieler bei guter Laune zu halten.»

Zum Schluß hat sich Ingmar Bergman noch unmittelbar an die Aufnahmeleitung gewandt, «weil», soll er wörtlich gesagt haben, «... ich mir nicht denken kann, daß es in München anders ist als in Hollywood, London, Stockholm oder Paris. In allen Ateliers ist die Aufnahmeleitung in Gegnerschaft zu den Schauspielern. Keiner weiß so recht warum. Vielleicht weil Schauspieler oft leichtfüßig und albern sind. Ich will aber lieber alberne Schauspieler als verschnupfte. Wenn ich also hören sollte, daß ein Schauspieler, nur weil einer von den Aufnahmeleitern ihn nicht mag, schon für sieben Uhr bestellt wird, obgleich er erst nachmittags um drei gebraucht wird, und was der kleinen Schikanen mehr sind – dann kann ich nur warnen: Der Schauspieler bleibt auf jeden Fall!»

So kann nur jemand sprechen, der den Filmbetrieb aus dem ff kennt und der uns Schauspieler liebt.

Trotzdem war ich an meinem ersten Drehtag nervös. Etwas verloren stand ich in der Tür zum Atelier, in dem mein Büro als

Dekoration aufgebaut war. Bergman kam auf mich zu, legte seinen Arm um meine Schulter und ging mit mir abseits von der Crew die volle Länge des Ateliers auf und ab. Mehrmals. Nach unverbindlichem Wortgeplänkel fragte er: «Herr Fröbe, würde es Ihnen schwerfallen, zu mir du zu sagen?» Ich versicherte ihm, daß es mir eine Ehre wäre, so wie ich es schon als Auszeichnung empfunden hatte, von ihm für diese Rolle ausgewählt worden zu sein. So kam es, daß wir uns duzten, noch bevor die erste Klappe für mich gefallen war.

Damals hatte ich gemeint, dieses «Du» sei eine Ausnahme, die er nur mir, dem älteren Schauspieler, zugestanden hatte, aber bald merkte ich, daß dies zu seinem Inszenierungsstil gehörte. Er duzte jeden. Aber nicht als billigen Vertrauensbeweis, sondern...

Mir hat er es Wochen später so erklärt: «Wir – die Schauspieler und ich – müssen jetzt ein paar Wochen Tag für Tag zusammenarbeiten. Das kann nur erfolgreich sein, wenn sich dabei unsere Seelen näherkommen. Nur so kann ich das Individuellste aus jedem herausholen. Schließlich haben wir einen Beruf, der seine Wurzeln in seelischen Bereichen hat, und ich meine, mit dem ‹Du› ist man sich viel näher als mit dem trennenden ‹Sie›.»

Er hat ja so recht. Nicht nur damit, sondern auch mit seiner Anordnung, keine Fremden ins Atelier zu lassen. Man arbeitet konzentrierter, als wenn man weiß, da hinter der Kulisse wartet ein Freund oder deine Frau. Das bedeutete aber nicht etwa, bei Bergman herrsche im Atelier eine Stimmung wie in einer Kathedrale. Keine Rede davon. Wir hatten unseren Spaß, der immer dazugehört, wenn intensiv gearbeitet wird, vor allem, wenn es um Szenen geht, die so grausam oder makaber sind, daß sie nur mit Humor durchzustehen sind.

In diesem Film gab es so eine Szene. Sie spielte in einem Leichenschauhaus. In einem Saal lagen auf «Leiche» geschminkte Komparsen aufgebahrt, und Männer in weißen Kitteln und blutbefleckten Schürzen schoben sie hin und her.

Der Genauigkeitsfanatiker Bergman ließ nun für diese Szene eigens frisches Ochsenblut vom Schlachthof holen und damit die Schürzen dieser Männer beschmieren. Ochsenblut hat nun aber einen sehr intensiven Geruch. Die junge Mitarbeiterin, die die Schürzen damit beschmieren sollte, vertrug den Gestank nicht, sondern fiel bereits beim Blutrühren in Ohnmacht.

Aufregung und Nervosität, dazu die unheimliche Umgebung – im Atelier kam Unruhe auf. Bergman spürte, daß rasch dagegengesteuert werden mußte, und er ist Psychologe genug, um zu wissen: Schreien, Schimpfen oder Schmollen nützte in diesem Moment gar nichts. Nur mit Humor konnte die Stimmung aufgefangen werden. Er winkte mich zu sich, flüsterte mir ins Ohr: «Unterhalt sie, Gert!» – und da habe ich aus dem Stegreif in diesem Leichenschauhaus eine kleine Pantomimenschau abgezogen. Als «Glöckner von Notre Dame», «Ganoven-Ede» und was mir so einfiel.

Bergmans Therapie wirkte: Alle lachten, die Stimmung fing sich, und eine Viertelstunde später konnte weitergedreht werden. Eine Stunde später war die Szene im Kasten, und Bergman klatschte in die Hände und rief sein berühmtes «Peng». Bei diesem «Peng» wußte jeder im Atelier: Bergman war zufrieden, die Szene war «gestorben».

Auf der Disposition für Mittwoch stand lediglich «Monolog-Szene-Fröbe». Von neun Uhr bis Drehschluß um 17 Uhr hatte Bergman den ganzen Tag für meinen Vier-Seiten-Monolog reserviert. Vor Drehbeginn bat er mich zu sich: «Gert, du hattest damals völlig recht, dein Monolog ist zu lang, das läßt sich auch kürzer sagen. Ich hab's heute nacht durchgearbeitet, eingestrichen, und natürlich lösen wir es in mehrere Einstellungen auf, denn ich muß ja mindestens ein, zwei Zwischenschnitte auf David Carradine haben.»

Carradine war unser Hauptdarsteller, an den sich mein Monolog richtete, ohne daß ich allerdings von ihm eine Antwort erwartete. Das war nicht leicht zu spielen, aber äußerst reizvoll.

Bergmans Vorschlag, meinen Text in mehrere Einstellungen aufzulösen, war eine enorme Hilfe, aber – er paßte mir nicht mehr.

«Ingmar, dank für dein Entgegenkommen, aber ich glaub, ich brauch es nicht. Ich bin nun mal ein altes Circuspferd und war in der Zwischenzeit ebenfalls fleißig. Ich habe den ganzen englischen Text gelernt. Laß es mich in einem Stück durchspielen.»

«Willst du wirklich keine Unterbrechung?»

«Laß es mich wenigstens versuchen.»

Bergman winkte Sven Nykvist, seinem Kameramann und mehrfachen Oscar-Preisträger. Beide sprachen schwedisch miteinander. Ingmar erklärte mir: «Sven setzt das Licht so, daß wir die Szene durchdrehen können. Komm, ich zeig dir deine Position.» Das war wichtig, denn während der Rede gehe ich durchs Zimmer und setze mich an einen Tisch. Zum Text mußte ich mir also auch die Gänge genau einprägen. Drei Schritte bis zum Fenster, dann nach links drehen, fünf Schritte durchs Zimmer, hinsetzen, dabei den linken Arm auf die Tischplatte legen.

Wieder einmal – zum wievieltausendsten Mal in meinem Leben? – wird abgeläutet. Absolute Stille im Atelier. Das vertraute Geräusch des Klappeschlagens.

«Die 324ste zum ersten Mal.»

«Los!»

Es lief, lief wie geschmiert, Text und Bewegungen harmonierten, doch auf einmal merkte ich: Die nächsten Worte hab ich nicht mehr parat, der Text rutschte mir weg, ich machte eine kleine Verlegenheitsgeste, um die Pause zu überbrücken, da – der Text war wieder da, ich spielte die Szene bis zum Schluß, ließ mich auf den Stuhl am Tisch fallen, linker Arm auf die Tischplatte gelegt. Aus.

Zustimmendes Kopfnicken, Anerkennung von allen Seiten. Keiner hatte den Hänger gemerkt. Bergman kam zu mir:

«Das war doch fabelhaft, Gert, aber sag mal, wie du so suchend durchs Zimmer geblickt hast – da hast du doch gehangen?»

Er hatte es gemerkt. Natürlich. «Magst es noch mal versuchen?»

«Klar, wenn die Seele nun schon einmal angeheizt ist, dann lassen wir den Ofen brennen.»

«Hübsches Sprichwort.»

«Nee, ist mir eben eingefallen!»

«Trotzdem gut.»

Wir drehten die Szene ein zweites Mal. Diesmal brauchte ich keinen Blick durchs Zimmer, um einen Hänger zu kaschieren, es lief glatt.

«Peng.»

Ich dachte, ich hätte mich verhört. Aber nein, Bergman hatte mit seinem knalligen Peng verkündet: So gefällt mir die Szene, die Einstellung ist «gestorben». Ingmar kam zu mir «Gratuliere, Gert, du hast deine Schularbeiten prima gemacht». Dann ließ er die gesamte Produktion, so an die dreißig Menschen, ins Atelier kommen. Beleuchter, Aufnahmeleitung, Requisiteur und, und, und ...

Keiner wußte, warum er mitten in der Arbeitszeit, so gegen elf Uhr, ins Atelier bestellt wurde. Ingmar Bergman sagte nur: «Bedankt euch alle bei Gert, er war so prima vorbereitet, daß wir das Pensum des heutigen Tages bereits im Kasten haben. Deshalb gehen wir jetzt alle nach Hause oder an den Starnberger See – auf alle Fälle ist im Atelier Feierabend.»

Dem Produktionsleiter verschlug es die Sprache, doch nur für einen Moment. Dann fielen ihm so viele Dinge ein, die man heute noch drehen könnte. Inserts, Szenen ohne Schauspieler und so weiter.

Bergman hörte sich das alles geduldig an, dann erklärte er ruhig, aber dezidiert: «Ich habe für heute diese eine Szene angesetzt, vielleicht hätten wir bis sieben an ihr drehen müssen,

dann wäre auch keine Zeit für Inserts gewesen, nun sind wir
eben schon um elf fertig geworden, also machen wir um elf
Schluß. Auf Wiedersehen, bis morgen früh.»

SEHR PRIVATES PRIVATISSIMUM
Gedanken zu Menschen, Dingen
und Ereignissen

Wir haben eine Pressefreiheit, und das finde ich gut. Nicht
gut finde ich, daß sie oft mißbraucht wird. Was Menschen
angetan wird, die von Berufs wegen öffentliches Interesse finden, geht über jede Hutschnur. Hier sind nur ein paar Beispiele:

Freunde riefen mich an und wollten wissen, warum ich meinen Grundsatz, möglichst keine Lebensmittel umkommen zu
lassen, aufgegeben hätte. In einem «Exklusiv»-Interview hatten
sie gelesen, daß ich kiloweise Haferflocken aus dem Fenster
geworfen hätte.

Weder habe ich das getan noch diesem Regenbogenblatt ein
Interview gegeben, geschweige denn ein «exklusives».

Ich heiße weder Fröber, wie zu lesen war, noch lag ich im
Schützengraben mit der Knarre in der Hand, wie mir angedich-
tet wurde. Sanitäter bin ich gewesen. Märchenberichte und
Unterstellungen wie diese sind vergleichsweise harmlos gegen
das, was Boulevardblätter sich leisten, wenn jemand von einiger
Popularität mal krank wird. Ich habe nicht glauben wollen, was
mir Kollegen an Horrorgeschichten erzählt haben, bis ich es am
eigenen Leibe erfuhr.

Während meiner Krankheit zu Beginn des Jahres 1987 hatte
sich eine Reporterin als besorgte Angehörige mit Blumenstrauß
Zutritt an mein Krankenbett zu verschaffen gesucht. Weil ihr
dies nicht gelang, saugte sie sich Unglaubliches aus den manikür-
ten, aber trotzdem schmutzigen Fingern.

Ein Kollege erzählte mir, daß in ähnlicher Situation ein Reporter versucht hatte, im Arztkittel zu ihm vorzudringen. Der Status, eine «Person der Zeitgeschichte» zu sein, ist zum Freibrief für die Jagd durch Reporter geworden. Vollends unappetitlich wird dieses öffentliche Ausschlachten persönlicher Fakten, wenn es sich um «Enthüllungen» aus der Intimsphäre handelt. Aber wahrscheinlich sind derartige Auswüchse der Preis, den wir zahlen müssen, um jene Pressefreiheit zu sichern, die ein wichtiges Regulativ jedes demokratischen Staatswesens ist.

Ich möchte jedoch nicht mißverstanden werden: Alles, was wir in unserem Beruf tun oder lassen, steht selbstverständlich zur Diskussion, das kann und soll kritisiert und auch nach Herzenslust verrissen werden. Was sich aber in meinen vier Wänden abspielt, das ist solange meine höchst persönliche Angelegenheit, wie ich nicht von mir aus bereit bin, die Haustür oder gar die ins Schlafzimmer aufzumachen.

Was ist nicht alles an Blödsinn über meine fünf Ehen geschrieben worden! Ich habe nicht die Absicht, diese Berichte durch Richtigstellungen oder Ergänzungen zu erweitern, lediglich zwei Sätze möchte ich dazu sagen: Keine dieser fünf Ehen ist aus einer momentanen Laune heraus geschlossen worden, sondern hinter jeder Ehe und ihrem Ende – die mit meiner verstorbenen Frau Beate ausgenommen – steht ein Prinzip. Ich habe die Bindung zu einer Frau immer dann gelöst, wenn ich gespürt habe, daß die Beziehung keine Kraft mehr hat, daß sie nicht mehr voller Leben ist. Schließlich entwickelt sich jeder nach eigenen Gesetzen.

Irgendwo hab ich einmal gelesen – ich glaube Goethe hat es zu Eckermann gesagt –, eine Ehe sollte vom Gesetzgeber nur auf fünf Jahre geschlossen werden. Nach dieser Zeit könnten die beiden Menschen entscheiden, ob sie weiter zusammenbleiben oder sich trennen wollen. Das liest sich natürlich einfacher, als es zu praktizieren ist, aber wenn ich mir so einige Ehen in meiner Bekanntschaft betrachte, erscheint es mir sinnvoller, diese Probleme aus dem Weg zu räumen, als gezwungenermaßen weiter neben- statt miteinander zu leben.

Jeder meiner Frauen verdanke ich ein Stück meiner künstlerischen Entwicklung, sobald ich jedoch spürte, daß es nicht mehr stimmte, habe ich unsere Verbindung beendet. Zwei meiner Ehen scheiterten, weil ich keine eigenen Kinder haben wollte. Ich liebe Kinder, aber ich habe im Krieg auf dem Hauptverbandplatz soviel Schreckliches gesehen, daß ich mir damals geschworen habe, in diese Welt keine Kinder zu setzen. Was ja nicht ausschließt, daß man Kinder adoptieren kann. Das habe ich getan. Drei Kinder habe ich angenommen, großgezogen und jedem eine ordentliche Ausbildung gegeben.

Soviel über meine Frauen. Nun bin ich gespannt, was einschlägige Reporter daraus an wilden Love-Stories machen werden.

Von einer Frau jedoch kann ich gar nicht genug erzählen: von meiner Mutter Alma. Sie hat mich in vielem geprägt; mehr als mein Vater. Eines hat mich Zeit ihres Lebens bedrückt: sie wollte sich nichts schenken lassen. Ihre Bescheidenheit war Teil ihres Naturells, ihre Sparsamkeit hatte ihre Wurzeln in den schweren Zeiten, die sie und mein Vater hatten durchmachen müssen.

Als ich ihr erzählte, daß ich beim Umzug vom Tessin nach Bayern unsere Möbel in einem gemieteten Lastwagen selbst transportiert hatte, war sie stolzer auf ihren Sohn, als wenn ich ihr schrieb, daß ich auf einem Filmfestival einen Preis erhalten hatte. «Das war recht getan, Gert», sagte sie, «sparen sollte man immer, man weiß nie, wie es am Ende aussieht.»

Als ich ihr sagte: «Muddel, ich mach jetzt einen Film in Paris», reagierte sie, als sei ich gerade konfirmiert: «O Gert, da sei bloß vorsichtig, man hört so schlimme Sachen aus Paris.» Aber sie war partout nicht bereit zu sagen, was für «schlimme Sachen» sie denn gehört hatte. Ich versicherte ihr, daß die gleichen «schlimmen Sachen» auch bei uns in Planitz passierten. Und weder ich sagte ihr, noch sie mir, was wir darunter verstanden.

Bei einem ihrer Paris-Besuche hatte ich sie in die Follies-Bergères eingeladen. Zusammen mit einer Bekannten saß sie in der zweiten Reihe, während ich draußen im Promenadengang auf und ab ging und von den verschiedenen Bars, die dort alle Naselang aufgebaut sind, immer mal einen Blick zu ihr ins Parkett warf. Ich kannte das Programm, es lief schon im zweiten Jahr und gehörte zu den «Attraktionen», die ich meinen Freunden anbot, wenn sie mich an der Seine besuchten. Ich wußte, gleich nach der Pause trat eine Dame auf, die etwas Besonderes zu bieten hatte. Sie war an ihren strategisch wichtigen Stellen höchst sparsam mit ein paar winzigen Zentimetern Flitter bekleidet. Dafür baumelten an ihren Brüsten zwei goldene Quasten. Im Rhythmus der Musik drehte sie sich um und siehe – auch an ihren Popobacken hingen zwei Quasten. Langsam bewegte sie ihren Oberkörper im Takt der Musik, und nach einer Weile begann ihr rechter Busen sanft zu rotieren, und die Quaste kreiste wie ein Propeller.

Meine Mutter rückte ihre Brille zurecht, als traute sie ihren Augen nicht, dann beugte sie sich nach vorn, weil die strammbusige Dame nun auch die linke Busenquaste rotieren ließ. Mutter nahm die Brille ab und putzte sie. Sie faßte nicht, was sie sah. In diesem brillenlosen Augenblick drehte sich die Quasten-Dame und ließ nun auch die Bommeln – wie das auf sächsisch heißt – am Popo kreisen. Mutter hatte die Brille wieder auf, guckte einmal, guckte zweimal – sah nun vier Quasten sich an runden Körperteilen drehen, und – lachte. Lachte so laut, so hell, so anhaltend, wie nur wir Fröbes das können. Das ist *unsere* Spezialität.

Zuschauer in ihrer Nachbarschaft drehten sich nach der Dame um, die so heftig lachte, aber Alma machte sich nichts daraus, lachte und klatschte auch noch nach Herzenslust, als die Busendame mit einem Tusch ihre reife artistische Leistung beendet

hatte. Als ich Mutter nach dem Schlußbild aus ihrer Parkett-
reihe abholte, war sie noch ganz beschwingt: «O Gert, so
schlimm war's eigentlich gar nicht, da könnt ich glatt noch
mal hingehen!»

Meine Mutter war damals 76.

Zu einer Premiere mit allem Pomp und Aufwand, den die
Franzosen für solche Ereignisse zu arrangieren verstehen,
hatte ich meine Mutter nach Paris eingeladen. Es war ein großer, festlicher Abend: Scheinwerfer, roter Teppich, National-
garde mit spiegelblanken Helmen, Fernsehen, kostbare Ro-
ben. Schaulustige blockierten eine Straßenseite der Champs-
Elysées.

Nach der Premiere empfing Staatspräsident René Coty die
vier Hauptdarsteller in seiner Loge. Als Muddel hörte, daß ich
dazu gehörte und mit dem Staatspräsidenten französisch gesprochen hatte, meinte sie nur: «Da wird dein Französisch-
Lehrer aber staunen.»

Am nächsten Morgen wollte ich mit ihr aus Paris herausfah-
ren, ihr eine gute Woche lang ein wenig von Frankreich zeigen, die Côte d'Azur, die Pyrenäen, die Schlösser an der
Loire. Frühstück um acht, Abfahrt um neun. Aber Viertel
nach acht saß ich noch immer allein am Kaffeetisch.

Das war beunruhigend, denn meine Mutter ist ihr Leben
lang nie später als um sieben aufgestanden. Ich klopfte an ihre
Zimmertür. Ein leises «Herein». Sie lag ganz still mit offenen
Augen in ihrem Bett.

«Was ist, Muddel, fehlt dir was?»

«Ach, ich lieg nur so still, weil ich noch einmal diese wunderschöne Premiere erlebe... Weißt du was, verschieben wir
unsere Frankreichfahrt, ich möchte mir diese Erinnerung nicht
durch andere Eindrücke zudecken. Laß uns ganz langsam
nach Hause fahren...»

Das taten wir. Bis Straßburg sind wir durchgefahren, immerhin runde 400 Kilometer. Inzwischen war es acht Uhr abends, und wir aßen endlich eine Kleinigkeit, ich war rechtschaffen müde und freute mich auf mein Hotelbett.

Muddel wollte wissen: «Wie weit ist das eigentlich noch bis München?»

«So vier, fünf Stunden.»

«Ach, weißt du, Gert, jetzt, wo du gegessen hast, könntest du doch eigentlich durchfahren. Nun bist du doch wieder frisch.»

«Warum sollen wir denn durchfahren? Ich hab schöne Hotelzimmer bestellt!»

«Aber die kosten doch sicher wieder soviel Geld, das können wir doch sparen.

So war sie. Da konnte ich ihr zigmal versichern, daß wir uns ein Dutzend Hotelzimmer leisten könnten, für sie war das rausgeworfenes Geld. Nach dem Essen fuhren wir weiter. Bis München. In einem Sitz. Es war anstrengend für mich, aber ich tat's, weil ich wußte, daß ich ihr damit eine Freude machte.

Zu Hause in Planitz genoß Alma Fröbe den Ruf, immer den dernier cri der internationalen Mode zu kennen. Denn ich schickte ihr ständig die neuesten Modejournale aus Paris, Rom und London.

Die lagen dann in ihrem Schneideratelier aus, das einst unsere «Gute Stube» gewesen war. Ihre Kundinnen blätterten Stunden und Stunden in den Heften und suchten sich aus, was zu ihnen passen könnte. Niemand hat so sehr gehofft, daß ich ja recht oft in Paris beschäftigt werden würde, wie die Kundinnen meiner Mutter in Planitz.

Damals waren gerade enge Röcke en vogue, und Zwickaus Damen wußten dies aus meinen Zeitschriftenlieferungen. Aber da gab es ein Problem: Einerseits wollte man mit der Mode gehen und einen engen Rock tragen, andererseits hatte der Omnibus, der zwischen Zwickau und Planitz verkehrte, so hohe Einsteigtritte, daß man mit einem engen Rock nicht einsteigen konnte. Doch meine Mutter beruhigte ihre Kundinnen: «Keine

Sorge, ich mach Ihnen den Rock schon so, daß Sie in den Bus reinkommen.»

Und so hat meine Mutter fünfzig Jahre lang den gleichen Rock geschneidert. Immer den gleichen. Obwohl sie die neuesten Journale hatte.

Filmfestspiele in Venedig. «Die Helden sind müde» lief im Festspielhaus am Lido und gleichzeitig nebenan in einem Freilichtkino. Meine Mutter saß im Parkett, und ich hatte ihr gesagt, sie könne mich nach der Vorstellung vom Vorplatz des Festivalpalais aus auf dem Balkon sehen. Es gehörte zum Festivalzeremoniell, daß sich die Schauspieler zum Schluß auf dem Balkon zeigten.

Der Vorplatz war voll, weil alle, die im Freilichtkino gewesen waren, sich eingefunden hatten. Achthundert bis tausend mögen es gewesen sein. Unmöglich, in dieser Masse einen einzelnen vom Balkon aus zu erkennen. Maria Felix, Yves Montand, Curd Jürgens und ich winkten grüßend nach allen Seiten. Als ich ins Hotel kam, strahlte mich Muddel an. «Weißt du, Gert, was das Schönste war? Daß sich unter all den vielen Menschen auf dem Vorplatz unsere Blicke getroffen haben.»

Wer wagte es, in solcher Situation seiner Mutter zu widersprechen?

Zu den Außenaufnahmen für «Und ewig singen die Wälder» hatte ich meine Mutter nach Österreich eingeladen. Nach Drehschluß saßen Paul May, mein Regisseur, meine Mutter und ich oft zusammen und erzählten uns sächsisch-bayerische Geschichten.

Eines Abends wollte Paul May meiner Mutter etwas besonders Nettes sagen: «Sie müssen doch sehr stolz auf ihren Sohn sein, wenn Sie so miterleben, was er alles erreicht hat, er ist einer der wenigen deutschen Schauspieler, die eine internationale Karriere gemacht haben!»

Was aber tat meine Mutter? Sie legte das Besteck zur Seite, schob ihre Brille zur Nasenwurzel und antwortete in unverfälschtem Sächsisch mit einer Gegenfrage: «Ja glooben Sie denn, mir ham Murks gemacht?»

Mutters Sparsamkeit war durch nichts zu brechen. Wie oft habe ich versucht, ihr in Paris ein paar schicke Kleider zu kaufen. Entweder weigerte sie sich, in eins der berühmten Ateliers mitzugehen, oder sie sandte Kleider, die ich ihr ins Hotel hatte schicken lassen, sofort wieder zurück. Dabei bestaunte sie sachverständig Haute-Couture-Roben, getragen aber hat sie nur Selbstgemachtes. Nur einen kleinen Nerzkragen hat sie sich von mir schenken lassen, das war ihr «Miezel». Ihn hat sie sich umlegen lassen, als es ans Sterben ging, und mit ihm ist sie auch beerdigt worden.

Im «Garten der Erfüllung»
Von der Zusammenarbeit und Freundschaft mit Elisabeth Bergner

Wie schon die beiden Jahre zuvor gastierte ich auch 1982 von Ende August bis zum dritten Advent jedes Wochenende mit meinem Ein-Mann-Abend «Durch Zufall frei» im Hotel Kempinski in Berlin. Über dreißig Vorstellungen, jede mit dreihundert Zuschauern und alle ausverkauft – wundervolle Wochenenden an der Spree waren das. Zum vollen Glück fehlten eigentlich nur ein paar schöne Tore für Hertha BSC. Am dritten Advent, ein paar Stunden vor meiner letzten Vorstellung, rief mich Hartmut Zunk, der Direktor des Kempinski, an: «Gert, du hast heute prominenten Besuch in deiner Vorstellung. Elisabeth Bergner kommt!»

Er konnte nicht ahnen, was diese Nachricht für mich bedeutete. Elisabeth Bergner war für mich schon in jungen Jahren ein Begriff. Dreizehn mochte ich gewesen sein, als meine Schwester Hanni steinerweichend schluchzend nach Hause kam. Was war geschehen? Sie hatte Elisabeth Bergner in dem Film «Der träumende Mund» gesehen. Ich dachte damals, was soll denn an der so Besonderes sein, daß meine kluge Schwester sich in Tränen auflöst? Aber der Name blieb haften.

Als Schauspielschüler hörte ich alte Kollegen von «Liesl mit der Silberstimme» schwärmen. Später dann habe ich auch alte Filme mit ihr gesehen, und als ich sie mit O. E. Hasse in den Shaw-Briefdialogen «Geliebter Lügner» in den Münchener Kammerspielen erlebt hatte, reihte ich mich endgültig in die Schar ihrer Verehrer ein. Ich nahm ihre Anwesenheit bei meiner Abschiedsvorstellung als einen jener «Zufälle», mit denen mein Lebensweg gepflastert zu sein scheint.

«Wunderbar», sagte ich zu Hartmut, «ich freue mich, und ich werde sie gebührend begrüßen.» Es ist üblich, wenn man solistisch arbeitet, einen prominenten Gast vorzustellen, um zu zeigen, wie sehr man sich über dessen Anwesenheit freut.

«Um Himmels willen, keine Begrüßung. Genau das möchte sie nicht!» Zunk kannte die Eigenheiten seiner wichtigen Gäste. Ich begann den Abschiedsabend wie immer mit Morgenstern-Gedichten. Kein Wort über oder zu Elisabeth Bergner. Aber nachdem ich mich eingesprochen und eingesehen hatte, suchte ich unmerklich nach ihr. Man kann ja, auch wenn man geradeaus blickt, erkennen, was rechts und links im Winkel bis zu 45 Grad passiert.

Sie saß erste Reihe Mitte, flankiert von zwei Damen. Elisabeth Bergner, die zierliche, war damals 84 Jahre alt und mochte schon gelegentlich eine Stütze benötigen. Mehr als ich sah, spürte ich um sie eine Unruhe. Nicht um sie, die Bergner selbst verbreitete sie. Dergleichen macht auch einen alten Theaterhasen nervös. Was machte sie nur da unten in der ersten Reihe? So unauffällig wie möglich drehte ich mich nach links und streifte sie mit

meinem Blick. Da merkte ich, was los war, sie warf mir Kuß-
hände zu.

In der Pause hoffte ich, daß sie in meine improvisierte Garderobe käme. Das ist unter Schauspielern so Sitte. Sie kam nicht.

Im zweiten Teil des Abends erzählte ich Geschichten aus
meinem Leben. Erwartungsgemäß kamen kräftige Lacher. Aber
nicht nur die. Ich hörte, wie jemand sich vor Vergnügen auf die
Schenkel schlug. Es war Elisabeth Bergner.

Wie sooft bei Abschiedsvorstellungen war auch diese besonders gelungen. Niemand hat mir in all den Jahrzehnten erklären
können, warum das so ist. Schließlich tritt man jeden Abend
mit dem Vorsatz vor sein Publikum, das Beste zu geben. Aber
nicht immer gelingt es so, wie bei der letzten Vorstellung. Vielleicht, weil ein bißchen Trauer und Abschiedsschmerz mit-
schwingt. Auch an diesem letzten Abend war der Funken zwischen Podium und Parkett kräftig hin- und hergesprungen.
Aus dieser Stimmung heraus hielt ich eine kleine Abschiedsrede, in der ich mich bei den Berlinern bedankte, die mich so
herzlich aufgenommen hatten, und dann fügte ich hinzu:
«Aber ich kann nicht zum letzten Mal in diesem Jahr von dieser
Bühne gehen, ohne mich bei jemandem zu bedanken, der ausdrücklich darum gebeten hat, nicht von mir begrüßt zu werden –
doch das ist mir einerlei, weil es mir ein Herzensbedürfnis ist,
mich bei der großen Elisabeth Bergner zu bedanken für all die
wunderbaren Stunden, die sie uns durch ihre Darstellungskunst
schenkte.»

Ich applaudierte ihr von meinem Podest aus, und wie ein
Mann standen alle dreihundert Anwesenden auf und klatschten
ihr zu. Zu sehen war sie bei dieser standing ovation nicht.
Verlegen saß sie auf ihrem Stuhl; eingeschlossen von einer Mauer
begeisterter Menschen.

Fast schien es, als ob diese Woge der Zuneigung über ihr
zusammenschlagen würde. Kurz entschlossen trat ich zu ihr und
bot ihr meinen Arm. Sie hakte sich sofort ein, aber die Frage

war, wohin ich sie führen sollte, denn vor uns stand die Phalanx der Zuschauer. Wie ich noch überlegte, ob der Abgang rechts oder links besser sei, ereignete sich etwas, was mehr zählt als die hymnischste Kritik – die Zuschauer machten ganz von sich aus in der Mitte des Parketts eine Gasse frei. Sie schoben einfach die Stühle zur Seite, drängten die anderen zurück, und ich konnte Elisabeth Bergner durch ein Spalier der Verehrung führen. Das war mehr als die Ehrenformation für ein Staatsoberhaupt. Die Bergner hatte Tränen in den Augen, streichelte meine Hand und fragte: «Wo können wir ungestört reden, ich muß etwas mit dir besprechen.» Wie eine Auszeichnung kam sogleich von ihr das kollegiale «Du». Ich brachte sie zu meinem Appartement.

Ich trat als erster ins Zimmer, ging zum Fenster. Sie konnte mich nur als Silhouette erkennen, aber sie kam auf mich zu, schlang ihre Arme um meine Hüften und hielt mich fest. Ganz fest. Diese kleine Person schaute so zu mir auf, daß ich versucht war, in die Knie zu gehen, doch da sagte sie bereits leise: «An einem solchen Abend ist man glücklich, selbst einmal dazugehört zu haben.» Mir war die Kehle zugeschnürt.

«Ich möchte mit dir noch etwas machen, wir zwei vor der Kamera, aber du mußt schnell machen, ich hab nicht mehr viel Zeit.»

«Aber gnädige Frau, sagen Sie doch nicht so etwas.»

«Gnädige Frau! Und Sie! Ich verstehe, Kollegin bin ich wohl nicht mehr. Ich sage ‹Du›, und dafür werde ich gesiezt. Das war deutlich!»

Unsere wunderbare Harmonie drohte zu verfliegen. Schließlich gelang es mir, ihr klarzumachen, daß ich nur aus Respekt das «Sie» beibehalten hatte. Von da an war das Du zwischen uns nicht nur kollegial, sondern herzlich.

Am nächsten Morgen mußte ich im Studio Hamburg sein, dort stand ich als Theaterdirektor Striese für die Fernsehfassung des «Raub der Sabinerinnen» vor der Kamera. Noch erfüllt von der Begegnung mit Elisabeth Bergner, erzählte ich in einer

Drehpause, was sich gestern in Berlin ereignet hatte und daß die Bergner gern etwas mit mir machen möchte.

«Mensch, Gert», sagte da Rolf von Sydow, unser Regisseur, «zufällig hab ich vor zwei Wochen ein Stück zugeschickt bekommen, die Geschichte zweier alter Leute aus verschiedenen Gesellschaftsschichten, das ist für die Bergner und dich wie geschaffen.»

Elisabeth Bergner war von der Rolle der Offizierswitwe Merriman genauso angetan wie ich von der des Kriegsveteranen Ted Hayward, der als Nachbar von Miss Merriman deren Garten in Ordnung, deren Gefühlsleben aber in Unordnung bringt. «Der Garten» war auch der doppelsinnige Titel dieses englischen Stücks. Denn neben dem Garten mit Gras und Unkraut hatte jeder der beiden sein Leben eingezäunt wie einen Garten, und erst ganz behutsam fallen im Laufe des Spiels die Zäune.

Als Glückwunsch zu meinem Siebzigsten strahlte das ZDF diesen Film mit Elisabeth Bergner und mir aus. Er hat zwar nur einen kleinen Bruchteil dessen gekostet, was große Filme mit mir einst an Herstellungskosten verschlungen haben, von allen Filmen aber, in denen ich gespielt habe, ist dieser meinem Herzen am nächsten.

Nicht nur mir, auch Elisabeth Bergner ging es so. «Gert», hat sie mir gesagt, «‹Der Garten› war ein Abschied vom Beruf so recht nach meinem Herzen – zwei Schauspieler, eine zarte Romanze und weit weg von allem Brimborium.»

Meinen Geburtstag feierte ich bei Elisabeth Bergner. Sie hat meine Frau Karin, unsere kleine Beate und mich in ihr Haus bei London eingeladen. Ein Haus voller Erinnerungen an ihren verstorbenen Mann Paul Czinner, dessen Filme «Nju», «Der Geiger von Florenz», «Liebe», «Donna Juana», «Der träumende Mund» und «Ariane» in der ganzen Welt gefeiert worden waren.

Kein Raum ohne Bücher. Auf Stühlen, Schränken, Tischen,

in Regalen und auf dem Teppich – Bücher über Bücher. Ich konnte mir die übliche Frage nicht verkneifen: «Hast du die alle gelesen?»

Die Antwort war eine echte Bergner-Antwort: «All diese Bücher sind nur meine tägliche Erinnerung an vieles, was ich vergessen habe...» Elisabeth Bergner war eine perfekte Gastgeberin. Sie hatte eigens für uns eine deutsche Köchin engagiert, was jeder zu schätzen weiß, der länger in England gelebt hat. Und damit kein Wort mehr über die englische Küche.

Am Vorabend meines Geburtstags hatte Elisabeth das Abendessen so spät gelegt, daß wir kurz vor Mitternacht beim Dessert waren. Bevor es serviert wurde, zog sie ein längliches altmodisches Lederetui unter ihrer Serviette hervor und hielt eine kleine Geburtstagsrede, richtig so mit vorher ans Glas klopfen.

«Lieber Gert, in ein paar Minuten bist du mir um ein Jahr näher gekommen. Einholen kannst du mich nicht, aber das ist auch nicht nötig, denn menschlich sind wir uns vom ersten Abend in Berlin an nahe. Ich hab mir Gedanken gemacht, was ich dir, einem Mann, der eigentlich schon alles hat, schenken könnte. Es sollte etwas sein, was du bestimmt noch nicht hast und was dir niemand anderer schenken kann als ich. Heute nacht ist es mir eingefallen...» und dabei reichte sie mir das Etui über den Tisch.

Darin lag auf rotem Samt eine massivgoldene Armbanduhr. Ein wunderschönes altes Schmuckstück. Ich spürte, mit dieser Uhr hatte es eine besondere Bewandtnis. Ihr ideeller Wert mußte für Elisabeth mindestens so groß sein wie der materielle.

So war es. «Sie ist noch zum Aufziehen. Jeden Tag mußt du sie aufziehen und an mich denken», begann sie stockend, um dann fortzufahren: «Sie gehörte meinem Mann. Als ich sehr berühmt und wir beide sehr glücklich waren, habe ich sie ihm geschenkt. 1921 in Nizza. Wo er jetzt ist und auf mich wartet, braucht er keine Uhr mehr, trag du sie...»

Wir alle am Tisch konnten vor Rührung kein Wort sagen. Wenn das Wort «Geschenk» in unserer Zeit noch einen echten Sinn hat, dann in diesem Augenblick. Ich fing mich als erster, küßte sie auf die Stirn und fragte: «Sag mal, was würde er wohl sagen, wenn er wüßte, daß ich jetzt seine Uhr trage?»

«Gar nichts würde er sagen, er würde dich immer engagieren!»

Kein Zweifel, ich wäre sofort «durch Zufall frei».

Liebe Leserin – liebe Leser

bevor Sie jetzt mein Buch aus der Hand legen, möchte ich mich
von Ihnen mit einem Wort Christian Morgensterns verabschieden, das ich bei meinen Vortragsabenden meinem Publikum mit
auf den Heimweg gegeben habe:
«Alles ist schön, was man mit Liebe betrachtet.»

Ihr
Gert Gröbe

Auszeichnungen für Gert Fröbe

1936 Sächsischer Staatspreis für Malerei
1959 Preis der Deutschen Film-Kritik
1961 Ernst Lubitsch-Preis des «Clubs der Berliner Filmjournalisten»
      Silberner Oscar der «Frankfurter Illustrierten»
      Bester männlicher Darsteller, Internationale Filmfestspiele San Sebastian
      Bester Darsteller für «Der Gauner und der liebe Gott», Filmfestspiele Acapulco
1965 Das Blaue Band der amerikanischen Film-Industrie
1966 Silberner Bambi des Burda-Verlages
1972 Ehrenbürger der französischen Stadt Cognac
1973 Großes Verdienstkreuz des Verdienstordens der Bundesrepublik Deutschland
1976 Karl Valentin-Orden der Münchener Narrhalla
      Deutscher Kleinkunstpreis, Sonderpreis der Stadt Mainz
1978 Filmband in Gold
1982 Bayerischer Verdienstorden
1983 Goldene Kamera
      Ehren-Deichgraf
1985 Silbernes Blatt der «Dramatiker-Union»

GERT FRÖBE AUF DER BÜHNE, IM FILM UND IM FERNSEHEN*

1937–1939

B Städtische Bühnen, Wuppertal/Barmen/Elberfeld
«Gyges und sein Ring» von Friedrich Hebbel.
G. F. als Sklave Karna.

B Städtische Bühnen, Wuppertal/Barmen/Elberfeld
«Wallenstein» von Friedrich Schiller.
G. F. mehrere kleine Rollen.

B Städtische Bühnen, Wuppertal/Barmen/Elberfeld
«Thomas Paine» von Hanns Johst.
G. F. als amerikanischer Offizier.

B Städtische Bühnen, Wuppertal/Barmen/Elberfeld
«Rose Bernd» von Gerhart Hauptmann.
G. F. als Feldarbeiter Heinzel.

B Städtische Bühnen, Wuppertal/Barmen/Elberfeld
«Der Vetter aus Dingsda» Operette von Eduard Künneke.
G. F. als Egon von Wildenhagen.

B Städtische Bühnen, Wuppertal/Barmen/Elberfeld
«Jan und die Schwindlerin» von Per Schwenzen.
G. F. als Professor Warnke.

B Städtische Bühnen, Wuppertal/Barmen/Elberfeld
«Scampolo» von Dario Nicodemi.
G. F. als Herr Faust.

B Städtische Bühnen, Wuppertal/Barmen/Elberfeld
«Der Hochverräter» von Curt Langenbek.
G. F.s Rolle nicht bekannt.

B Städtische Bühnen, Wuppertal/Barmen/Elberfeld
«Polenblut» Operette von Oscar Nedbal.
G. F. als Freund des Grafen.

---

* B = Bühne, F = Film, TV = Fernsehen

B Städtische Bühnen, Wuppertal/Barmen/Elberfeld
«Wie einst im Mai» Posse mit Gesang von Rudolf Bernauer und
R. Schanzer, Musik von Walter Kollo und Willy Bredschneider.
G. F. in verschiedenen Rollen.

B Städtische Bühnen, Frankfurt/Main
G. F. verschiedene kleine Rollen.

B Freilichtbühne, Marburg/Lahn
«Ein Sommernachtstraum» von William Shakespeare.
G. F. als Zeremonienmeister, der extra für die Freilichtaufführung
erfunden wurde. Martin Held spielte den Zettel.

1940/41

B Deutsches Volkstheater, Wien
«Der Maulkorb» von Heinrich Spoerl.
G. F. als Rabanus. Erste Rolle am Deutschen Volkstheater.

B Deutsches Volkstheater, Wien
«Das kleine Hofkonzert» von Paul Verhoeven und Toni Impekoven. G. F. als alter Krauterer.

B Deutsches Volkstheater, Wien
«Das kleine Bezirksgericht» von Otto Bielen.

B Deutsches Volkstheater, Wien
«Trenck, der Pandur» von O. E. Groh.
G. F. in der Titelrolle, alternierend mit O. W. Fischer.

B Deutsches Volkstheater, Wien
«Zu ebener Erde und erster Stock» von Johann Nestroy.
Mit Egon v. Jordan, Valerie Rückert, Hans Frank, Lisl Kinateder,
O. W. Fischer. Regie: Philipp von Zeska.
G. F. als Diener Friedrich.

1944

F «Die Kreuzlschreiber» nach dem gleichnamigen Volksstück von
Ludwig Anzengruber.
Mit Emil Heß, Fritz Kampers, Hans Adalbert Schlettow, Lucie
Englisch, Rudolf Carl. Regie: Eduard von Borsody.
G. F. spielte eine Randrolle, weder im Vorspann noch im Pro-
grammheft wurde er genannt.

Der Film wurde nach Kriegsende von der Defa (Berlin-Ost) fertig-
gestellt und lief nur in der DDR.

1945

B 7. November – *Gong-Haus*, München
«Neue Chansons – Schlager von morgen».
Mit Trude Hesterberg, Katharina Throm, Ilselotte Dißmann und
G. F. Am Flügel: Werner Bochmann und Jochen Breuer.

B Kleinkunstbühne *«Bei Mutter Ey»*, Düsseldorf
G. F. im Rahmen eines Kabarett-Programms mit Morgenstern-
Rezitationen und Pantomimen.

1946

B 16. Januar – Kleinkunstbühne *«Der bunte Würfel»*, München
«München lernt wieder lachen».
Mit Peter Igelhoff, Claire Waldoff, Barnabas von Geczy und G. F.

B 21. März – Münchner Volkstheater im Spiegelsaal des Hotels
Bayerischer Hof, München
«Die verlorenen Schuhe» von Ernst Penzoldt.
Mit Kurt Stieler, Margot Rupp, Otto Brüggemann, Adolf Gon-
drell, Willi Schneider, Reinhart Neudörffer und G. F. Regie:
Harry Buckwitz.

1947

B Zahlreiche Auftritte in verschiedenen deutschen Varietés und Kabaretts.

B 17. Mai – Kleinkunstbühne *«Der bunte Würfel»*, München
«Es wird schon wieder».
Mit Fred Rauch, Gertrud van der Hagen, Olf Fischer, Barbara
Gallauner, Fred Sporer und G. F.

B Kabarett *«Der Simpl»*, München
Silvesterpremiere mit Karl Valentin, Liesl Karlstadt und G. F.

1948

B Januar – US-Kabarett «Oase», Augsburg
G. F. mit Pantomimen.

B 8. Februar – Kabarett *«Der Simpl»*, München
   G. F. in einer Ein-Mann-Show – ein Drei-Monats-Gastspiel.

F 31. Dezember
   «Berliner Ballade». Drehbuch: Günter Neumann.
   Mit Aribert Wäscher, Tatjana Sais, O. E. Hasse, Hans Deppe, Karl
   Schönböck, Herbert Hübner, Rita Paul, Brigitte Mira, Alfred
   Schieske, Eduard Wenck. Regie: R. A. Stemmle.
   G. F. als «Otto Normalverbraucher», der als spindeldürrer Heim-
   kehrer in das zerstörte Berlin zurückkommt.

1949

F 16. Dezember
   «Nach Regen scheint Sonne».
   Mit Sonja Ziemann, Rudolf Platte, Ralph Lothar, Liesl Karlstadt,
   Beppo Brem, Gunnar Möller, Willy Reichert, Renate Mannhardt.
   Regie: Erich Kobler.
   G. F. als Konstantin, der eine Scheinehe mit der Bürgermeisters-
   tochter eingeht und doch glücklich wird.

1950

B Opernhaus, Stuttgart
   «Nit mö-mö-möglich».
   Erstes Grock-Gastspiel nach 1945.
   G. F. Solo-Auftritt im Vorprogramm.

1951

B Städtische Bühnen, Münster/Westf.
   «Von Mäusen und Menschen» von John Steinbeck.
   G. F. als Lennie. Regie: Rudolf Hofmann.

1952

F 27. November
   «Der Tag vor der Hochzeit» (auch «Große Schwächen, kleine
   Sünden»).
   Mit Paul Dahlke, Käthe Haack, Elisabeth Müller, Joachim Bren-
   necke, Wolfgang Lukschy, Walter Giller, Susi Nicoletti, Adelheid

Seeck, Elisabeth Flickenschildt, Ursula Herking, Günther Lüders.
Buch und Regie: Rolf Thiele.
G. F. als Rundfunkreporter, der den Empfang von Theodor Heuss
in Göttingen kommentiert.

1953

F   30. April
«Salto Mortale».
Mit Margot Hielscher, Frits van Dongen, Karlheinz Böhm, Paul
Kemp, Christine Kaufmann, Erika Remberg, Gunnar Möller.
Regie: Viktor Tourjansky.
G. F. als taubstummer Stallknecht Jan.

F   2. Juli
«Die vertagte Hochzeitsnacht» nach einem Schwank von Franz
Arnold und Ernst Bach.
Mit Theo Lingen, Hans Leibelt, Viktor Staal, Margot Hielscher,
Ingrid Lutz, Paul Westermeier, Käthe Haack, Dorit Kreysler.
Buch und Regie: Karl Georg Külb.
G. F. als hilfsbereiter Gondoliere, der seine sächsische Herkunft
nicht verleugnen kann.

F   16. Juli
«Ein Herz spielt falsch» nach dem Roman von Hanns-Ulrich
Horster.
Mit O. W. Fischer, Ruth Leuwerik, Gertrud Kückelmann, Gün-
ther Lüders, Carl Wery, Hermann Speelmanns, Rudolf Vogel,
Lina Carstens. Regie: Rudolf Jugert.
G. F. als Überbringer eines verhängnisvollen Briefes.

F   1. September
«Arlette erobert Paris».
Mit Johanna Matz, Karlheinz Böhm, Claus Biederstaedt, Paul
Dahlke, Peer Schmidt, Erni Mangold, Lina Carstens, Kurt Groß-
kurth, Rudolf Vogel. Regie: Viktor Tourjansky.
G. F. als verschrobener Impresario im Künstler-Milieu von Paris.

F   31. Dezember
«Hochzeit auf Reisen» nach dem Roman von Heinrich Spoerl.
Mit Gardy Granass, Karlheinz Böhm, Susi Nicoletti, Paul Klinger,
Joachim Teege. Regie: Paul Verhoeven.
G. F. als mißmutiger Spießbürger Mengwasser.

F   11. Februar
«Die kleine Stadt will schlafen gehen» (auch «Die sieben Sünder»).
Mit Gustav Fröhlich, Jester Naefe, Herbert Hübner, Helen Vita,
Harald Paulsen, Alexander Golling, Gerda Maurus, Margit Symo,
Bobby Todd, Hans Hermann Schaufuss.
Regie: Hans H. König.
G. F. als «Gelegenheitsarbeiter» Oskar Blume.

F   2. September
«Morgengrauen» (auch «Zwischen Pflicht und Liebe»).
Mit Elisabeth Müller, Hans Stüwe, Renate Mannhardt, Alexander
Kerst, Josef Sieber, Oliver Grimm, Carsta Löck. Regie: Viktor
Tourjansky.
G. F. in einer Nebenrolle.

F   1. Oktober
«Das Kreuz am Jägersteig».
Mit Armin Dahlen, Jester Naefe, Albert Hehn, Wera Frydtberg,
Angelika Voelkner, Franz Muxeneder, Beppo Brem, Michl Lang,
Bobby Todd, Charlott Daudert.
Regie: Hermann Kugelstadt.
G. F. als Finanzier Kobbe, der in den Alpen den Bau eines Säge-
werks ermöglicht.

F   20. Oktober
«Mannequins für Rio» (BRD/USA)
Mit Johanna Matz, Scott Brady, Ingrid Stenn, Raymond Burr,
Kurt Meisel, Gisela Fackeldey, Katharina Mayberg, Erica Beer,
Gordon Howard, Eduard Linkers, Pero Alexander, Caterina Va-
lente, Gerhard Wendland. Regie: Kurt Neumann.
G. F. als zwielichtiger Kapitän Lobos des brasilianischen Schiffes
«Palacio d'Oro».

F   12. November
«Das zweite Leben» (F/BRD) – («Double Destin») nach der Komö-
die von Jean Giraudoux.
Mit Simone Simon, Michel Auclair, Bernhard Wicki, Barbara
Rütting. Regie: Victor Vicas.
G. F. als Herr Mittelmeier in einer Nebenrolle.

F   17. Dezember
«Ewiger Walzer» (auch «Frauen um Johann Strauß»).

Mit Bernhard Wicki, Hilde Krahl, Annemarie Düringer, Hans Putz, Claus Biederstaedt, Leonhard Steckel, Hermann Thimig, Eric Frey, Paul Verhoeven, Willy Trenk-Trebitsch, Maria Eis, Eduard Strauß jr.
Regie: Paul Verhoeven.
G. F. als zaristischer Staatsrat Gawrinoff, dessen Tochter Olga sich in den Walzerkönig Johann Strauß verliebt.

1954/55

F «Herr Satan persönlich» (USA/Spanien/F) – («Mr. Arkadin») – Drehbuch: Orson Welles nach seinem Roman.
Mit Orson Welles, Paola Mori, Robert Arden, Akim Tamiroff, Michael Redgrave, Peter van Eyck, Eduard Linkers.
Regie: Orson Welles.
G. F. als Detektiv in einer kleinen Rolle.

1955

F 8. April
«Vom Himmel gefallen» (USA/BRD) – («Special Delivery»).
Mit Joseph Cotten, Eva Bartok, René Deltgen, Bruni Löbel, Robert Cummingham, Ursula Herking.
Regie: John Brahm.
G. F. als der schwedische Koch Olaf in der amerikanischen Botschaft und Vater eines Findelkindes.

F 19. Mai
«Der dunkle Stern».
Mit Viktor Staal, Ingeborg Schöner, Toxi (Elfie Fiegert), Ilse Steppat, Paul Bildt, Hansi Knoteck, Siegfried Breuer jr., Edith Schultze-Westrum, Wolfgang Büttner, Albert Florath. Regie: Hermann Kugelstadt.
G. F. als Zirkusdirektor Deltorri.

F 26. Mai
«Ich weiß, wofür ich lebe».
Mit Luise Ullrich, Lil Dagover, Robert Freytag, Michael Ande, Werner Fuetterer, Ruth Stephan, Ernst Ginsberg, Beppo Schwaiger, Wolf Ackva, Hans Cossy, Joachim Teege.
Regie: Paul Verhoeven.
G. F. als Inspektor Pfeifer bei der Jugendfürsorge.

F 13. Oktober
«Die Helden sind müde» (F/BRD) – («Les héros sont fatigués»).
Mit Maria Felix, Curd Jürgens, Yves Montand, Jean Servais, Gérard Oury.
Regie: Yves Ciampi.
G.F. als «Hermann aus Dresden», der Mitglied der DDR-Regierung war und sich in Afrika eine neue Existenz aufbauen will.

F 4. November
«Das Forsthaus in Tirol».
Mit Albrecht Schoenhals, Dorothea Wieck, Wera Frydtberg, Helmuth Schneider, Christian Doermer, Albert Hehn, Albert Florath, Ernst Waldow, Beppo Brem, Charles Regnier, Hubert von Meyerinck, Michl Lang. Regie: Hermann Kugelstadt.
G.F. als Kaufmann Bäuerle.

1956

F 16. Februar
«Ein Mädchen aus Flandern» nach der gleichnamigen Novelle von Carl Zuckmayer.
Mit Nicole Berger, Maximilian Schell, Viktor de Kowa, Friedrich Domin, Anneliese Römer, Erica Balqué, Fritz Tillmann, Helmut Käutner. Regie: Helmut Käutner.
G.F. als deutscher Rittmeister Kupfer im besetzten Flandern des Ersten Weltkrieges.

F 9. März
«Ein Herz schlägt für Erika».
Mit Christine Kaufmann, Grethe Weiser, Wolfgang Büttner, Helmuth Schneider, Ingrid Stenn, Olga Limburg, Franz Otto Krüger, Elvira Schalcher. Regie: Harald Reinl.
G.F. als Bauleiter Heubacher, der Grete Weiser als Chefin hat.

F 30. März
«Waldwinter» nach dem Roman von Paul Keller.
Mit Claus Holm, Sabine Bethmann, Rudolf Forster, Willy A. Kleinau, Erica Beer, Beppo Brem, Helen Thimig, Ilse Steppat, Susanne Cramer, Klaus Kinski, Margarete Haagen.
Regie: Wolfgang Liebeneiner.
G.F. als Oberförster Gerstenberg, der seinem schlesischen Baron treu ergeben ist.

F   7. Februar
«Robinson soll nicht sterben» nach dem gleichnamigen Theater-
stück von Friedrich Forster.
Mit Romy Schneider, Horst Buchholz, Erich Ponto, Magda
Schneider, Mathias Wieman, Gustav Knuth, Rudolf Vogel, Elisa-
beth Flickenschildt, Günther Lüders, Joseph Offenbach, Siegfried
Lowitz, Mario Adorf. Regie: Josef von Baky.
G.F. ist der Londoner Baumwollspinnerei-Besitzer Gillis, der von
Kinderarbeit lebt.

F   16. August
«Taifun über Nagasaki» (auch «Liebe und Taifun auf Nagasaki») –
(F/Japan) – (»Typhon sur Nagasaki»).
Mit Jean Marais, Danielle Darrieux, Keiko Kishi, Hitomi Nozoe,
Kumeko Urabe, So Yamamura. Regie: Yves Ciampi.
G.F. als deutscher Kaufmann Ritter, der mit einer Japanerin
verheiratet ist und in Japan eine neue Heimat gefunden hat.

F   23. August
«Der tolle Bomberg» nach dem Roman von Josef Winckler.
Mit Hans Albers, Marion Michael, Harald Juhnke, Erich Fiedler,
Paul Henckels, Camilla Spira, Hubert von Meyerinck, Hans Lei-
belt, Herbert Hübner, Margit Symo. Regie: Rolf Thiele.
G.F. als neureicher Kommerzialrat Mühlberg, der seine Tochter
mit dem «tollen Baron» verheiraten möchte.

F   22. November
«Der Mann, der sterben muß» (auch «Aufstand») – (F/It.) –
(«Celui qui doit mourir»).
Mit Pierre Vaneck, Jean Servais, Fernand Ledoux, Maurice Ronet,
Melina Mercouri, Grégoire Aslan, Roger Hanin. Regie: Jules
Dassin. G.F. als Patriarch eines griechischen Dorfes unter türki-
scher Herrschaft.

F   20. Dezember
«Das Herz von St. Pauli».
Mit Hans Albers, Hansjörg Felmy, Carla Hagen, Jürgen Wilke,
Werner Peters, Camilla Spira, Peer Schmidt, Ernst Waldow, Mady
Rahl, Hans Richter, Olga Limburg. Regie: Eugen York.
G.F. als dubioser Geschäftemacher und Erpresser im kriminellen
Milieu der Hamburger Reeperbahn.

F 3. April
«Nasser Asphalt».
Mit Martin Held, Horst Buchholz, Maria Perschy, Inge Meysel,
Peter Capell, Renate Schacht, Heinz Reincke, Richard Münch.
Regie: Frank Wisbar.
G. F. als Chauffeur Jupp, dessen Kriegsabenteuer den Sensations-
journalisten Boyd zu einer aufsehenerregenden Lügengeschichte
inspirieren.

F 17. Juli
«Grabenplatz 17».
Mit Wolfgang Preiss, Kai Fischer, Wolfgang Wahl, Carl Lange,
Werner Peters, Charles Regnier, Robert Meyn, Maria Sebaldt,
Carsta Löck, Maria Paudler, Marina Ried, Elke Aberle. Regie:
Erich Engels.
G. F. als Schläger Titu Goritsch.

F 7. August
«Es geschah am hellichten Tag» (Schweiz/BRD) – nach dem gleich-
namigen Drama von Friedrich Dürrenmatt.
Mit Heinz Rühmann, Michel Simon, Ewald Balser, Berta Drews,
Siegfried Lowitz, Heinrich Gretler, Sigfrid Steiner, Ettore Cella.
Regie: Ladislao Vajda.
G. F. als der Kindermörder Schrott.

F 28. August
«Das Mädchen Rosemarie».
Mit Nadja Tiller, Karin Baal, Mario Adorf, Peter van Eyck, Carl
Raddatz, Horst Frank, Hanne Wieder, Jo Herbst, Werner Peters,
Hubert von Meyerinck, Tilo von Berlepsch, Helen Vita. Regie:
Rolf Thiele.
G. F. als Generaldirektor Bruster, von dem sich das Callgirl Rose-
marie eine bürgerliche Existenz erhofft.

F 2. Oktober
«Der Pauker».
Mit Heinz Rühmann, Wera Frydtberg, Peter Kraus, Michael
Verhoeven, Peter Vogel, Klaus Löwitsch, Bruni Löbel, E. F. Für-
bringer, Hans Leibelt, Walter Sedlmayr, Fritz Wepper. Regie:
Axel von Ambesser.
G. F. als Freistilringer Freddy Biel, der dem «Pauker» Catcher-

griffe beibringt und von ihm den richtigen Gebrauch der deutschen Sprache lernt.

F 28. November
«Das Mädchen mit den Katzenaugen».
Mit Vera Tschechowa, Joachim Fuchsberger, Wolfgang Preiss, Mady Rahl, Bum Krüger, Hans Clarin, Stanislav Ledinek.
Regie: Eugen York.
G.F. als gutmütiger Schrotthändler Tessmann, der unfreiwillig in Kriminalfälle verwickelt wird.

F 19. Dezember
«Kavaliere» (F) – («Charmants Garçons»).
Mit Zizi Jeanmaire, Daniel Gélin, Henri Vidal, François Périer.
Regie: Henri Decoin.
G.F. als Millionär Edmond, der die Gunst eines Varieté-Stars mit seinem Geld kaufen will.

1959

F 15. Januar
«Nick Knattertons Abenteuer» (auch «Der Raub der Gloria Nylon») nach einer Idee von Manfred Schmidt, dem Knatterton-Erfinder.
Mit Karl Lieffen, Susanne Cramer, Maria Sebaldt, Wolfgang Wahl, Günter Pfitzmann, Stanislav Ledinek, Hans von Borsody, Werner Fütterer, Martin Hirthe, Wolfgang Neuss. Regie: Hans Quest.
G.F. als Spediteur Hugo, der eine Millionärstochter kidnappt und damit einen Krieg zwischen zwei Gangsterbanden auslöst.

F 13. März
«Polizeiaktion Dynamit» (auch «Es geschieht Punkt Zehn») – (F) – («Échec au Porteur») – nach dem Roman von Calef.
Mit Jeanne Moreau, Paul Meurisse, Serge Reggiani, Reggie Nalder. Regie: Gilles Grangier.
G.F. als Chef einer Rauschgiftbande.

F 26. März
«Wolgaschiffer» (It/F) – («I Battelieri del Volga»).
Mit John Derek, Elsa Martinelli, Dawn Addams, Charles Vanel, Wolfgang Preiss, Ingmar Zeisberg, Rik Battaglia. Regie: Viktor Tourjansky, Arnaldo Genoino.

G.F. ist «der Professor», der einen russischen Offizier auf der Flucht versteckt.

F 4. April
«Jons und Erdme» (BRD/It) – («La Donna dell'Altro») nach den «Litauischen Geschichten» von Hermann Sudermann.
Mit Giulietta Masina, Carl Raddatz, Karin Baal, Richard Basehart, Werner Peters, Dietmar Schönherr, Agnes Fink, Berta Drews, Siegfried Wischnewski. Regie: Victor Vicas.
G.F. als ehemaliger russischer Matrose Smailus, der sich auf der Flucht vor dem Gesetz in eine abgelegene litauische Moorsiedlung zurückzieht.

F 23. September
«Menschen im Hotel» (BRD/F) – («Grand Hotel») nach dem gleichnamigen Roman von Vicky Baum.
Mit O.W. Fischer, Michèle Morgan, Heinz Rühmann, Sonja Ziemann, Wolfgang Wahl, Dorothea Wieck, Siegfried Schürenberg, Friedrich Schoenfelder. Regie: Gottfried Reinhardt.
G.F. als Generaldirektor Preysing, der wegen Kreditschwindels erpreßt und dadurch zum Mörder wird.

F 24. November
«Am Tag, als der Regen kam» (auch «Lederjacken und heiße Rhythmen»).
Mit Mario Adorf, Elke Sommer, Christian Wolff, Corny Collins, Claus Wilcke, Horst Naumann, Hans Zesch-Ballot, Ernst Jacobi. Regie: Gerd Oswald. G.F. als alkoholsüchtiger Arzt Dr. Maurer.

F 27. November
«Der Schatz vom Toplitzsee» (auch «Schüsse im Morgengrauen») – (BRD/Österr).
Mit Joachim Hansen, Sabine Sesselmann, Werner Peters, Hannelore Bollmann, Til Kiwe, Bruno Hübner, Lukas Amann. Regie: Franz Antel.
G.F. als ehemaliger SS-Sturmführer Dr. Brandt, der sich als Bankier Grohmann mit Falschgeld eine neue Existenz aufbaut.

F 3. Dezember
«Und ewig singen die Wälder» (Österr.) nach dem gleichnamigen Roman von Trygve Gulbranssen.
Mit Hansjörg Felmy, Joachim Hansen, Carl Lange, Anna Smolik, Maj-Britt Nilsson, Hans Nielsen, Jürgen Goslar. Regie: Paul May.
G.F. als Dag Björndal, ein hartherziger, reicher Grundbesitzer.

F   21. Dezember
«Alt Heidelberg» nach dem Schauspiel von Wilhelm Meyer-För-
ster.
Mit Christian Wolff, Sabine Sinjen, Rudolf Vogel, Harry Meyen,
Heinrich Gretler, Ludwig Linkmann, Ernst Stahl-Nachbauer,
Siegfried Schürenberg, Tilo von Berlepsch, Gerhard Frickhöfer,
Hannelore Elsner.
Buch und Regie: Ernst Marischka.
G. F. als Hauslehrer Dr. Jüttner, der den Erbprinzen von Sachsen-
Karlsburg zum Studium nach Heidelberg begleitet.

1960

F   15. Januar
«Ihr Verbrechen war Liebe» (auch «Auch Tote zahlen den vollen
Preis») – (F/BRD) – («Douze Heures d'Horloge»).
Mit Lino Ventura, Laurent Terzieff, Hannes Messemer, Suzy
Prim, Ginette Pigeon, Eva Bartok. Regie: Geza von Radvanyi.
G. F. als erpresserischer Fotograf Blanche.

F   «Das kunstseidene Mädchen» (BRD/It/F) – («La Gran Vita») nach
dem gleichnamigen Roman von Irmgard Keun.
Mit Giulietta Masina, Agnes Fink, Gustav Knuth, Hannes Messemer, Ingrid van Bergen, Inge Egger. Regie: Julien Duvivier.
G. F. als Rechtsanwalt Dr. Kölling.

F   30. August
«Soldatensender Calais» (auch «Hier spricht der Chef»). Dreh-
buch: Ernst von Salomon, nach dem Roman von Michael Mohr.
Mit Hans Reiser, Klausjürgen Wussow, Helmut Schmid, Peter
Carsten, Siegfried Lowitz, Carl Lange, Wolfgang Büttner, Inge-
borg Schöner, Karin Hübner, Alexander Golling, Edith Schultze-
Westrum, Gerd Vespermann. Regie: Paul May.
G. F. als Chef des Geheimsenders Calais, der im Zweiten Welt-
krieg mit Emigranten und Gefangenen den Widerstand organisie-
ren soll.

F   14. September
«Die tausend Augen des Dr. Mabuse» (BRD/It/F).
Mit Dawn Addams, Peter van Eyck, Wolfgang Preiss, Jean-Jac-
ques Delbo, Reinhard Koldehoff, David Camerone, Werner Peters, Christiane Maybach, Howard Vernon. Regie: Fritz Lang.

G. F. als Kriminalkommissar Kras, der die Spur des wahnsinnigen Verbrechers Dr. Mabuse verfolgt.

F 27. September
«Bis das Geld euch scheidet» nach dem Roman von Angela Ritter. Mit Luise Ullrich, Corny Collins, Christiane Nielsen, Wolfgang Lukschy, Leon Askin, Friedrich Schoenfelder, Edith Schollwer, Herbert Tiede. Regie: Alfred Vohrer.
G. F. als «Neureicher» Jupp Grapsch, der seine langjährige Ehefrau verläßt, um eine Jüngere zu heiraten.

F 21. Oktober
«Die Nacht der Liebenden» (F/It) – («Les Bois de Amants») – nach dem Roman von François de Curel.
Mit Laurent Terzieff, Erika Remberg, François Rosay, Horst Frank. Regie: Claude Autant-Lara.
G. F. als deutscher General.

F 4. November
«Der Gauner und der liebe Gott».
Mit Karlheinz Böhm, Ellen Schwiers, Lucie Englisch, Rudolf Vogel, Hans-Jürgen Diedrich, Rosl Mayr, Manfred Kunst. Regie: Axel von Ambesser.
G. F. als Geldschränker «Knacker Paule» Wittkowski, der durch Zwiesprache mit dem lieben Gott wieder auf den Pfad der Tugend zurückfindet.

1961

F 3. Februar
«Der grüne Bogenschütze» nach dem gleichnamigen Roman von Edgar Wallace.
Mit Karin Dor, Klausjürgen Wussow, Eddi Arent, Harry Wüstenhagen, Wolfgang Völz, Stanislav Ledinek, Heinz Weiss. Regie: Jürgen Roland.
G. F. als zwielichtiger Schloßbesitzer Abel Bellamy, der von dem geheimnisvollen Bogenschützen ermordet wird.

F 9. August
«Via Mala» nach dem gleichnamigen Roman von John Knittel. Mit Joachim Hansen, Christine Kaufmann, Christian Wolff, Joseph Offenbach, Rudolf Forster, Heinrich Gretler, Paul Henckels. Regie: Paul May.

G. F. als Sägewerksbesitzer Jonas Lauretz, der seine Familie tyrannisiert und von ihr getötet wird.

F 13. Oktober
«Im Stahlnetz des Dr. Mabuse» (BRD/It/F).
Mit Lex Barker, Daliah Lavi, Wolfgang Preiss, Rudolf Forster, Rudolf Fernau, Werner Peters, Adi Berber, Jean-Roger Caussimon, Fausto Tozzi.
Regie: Harald Reinl.
G. F. als Kriminalkommissar Lohmann, der wieder einmal die Fahndung nach dem Verbrecher Mabuse aufnimmt.

F 22. Dezember
«Auf Wiedersehen» (auch «Auf Wiedersehen in Arizona») nach der Erzählung von Reinhold Pabel.
Mit Günther Pfitzmann, Joachim Fuchsberger, Werner Peters, Elke Sommer, Margot Eskins, Fritz Tillmann, Stanislav Ledinek.
Regie: Harald Philipp.
G. F. als ehemaliger italienischer Operntenor Angelo Pirrone, der in Arizona Gesangsunterricht gibt.

1962

F 30. Juni
«Die Rote» (It/BRD) – («La Rossa») nach dem gleichnamigen Roman von Alfred Andersch.
Mit Ruth Leuwerik, Rossano Brazzi, Richard Münch, Girgio Albertazzi, Harry Meyen. Regie: Helmut Käutner.
G. F. als Gestapo-Mann Kramer, der in Venedig einen englischen Fallschirmspringer für die deutsche Spionage gewinnen will.

F 7. September
«Das Testament des Dr. Mabuse» nach einer Idee von Thea von Harbou.
Mit Helmut Schmid, Charles Regnier, Wolfgang Preiss, Senta Berger, Walter Rilla, Harald Juhnke, Leon Askin, Ann Savo.
Regie: Werner Klingler.
G. F. als Kriminalkommissar Lohmann, der eine Verbrecherbande jagt, deren Boß von Dr. Mabuse hypnotisiert wird.

F 25. Oktober
«Der längste Tag» (USA) – («The Longest Day»).
Mit Robert Mitchum, John Wayne, Henry Fonda, Richard Bur-

ton, Sean Connery, Paul Anka, Irina Demick, Wolfgang Preiss, Peter van Eyck, Heinz Reincke, Kurt Meisel, Dietmar Schönherr, Wolfgang Lukschy, Curd Jürgens, Richard Münch, Bourvil, Peter Lawford, Robert Wagner, Rod Steiger, George Segal, Arletty, Jean-Louis Barrault, Vicco von Bülow, Wolfgang Büttner, Hans Söhnker, Georges Wilson, Jean Servais, Christian Marquand, Werner Hinz, Paul Hartmann, Hans-Christian Blech, Ernst Schröder, Michael Hinz. Regie: Ken Annakin, Andrew V. Marton, Bernhard Wicki.

G. F. als Verpflegungs-Unteroffizier, der am 6. Juni 1944 in der Normandie von der Invasion der Alliierten überrascht wird.

1963

F   25. Januar
«Heute kündigt mir mein Mann» (auch «Vater lebt gefährlich», «Mein Mann, der Goldesel») nach dem Stück von W. Somerset Maugham.
Mit Hilde Krahl, Lola Müthel, Gisela Fritsch, Peter Thom, Wolfgang Kieling. Regie: Rudolf Nußgruber.
G. F. als Börsenmakler Alfred Paulsen, dem die Ansprüche seiner Familie über den Kopf wachsen.

F   8. Februar
«Die Dreigroschenoper» (BRD/F) nach dem Stück von Bertold Brecht.
Mit Curd Jürgens, June Ritchie, Marlene Warrlich, Sammy Davis jr., Hildegard Knef, Lino Ventura, Walter Giller, Hilde Hildebrand, Hans W. Hamacher, Henning Schlüter. Regie: Wolfgang Staudte.
G. F. als Bettlerkönig Peachum, dessen Tochter Polly Mackie Messer heiratet.

F   13. Februar
«Der Mörder» (auch «Der Schatten der Laura S.») – (F/It/BRD) – («Le Meurtirer») nach einem Roman von Patricia Highsmith.
Mit Marina Vlady, Robert Hossein, Harry Meyen, Maurice Ronet, Yvonne Furneaux.
Regie: Claude Autant-Lara.
G. F. als Buchhändler Kimmel, der seine Frau ermordet und sich verrät, als ein anderer Mord nach gleichem Muster geschieht.

F 3. Januar (16. Oktober '63 Paris)
«Heißes Pflaster» (auch «Bananenschale») – (F/It) – («Peau de Banane») nach dem Roman von Charles Williams.
Mit Jean-Paul Belmondo, Jeanne Moreau, Claude Brasseur, Jean-Pierre Marielle, Charles Regnier, Alain Cluny, Paulette Dubost. Regie: Marcel Ophuls.
G.F. als Rennspekulant Lachard, dem aber das ergaunerte Geld durch einen raffinierten Betrug wieder abgenommen wird.

F 1. August (4. September Paris)
«Der Boß hat sich was ausgedacht» (F/It/Span./BRD) – («Echappement Libre»).
Mit Jean-Paul Belmondo, Jean Seberg, Michel Beaune, Jean-Pierre Marielle, Enrico Maria Salerno. Regie: Jean Becker.
G.F. als Schmugglerboß Fehrmann, der von Paris aus Gold in den Vorderen Orient verschieben will.

F 2. September
«Tonio Kröger» (BRD/F) nach der gleichnamigen Novelle von Thomas Mann.
Mit Jean-Claude Brialy, Nadja Tiller, Werner Hinz, Walter Giller, Theo Lingen, Anaid Iplicjian, Rudolf Forster, Günther Lüders, Adelin Wagner, Beppo Brem, Mathieu Carriére. Regie: Rolf Thiele.
G.F. als Konstabler Peterson.

F 4. September (17. April Paris)
«100000 Dollar in der Sonne» (F/It) – («Cent Mille Dollars Au Soleil») nach dem Roman von Claude Veillot.
Mit Jean-Paul Belmondo, Lino Ventura, Reginald Kernan, Andréa Parisy, Bernard Blier. Regie: Henri Verneuil.
G.F. als Spediteur Castigliano, der Waffen nach Nigeria schmuggelt.

1965

F «James Bond 007 – Goldfinger» (GB) – («Goldfinger») nach dem Roman von Ian Fleming.
Mit Sean Connery, Honor Blackman, Tania Mallet, Shirley Eaton, Harold Sakata, Bernard Lee, Martin Benson. Regie: Guy Hamilton.

G.F. als skrupelloser Gangster Auric Goldfinger, der die amerikanischen Goldreserven aus Fort Knox zu rauben versucht.

F   4. Juni
«Sturm über Jamaika» (GB) – («A High Wind in Jamaica») nach dem Roman von Richard Hughes.
Mit Anthony Quinn, James Coburn, Dennis Price, Lila Kedrova, Nigel Davenport. Regie: Alexander Mackendrick.
G.F. als stummer Kapitän Vandervort, der von Piraten gefangen und von einem kleinen Mädchen in Trance erstochen wird.

F   14. September
«Die tollkühnen Männer in ihren fliegenden Kisten» (GB) – («Those Magnificent Men In Their Flying Machines»).
Mit Stuart Whitman, James Fox, Sarah Miles, Alberto Sordi, Robert Morley, Jean-Pierre Cassel, Irina Demick, Gordon Jackson. Regie: Ken Annakin.
G.F. als deutscher Oberst von Holstein, der 1910 an einem internationalen Wettfliegen von London nach Paris teilnimmt.

F   30. September
«Das Liebeskarussell» (Österr./BRD).
Mit Curd Jürgens, Nadja Tiller, Ivan Desny, Cathérine Deneuve, Heinz Rühmann, Johanna von Koczian, Anita Ekberg, Peter Alexander, Axel von Ambesser. Regie: Axel von Ambesser, Rolf Thiele, Alfred Weidenmann.
G.F. als gehörnter Ehemann; um ihre Liebhaber nachts zu besuchen, gibt seine Frau vor, mondsüchtig zu sein.

1966

F   14. April
«Ganovenehre».
Mit Daniel Gélin, Mario Adorf, Curt Bois, Karin Baal, Helen Vita, Gretl Schörg, Jürgen Feindt, Martin Hirthe. Regie: Wolfgang Staudte.
G.F. als Vorsitzender der Ganovenorganisation «Sparverein Biene», der im Berlin der zwanziger Jahre die Prostituierten-Szene beherrscht.

F   23. Juli
«Rififi in Paris» (auch «Der Boß von Paris») – (F/It/BRD) – («Du Rififi À Paname») nach dem Roman von Auguste LeBreton.

Mit Jean Gabin, George Raft, Nadja Tiller, Mireille Darc, Claudio Brook, Marcel Bozzuffi, Claude Brasseur. Buch und Regie: Denys de la Patellière.

G. F. als Antiquitätenhändler Walter, der als «Stratege» für die Pariser Unterwelt Coups plant.

F   28. Oktober
«Brennt Paris?» (F/USA) – («Paris Brûle-T-Il?») nach dem Buch von Larry Collins und Dominique Lapierre.
Mit Jean-Paul Belmondo, Charles Boyer, Leslie Caron, Jean-Pierre Cassel, George Chakiris, Alain Delon, Kirk Douglas, Glenn Ford, Daniel Gélin, Hannes Messemer, Yves Montand, Harry Meyen, Anthony Perkins, Michel Piccoli, Wolfgang Preiss, Claude Rich, Simone Signoret, Robert Stack, Jean-Louis Trintignant, Pierre Vaneck, Marie Versini, Orson Welles. Regie: René Clement.
G. F. als deutscher General von Choltitz, der Paris 1944 gegen den Befehl Hitlers vor der Vernichtung rettet.

1967

F   24. Februar
«Spion zwischen zwei Fronten» (auch «Im Dienste der Deutschen Armee») – (GB/F/BRD) – («Triple Cross»).
Mit Christopher Plummer, Romy Schneider, Yul Brynner, Trevor Howard, Claudine Auger, Harry Meyen, Howard Vernon. Regie: Terence Young.
G. F. als Oberst Steinhäger, auch «Schnaps» genannt.

F   28. Juli
«Ich tötete Rasputin» (auch «Donner über St. Petersburg») – (F/It) – («J'ai Tue Raspoutine»).
Mit Peter McEnery, Geraldine Chaplin, Robert Hossein, Ivan Desny, Ira von Fürstenberg, Claude Genia, Roger Pigaut, France Delahalle. Regie: Robert Hossein.
G. F. als russischer Wundermönch Rasputin.

F   20. Dezember
«Tolldreiste Kerle in rasselnden Raketen» (GB) – («Jules Verne's Rocket To The Moon») nach dem Roman von Jules Verne.
Mit Daliah Lavi, Burl Ives, Troy Donahue, Lionel Jeffries, Terry-Thomas, Dennis Price, Hermione Gingold. Regie: Don Sharp.

G. F. als Professor von Bülow, der einen neuen Raketen-Treibstoff erfunden hat, mit dem Menschen auf dem Mond geschossen werden können.

1968

F 22. März
«Caroline Chérie – Schön wie die Sünde» (F/It/BRD) – («Caroline Chérie»).
Mit France Anglade, Vittorio de Sica, Jean-Claude Brialy, Charles Aznavour, Karin Dor, Bernard Blier, Claude Brasseur, Isa Miranda. Regie: Denys de la Patellière.
G. F. als leitender Arzt einer Pariser Nobelklinik, in der zahlungskräftige Adelige im Revolutionsjahr 1789 vor der Guillotine Unterschlupf finden.

1969

F 14. März
«Tschitti tschitti bäng bäng» (GB) – («Chitty Chitty Bang Bang») nach dem Roman von Ian Fleming.
Mit Dick Van Dyke, Sally Ann Howes, Lionel Jeffries, Anna Quayle, Benny Hill, James Robertson Justice, Robert Helpman, Richard Wattis. Regie: Ken Hughes.
G. F. als schurkischer Baron Bomburst, der dem genialen Erfinder Patts sein fliegendes Wunderauto stehlen will.

F 18. September
«Monte Carlo Rallye» (GB/It/F) – («Monte Carlo Or Bust»).
Mit Tony Curtis, Mireille Darc, Bourvil, Lando Buzzanca, Walter Chiari, Marie Dubois, Susan Hampshire, Terry-Thomas, Peer Schmidt. Regie: Ken Annakin.
G. F. als Gauner Willi Schickel, der in einen Diamantenschmuggel verstrickt ist.

1972

F 17. Februar
«Der Millionenraub» (USA/BRD) – («Dollars»).
Mit Warren Beatty, Goldie Hawn, Robert Webber, Scott Brady, Art Brauss, Wolfgang Kieling, Christiane Maybach.
Regie: Richard Brooks.

G.F. als Bankdirektor Kessel, dessen Bank ausgeraubt werden soll.

F   29. Dezember
«Ludwig II.» (It/F/BRD) – («Ludwig»).
Mit Helmut Berger, Romy Schneider, Trevor Howard, Silvana Mangano, Helmut Griem, Umberto Orsini, John Moulder-Brown. Regie: Luchino Visconti.
G.F. als Pater Hoffmann, Beichtvater und väterlicher Freund des jungen König Ludwig.

1973

B   Hamburger Fabrik, Hamburg
«Pantomime und Stegreifgeschichten aus seinem Leben».

B   Deutsches Theater, München
Unterhaus, Mainz
Kleines Renitenztheater, Stuttgart
«Der Raub der Sabinerinnen» von F. und P. Schönthan. Regie: Axel von Ambesser.
G.F. in der Rolle des Theaterdirektors Striese.

TV   «Morgenstern am Abend».
Aufzeichnung einer Kleinkunst-Lesung.
G.F. rezitiert Morgenstern und andere.

1974

B   Lach- und Schießgesellschaft, München
Kom(m)ödchen, Düsseldorf
«Durch Zufall frei» (Premiere), anschließend Tournee durch verschiedene Städte der Bundesrepublik, Österreich und der Schweiz.

B   Operettenhaus, Hamburg
«Der Raub der Sabinerinnen» von F. und P. Schönthan.
G.F. in der Rolle des Theaterdirektors Striese.

F   8. März
«Der Räuber Hotzenplotz» nach dem Roman von Otfried Preußler.
Mit Rainer Basedow, David Friedmann, Josef Meinrad, Gerd Acktun, Lina Carstens. Buch und Regie: Gustav Ehmck.
G.F. als Räuber Hotzenplotz.

F   24. September
«Ein Unbekannter rechnet ab» (GB/F/BRD/Span./It.) – («And Then There Were None») nach dem Roman von Agatha Christie «Ten little Indians».
Mit Oliver Reed, Richard Attenborough, Charles Aznavour, Stéphane Audran, Elke Sommer, Herbert Lom, Alberto de Mendoza, Maria Rohm. Regie: Peter Collinson.
G.F. als Wilhelm Blore, der von einem unheimlichen «Mr. Unbekannt» ermordet werden soll.

F   17. Oktober
«Der Mann ohne Gesicht» (F/It) – («L'Homme Sans Visage»).
Mit Jacques Champreux, Gayle Hunnicutt, Josephine Chaplin, Ugo Pagliai, Patrick Préjean, Raymond Bussières. Regie: Georges Franju.
G.F. als Kommissar Sorbier, der einen Juwelendieb und Mörder überführt.

1975

F   17. Dezember
«Die Ölpiraten» (F/Span.) – («Docteur Justice»).
Mit John Philip Law, Nathalie Delon, Roger Paschy. Regie: Christian-Jaque.
G.F. als «Schiffskoch», der für eine Organisation arbeitet, die sich auf Ölpiraterie spezialisiert hat.

F   18. Dezember
«Mein Onkel Theodor» oder «Wie man im Schlaf viel Geld verdient».
Mit Barbara Rütting, Wera Frydtberg, Alexander Huchel, Michael Reimers, David Bennent, Werner Schwier, Rosl Mayr. Regie: Gustav Ehmck.
G.F. in der Doppelrolle des Dauerschläfers Traugott Wurster und als Kinderfreund Onkel Theodor.

1976

TV «Die Schuldigen mit den sauberen Händen» (auch «Aufforderung zum Tod»).
Regie: Claude Chabrol.

F   24. März
«Das Gesetz des Clans».
Mit Heidi Brühl, Horst Frank, Hellmuth Lange, Ulrich Beiger,
Mady Rahl, Peter Carsten. Regie: Eugen York.
G.F. als englischer Versicherungsdetektiv, der einen Rauschgift-
schmuggel aufdeckt.

B   Studiotheater am Fuchsbau, München
Kleines Theater, Berlin
Senftöpfchen, Köln
Theater am Dom, Köln
Kontrakreis, Bonn
«Durch Zufall frei».

TV   «Sonntagsgeschichten».
Episode «Seele eines Hundes» von B. Traven. Regie: Kurt Hoffmann.

F   8. Oktober
«Das Schlangenei» (USA/BRD) – («The Serpent's Egg»).
Mit Liv Ullmann, David Carradine, Heinz Bennent, James Whit-
more, Edith Heerdegen, Hans Quest, Fritz Strassner, Walter
Schmidinger, Charles Regnier, Gaby Dohm.
Buch und Regie: Ingmar Bergman.
G.F. als Inspektor Bauer, der in Berlin im November 1923 eine
Reihe mysteriöser Morde aufklären soll.

F   25. Dezember
«Tod oder Freiheit».
Mit Peter Sattmann, Erika Pluhar, Wolfgang Schumacher, Harald
Leipnitz, Christine Böhm, Mario Adorf. Regie: Wolf Gremm.
G.F. als Graf von Buttlar im Jahre 1750.

1978

TV   «Als wär's heut' gewesen...»
Sendung zum 65. Geburtstag von G.F.

F   29. März
«Der Schimmelreiter» nach der Novelle von Theodor Storm.
Mit John Philip Law, Anita Ekström, Werner Hinz, Reinhard
Koldehoff, Lina Carstens, Vera Tschechowa, Katharina Mayberg,

Dirk Galuba, Richard Lauffen, Jörg Pleva, Detlev Eckstein.
Buch und Regie: Alfred Weidenmann.
G. F. als Deichgraf Tede Volkerts.

F 11. Mai
«Der Tiefstapler» (BRD/Span).
Mit Georg Thomalla, Charo Lopez, José Luiz Lifante, Elisa
Montèz. Regie und Buch: Peter W. Rosenthal, Michael Krohne.
G. F. als deutscher Botschafter Felix von Korn, der in einem
lateinamerikanischen Zwergstaat einen Entwicklungsminister
durch einen Doppelgänger ersetzt.

B Kleines Theater, Berlin
Lach- und Schießgesellschaft, München
Hamburger Kulturdampfer, Hamburg
«Durch Zufall frei».

1979

B Operettenhaus/Hamburger Kulturdampfer, Hamburg
Lach- und Schießgesellschaft, München
«Durch Zufall frei».

F 21. Dezember
«Blutspur» (USA/BRD) – («Bloodline») nach dem Roman von
Sidney Sheldon.
Mit Audrey Hepburn, Ben Gazzara, James Mason, Claudia Mori,
Irene Papas, Michelle Phillips, Maurice Ronet, Romy Schneider,
Omar Sharif. Regie: Terence Young.
G. F. als Schweizer Kriminalinspektor Hornung, der die Ermordung eines Pharma-Konzernchefs aufdeckt.

1980

B Hotel Kempinski/Theater am Südwestkorso, Berlin
«Durch Zufall frei».

TV «Das kleine Kino an der Ecke».
Erinnerungen an den Nachkriegsfilm.
Klaus Havenstein im Gespräch mit G. F.

F 8. August
«Die Regenschirmmörder» (F) – («Le Coup Du Parapluie»).
Mit Pierre Richard, Valérie Mairesse, Gérard Jugnot, Christine

Murillo, Gordon Mitchell, Vittorio Caprioli, Roger Carel. Regie:
Gérard Oury.
G. F. als Waffenhändler Otto Krampe, der ermordet werden soll.

1981

B   Möbius' Kulturdampfer, Hamburg
    Hotel Kempinski, Berlin
    «Durch Zufall frei».

F   «Der Falke» (BRD/Jugosl.).
    Mit Franco Nero, Sanja Veynovic, Dragan Nicolic, Gisela Fackel-
    dey, Petra Peters, Nina Palmers. Regie: Vatroslav Mimica.
    G. F. als kroatischer Freiheitskämpfer.

TV «Ein sturer Bock».
    G. F. in der gleichnamigen Episode mit Heinz Reincke. Regie:
    Rolf von Sydow.

TV «Sternstunde» – («Parcelle Brillante»).
    Regie: Christian de Chalonge.

1982

TV «Der Raub der Sabinerinnen» von F. und P. Schönthan.
    Mit Martin Held, Edda Seippel, Désirée Nosbusch, Christian
    Wolff, Uwe Dallmeier, Claudia Rieschel, Fritz Tillmann, Ekke-
    hard Belle, Erna Sellmer. Regie: Rolf von Sydow.
    G. F. in der Rolle des Theaterdirektors Striese.

TV «Der Garten» von Tim Aspinall.
    Mit Elisabeth Bergner, Veronika Fitz, Ulrich von Dobschütz,
    Manfred Seibold, Sky Dumont. Regie: Wolfgang Liebeneiner.
    G. F. als Kriegsveteran Ted Hayward.

1983

TV «August der Starke» von Herbert Asmodi.
    Mit Peter Fricke, Kerstin Fernström, Paul Edwin Roth, Evelyn
    Opela, Günther Flesch, Herlinde Latzko, Günter Strack. Regie:
    Rudolf Nußgruber.
    G. F. in der Rolle «August der Starke».

B   Hamburg und Göttingen
     «Peter und der Wolf» mit dem Hamburger Mozart-Orchester.
     G. F. als Sprecher.

1985

TV   «Der kleine Vampir» nach den Kinderbüchern «Der kleine Vam-
     pir» und «Der kleine Vampir zieht um» von Angela Sommer-
     Bodenburg.
     Mit Joel Daks, Christopher Stanton, Marsha Moreau, Lynn Sey-
     mour, Michael Gough, Michael Hogan, Susan Hogan. Regie:
     René Bonnière.
     G. F. als Vampir-Jäger.

1986

TV   «Alte Sünden rosten nicht».
     Mit Karl Friedrich, Jane Tilden, Axel von Ambesser, Marion
     Kracht, Richard Münch, Kerstin Fernström, Peter Schiff, Marie-
     Luise Marjan. Regie: Axel von Ambesser.
     G. F. als wohlhabender Unternehmer, dem plötzlich eine hübsche,
     erwachsene Enkeltochter ins Haus schneit.

BILDNACHWEIS

Bildzeitung, Hamburg / Siegfried Mehrens (4); Deutsches Institut für Filmkunde, Frankfurt am Main (16), – Keystone (1), – Arthur Grimm (1); Nicolas Dierig-Lansky, München (1); dpa, München (1); Jürgen Engler, Berlin (1); Walter Fischer, Hamburg (2); Gong, Hamburg / W. H. Groeneveld (1); Peter Grage, Hamburg (1); Hans Grimm, München (1); Hörzu / S. Walter (2); Jochen Körner, Hamburg (1); Herbert Lau, Ellerau (1); Jürgen Neven-duMont, München (1); PIC Photos, Ltd., London (1); Winfried Rabanus, München (1); Ursula Röhnert, Berlin (1); H. Volker Seidel, München; Stadtarchiv Münster (1); Stiftung Deutsche Kinemathek, Berlin (4); SV Bilderdienst, München (2); Felicitas Timpe, München (1); United Artists, New York (2), – Arthur Evans (1).

Der Verlag konnte nicht alle Inhaber der Rechte an den reproduzierten Bildvorlagen ausfindig machen. Er bittet, ihm bestehende Ansprüche mitzuteilen.

Das Programm für Individualisten

Pavel Kohout
WO DER HUND BEGRABEN LIEGT
Roman. 532 Seiten. Gebunden

Leni Riefenstahl
MEMOIREN
928 Seiten mit 59 s/w-Abb. Gebunden

Jeanne Champion
DIE VIELGELIEBTE
380 Seiten. Gebunden

Walter Kempowski
IM BLOCK
Mit Zeichnungen des Verfassers
320 Seiten. Gebunden

Larry Woiwode
POPPA JOHN
Roman. 240 Seiten. Gebunden

Gabriel Laub
MEIN LIEBER MENSCH
Neue Gespräche mit dem Vogel
160 Seiten. Gebunden

Mary Gordon
MÄNNER UND ENGEL
Roman. 300 Seiten. Gebunden

Charles Bukowski
HORSEMEAT. PFERDEFLEISCH
48 Seiten mit 21 farb. Abb.
Gebunden

Knaus

K

Albrecht Knaus Verlag   München und Hamburg